船橋市のあけぼの
下総台地の先史時代

会田信行／岡崎文喜　編著

講談社エディトリアル

装幀
渡辺尚登
扉写真
3点とも海老ヶ作貝塚の発掘調査の様子
（船橋市教育委員会）

発刊に寄せて

　本書は、長らく高校で教鞭を執りながら船橋市の文化財保護に関わり、この地域の遺跡の発掘調査と研究に従事してこられた岡崎文喜さんを中心に、船橋市の先史時代を地学的自然環境と貝塚を主な題材とし、あわせて岡崎さんの長い経験の中での発掘調査に関わる余話を含めて『船橋市のあけぼの』と題して、まとめられたものである。
　本書全体は三部に分けられている。第Ⅰ部は会田信行さんにより船橋市域の地形・地質と旧石器時代についてまとめられ、第Ⅱ部は第1章で岡崎さんらにより、船橋市内の縄紋時代の9箇所のそれぞれ特色の異なる貝塚について、そのほとんどの調査に関わった岡崎さんの目を通して説明され、第2章でこれらの貝塚からの出土土器を主な題材として縄紋土器の変遷が概述されている。第Ⅲ部では海老ヶ作貝塚、高根木戸遺跡、古作貝塚、宮本台貝塚の調査のいきさつや調査方法の工夫について、そして調査成果と調査の意義、岡崎さんの発掘調査への関わりの歴史とその中で感じられた遺跡の発掘調査そのものの意義について述べられている。

　主な著者の会田信行さんと岡崎文喜さんについて紹介しておこう。
　第Ⅰ部の著者の会田信行さんは1952年生まれ、東京教育大学（現在の筑波大学）理学部地学科地質学鉱物学専攻を卒業後、北海道大学大学院理学研究科に進まれ、同大学院博士後期課程を単位取得退学された後、大阪市立大学で博士（理学）の学位を取得された。大学院修了後、千葉県立高校の教員を定年まで勤められた。その傍ら東海大学の非常勤講師を長く務め、その後、東京農業大学の非常勤講師をされていた。
　東京教育大学在学中には船橋市内の夏見大塚遺跡、八栄北遺跡、海老ヶ作貝塚などの発掘調査にも参加された。地磁気についての研究を続けてこられており、近年は「チバニアン」で話題となった市原市の「養老川流域田淵の地磁気逆転地層」の発見と啓蒙にも尽力された。1984年以来、船橋市史編纂専門調査員として『船橋市史 原始・古代・中世編』に関わる調査にも携わってこられた。本書では、船橋市史では抜け落ちてしまっていた船橋の地形・地質、地学的自然環境について写真・図表を多く使って執筆されている。
　岡崎文喜さんは1942年生まれ、東京教育大学文学部史学方法論考古学専攻を卒業後、東京大学大学院人文科学研究科修士課程を経て1972年3月に同博士課程を単位取得退学された。東京教育大学では八幡一郎先生に師事され、その温かい指導のもとでの教えをよく守られてきたことは本書中随所に見受けられるところである。1974年からは市川高校に勤務され、2001年に定年を迎えられるまで勤められた。この間、1970年から船橋市文化財審議会委員を務めてこられ、1984年からは委員長の大任も30年以上果たされてきた。また船橋市史編纂委員会委員、船橋市博物館協議会委員の任にも当たられ、船橋市の文化財保護全般との関わりも非常に強く、特に船橋市の埋蔵文化財については生き字引と言っても良い存在である。

高校1年生の時にクラブ活動の中で初めて遺跡の発掘調査に参加し、それ以来60年、ご本人は「発掘調査において還暦を迎えた」と表現され、関係した「報告書の数は身長を超えるに至った」とその長い遺跡の調査との関わりを述懐されている。その長く豊富な発掘調査の経験を経て、岡崎さんは「考古学と医学は相似た学問ではないか」と考えるようになり、また開発工事などに先立って行われる「事前調査」「緊急調査」も、研究を第一の目的として行われる「学術調査」も、調査をするということでは区別する必要はない、と言われる。

　本書には、岡崎さんの関わってこられた船橋市内の遺跡のうち、特に貝塚遺跡が取り上げられている。貝塚の調査には、考古学を専門とする者だけでは手に負えないところが多々ある。貝塚からは土器や石器だけでなく埋葬された人骨や生活を共にしていたウリボウやイヌも埋葬されて発見されるし、食用となったであろうイノシシやシカをはじめとするいろいろな種類の動物の骨、もちろん各種の貝殻、時には食用とした植物も炭化した状態などで出土する。これらの分析や同定にはそれぞれの分野での専門家も参加して調査団が編成されることになる。そうした各分野の専門家たちとの出会いや交流も本書では語られている。人骨を専門家の元に鉄道を使って送ったときのエピソードもその一つである。

　貝塚からはしばしば埋葬された人骨が発見される。ふつうに埋葬された人体は腐食したり微生物に分解されたりして土中には骨も残らないのであるが、貝塚では土中に貝のカルシウム分が溶け出すことによってアルカリ性の土壌となり、骨も貝も溶けずに残されるのである。飛ノ台(とびのだい)貝塚では男女2体の合葬墓、高根木戸貝塚では人骨とともに大切に埋葬された3体のイヌの埋葬、宮本台貝塚では15体が同時に埋葬されたと考えられる小竪穴があり、古作貝塚では母子と考えられる合葬墓と宮本台に見られたような14体の同時埋葬墓、貝輪を装着したままの伸展葬(しんてんそう)の埋葬人骨があった。人骨だけでなく、取掛西(とりかけにし)貝塚では10数体のイノシシの頭骨が配置されて発見され、イノシシの頭骨を使った何らかの儀礼的行為が行われたことが予想され、飯山満東(はざまひがし)貝塚から出土した副葬された土器の数々は、被葬者の生前の遺品として捉えることができると言われる。岡崎さんは、貝塚を調査し研究することにより縄紋時代に生活していた人々のこころを知る手がかりを得ることができるのだ、と語っている。

　ではそれがどういうことであるのか、岡崎さんはその回答を書いておられない。あえてそれを示さないのは、貝塚から得られた情報をそのままに提示して、それを読んだ方々がそれぞれで回答を見つけてほしいと願うからであるという。本書には、岡崎さんのそうした期待と意味が含まれてもいる。果たして回答が得られるのか、縄紋時代の人々の心の世界を覗く手がかりが得られるのかどうか、本書を読んでのお楽しみとしていただきたい。

　最後に私事で恐縮だが、私は1972年に考古学の大学院に進学した。もっと発掘経験を積まねばと考え、夏休みを前に当時の考古学研究室の助手の藤本強さんに相談して紹介してもらったのが、その年の夏に行われた岡崎文喜さんのもとでの船橋市八栄北遺跡の発掘調査である。すでに岡崎さんは博士課程を退学されており、岡崎さんとは大学院の先輩という関係だ

けで特別なおつきあいはなかった。したがって初対面も同然だったのが八栄北遺跡での出会いである。

　私自身もこの調査では発掘の技術だけでなく、岡崎さんの元に集まっているいろいろな方々と出会ったしいろいろなことを学んだ。本書の編集者の一人である新津健さんはこの時上智大学大学院の１年生で、岡崎さんの指揮のもとにこの発掘に関わる様々なことを取り仕切っておられた。「発掘経営学を学ぶのだ」と言っておられたのが強く記憶に残る。会田信行さんともこの発掘調査でご一緒した。また本書の遺物の写真の多くを撮影されている当時東京大学文学部写真室の鈴木昭夫さんの知遇を得たのも八栄北遺跡であった。こうした方々との出会いがなければ今の私はなかった、と言ってもよいくらいの出会いと経験であった。こういう多彩な人々が包容力のある岡崎さんの周りには集まっていたのである。

お茶の水女子大学名誉教授　鷹野光行

〈付記〉本書刊行を前にして、監修者でおられた鈴木昭夫さんが2022年８月に亡くなられた。鈴木さんと岡崎さんのつながりは、単なる研究仲間というだけでなく、相棒、というのか、お互い同士が信頼しきっている間柄なのだ、という様子を感じていた。鈴木さんが本書の刊行をとても楽しみにしておられたのをよく知っていただけに、残念な思いでいっぱいである。

例　言

一、本書は最初「カラー写真で見る船橋市のあけぼの」という冊子にする目的ではじまった。しかし多くの面で目的を達する前に難題に直面した。一例をあげれば、昭和40年代に撮影した発掘調査の記録スライドは充分なメンテナンスをしていたにもかかわらず劣化がすすんでおり、資料として使用に耐えないものになっていた。そのようなわけで当初の目的を断念して新構想を立て、作成したものが本書である。

一、本書は三部構成をとることにした。「第Ⅰ部」では、船橋の形ができ人々が住むまでの地理・地学の内容を、「第Ⅱ部」では、船橋に住居を構えた人々が発掘調査で明らかになった様相を、「第Ⅲ部」では、発掘調査報告書には載らないような記録をまとめてみた。したがって各部の特長を生かすために各部独立の構成をとることにした。

一、用語について少し触れておく。
　　「第Ⅰ部」では問題は少ないが「第Ⅱ部」では多数ある。
○各地の遺跡において住居の復原が竪穴住居址をもとに試みられて、「復元住居」というように一般には「元」を使用しているが、八幡一郎先生は、できるまでに建築家・考古学者

の想像が入ることから、もとに近い形になる土器の「復元」とは区別して「復原」という用語を用いるも一考である、との考えを示しておられたので、本書では「復原」を使用することにした。

○土器についてであるが「縄紋土器」と書くのが正しいと、山内清男博士は多くの書で使用している。本書ではその考えに賛成であるが、論文・報告書などではないので「縄文」として書くこととした。パソコンで文字を検索してもまず「縄文」が出てくる。これについて、国立歴史民俗博物館の館長をされた佐原真さんが『縄文土器大成3 後期』（講談社 1981）の特論の中で次のように愚痴っていることを紹介しておこう。

　「私はときおり、紋と文について考えます。文様・縄文を使う人は、紋が教育漢字の一つで、文と別字であることを知ってのうえですか。漢字の簡易化を意図して、紋を文にするなら、指紋、紋章、家紋、紋付は、指文、文章、家文、文付と書くのですか。教えてください。施紋法を施文法、無紋化を無文化でいいのですか。」

○最近竪穴住居址の「址」をほとんどの報告書・論文では竪穴住居跡の「跡」を使用している。「址」という漢字は遺跡全体、平城京・藤原京などの規模の大きいものと区別するために使用したものと考えられる。本書では使用した文献（報告書が中心）で使用されている「址」を使用することとした。

○竪穴住居址を数える単位として、八幡一郎先生は一口・二口という数え方をしたが、現在使用されている「軒」は、軒ができてからの家を数えるもので「戸」も戸籍ができてから使用すべきであるという斎藤忠先生の意見などを念頭に、本書では「個」という数え方で表したところもある。

○竪穴住居址よりも小規模の竪穴については、用途のわかったものは名称が付されている。中に埋葬人骨が発見された場合には「土壙」と呼称している。たまに「土壙墓」と書いてあるものも見られるが、「壙」には墓の意があることから「土坑墓」と書く方がよいと思われる。土壙と考えられるものを「ピット」と記録しているものもあるが、ピットとすると広義の意味もあるから考慮する必要があろう。本書では土壙以外の竪穴については「小竪穴」あるいは「土坑」という語を用いた。

一、本書で使用した資料は大半は『船橋市の遺跡』（船橋市史資料2　船橋市 1987）の写真・挿図である。その他は各遺跡の発掘調査報告書あるいは船橋市郷土資料館・飛ノ台史跡公園博物館の館報、展示パンフレットを使用した。

一、本書著述中の2021年10月11日に、取掛西貝塚が国の史跡に指定された。本書の刊行はそのことを祝する意味も持たせたい。

目 次

発刊に寄せて……………………………………………………………………………… 3
例 言……………………………………………………………………………………… 5

第Ⅰ部 船橋市の地学

 はじめに………………………………………………………………………………… 14
 口 絵Ⅰ………………………………………………………………………………… 15

第1章 先達の地学調査
 1．長久保赤水と伊能忠敬の地形図…………………………………………………… 33
 2．ブラウンスと関東ローム層………………………………………………………… 36
 3．横山又次郎と貝化石………………………………………………………………… 39
 4．矢部長克と東北大学………………………………………………………………… 41
 5．槇山次郎とナウマンゾウ…………………………………………………………… 43

第2章 大地のおいたち
 1．船橋（古くは舟橋）とは…………………………………………………………… 47
 2．船橋の地殻変動……………………………………………………………………… 48
 〈コラム〉地形図の変遷………………………………………………………………… 51
 3．船橋市の地形………………………………………………………………………… 61
 〈コラム〉分水界と新京成電鉄………………………………………………………… 63
 4．船橋の地下地質……………………………………………………………………… 64
 〈コラム〉有孔虫化石…………………………………………………………………… 69
 〈コラム〉チバニアン―更新世前・中期境界の国際模式地………………………… 74
 5．台地に残る15万年間の古環境の記録……………………………………………… 76
 6．沖積低地と埋立地…………………………………………………………………… 89
 7．砂州・砂堆・砂丘…………………………………………………………………… 95

第3章 ローム層に残る人類の痕跡
 1．千葉県の旧石器時代（先土器・岩宿時代）の遺跡分布………………………… 101
 2．関東ローム層と旧石器……………………………………………………………… 102
 3．船橋の旧石器遺跡…………………………………………………………………… 104

4．遺跡の地質層序対比……………………………………………………………… 115
　　5．ローム層中の被熱箇所検出の試み…………………………………………… 116
　　6．生活に必要な水—船橋の湧水………………………………………………… 119
　　7．埋没段丘………………………………………………………………………… 126
　　8．旧石器時代から縄文時代草創期へ…………………………………………… 127
　　9．縄文時代までの自然環境の移り変わり……………………………………… 128
　　10．縄文時代以後とまとめ………………………………………………………… 132

第Ⅱ部 発掘調査された船橋市の縄文時代貝塚

　　口　絵Ⅱ……………………………………………………………………………… 138
第1章 主要貝塚の調査概要
　　　貝塚と私…………………………………………………………………………… 154
　　　船橋市の主要遺跡分布図………………………………………………………… 156
　　1．取掛西貝塚……………………………………………………………………… 159
　　2．飛ノ台貝塚……………………………………………………………………… 171
　　3．飯山満東遺跡…………………………………………………………………… 185
　　4．高根木戸遺跡…………………………………………………………………… 201
　　5．後貝塚…………………………………………………………………………… 217
　　6．海老ヶ作貝塚…………………………………………………………………… 225
　　7．宮本台貝塚……………………………………………………………………… 245
　　8．古作貝塚………………………………………………………………………… 261
　　9．金堀台貝塚……………………………………………………………………… 279
第2章 各貝塚出土土器の編年
　　　土器の器形………………………………………………………………………… 292
　　縄文土器の編年……………………………………………………………………… 293
　　　(1) 貝塚と縄文土器の編年……………………………………………………… 293
　　　(2) 船橋市における縄文土器の編年…………………………………………… 293
第3章 縄文文化の様相を考える
　　第1節 縄文土器の編年をもとに住居の変遷を考える………………………… 305
　　　(1) 移動生活から定住へ………………………………………………………… 305
　　　(2) 環状集落の形成と終末……………………………………………………… 316
　　第2節 小竪穴と溝状遺構の検討………………………………………………… 323

(1) 小竪穴について……………………………………………………… 323
　　(2) 溝状遺構について……………………………………………………… 329

第Ⅲ部　発掘余話

　口　絵Ⅲ……………………………………………………………………… 335
　1．海老ヶ作貝塚……………………………………………………………… 349
　　(1) 貝塚の測量時の推察…………………………………………………… 350
　　(2) 1本の試掘溝から第一次調査は始まった…………………………… 351
　　(3) 調査団の結成…………………………………………………………… 352
　　(4) 発掘調査の開始まで…………………………………………………… 352
　　(5) 一部全面発掘調査への方向転換……………………………………… 354
　2．高根木戸遺跡……………………………………………………………… 359
　　(1) 調査の準備と発掘方法の決断・発掘調査…………………………… 360
　　(2) 西野方式発掘方法……………………………………………………… 364
　　(3) 高根木戸遺跡調査の成果……………………………………………… 366
　3．古作貝塚と宮本台貝塚…………………………………………………… 369
　　(1) 古作貝塚と蓋付土器…………………………………………………… 370
　　(2) 1ｍ幅と深さの成果…………………………………………………… 370
　　(3) 宮本台貝塚における多数埋葬墓の発見……………………………… 371
　4．事前調査と学術調査……………………………………………………… 375

　　おわりに…………………………………………………………………… 384

貝層堆積状態（高根木戸遺跡）

第Ⅰ部
船橋市の地学

船橋海浜公園展望デッキから見た三番瀬（2018年4月）

はじめに

　1984年に船橋市史編纂事業が開始され、筆者は「原始・古代・中世編」の中の地形・地質を担当することになり、資料収集に努めました。『船橋市史 原始・古代・中世編』は1991年に発行されましたが、地形・地質の項目はなくなり、努力が無駄に終わりました。

　本書第Ⅰ部「船橋市の地学」は、その時に収集した資料をベースに、その後新たに得られた資料を追加して書かれています。船橋市の自然を地学的な観点から概観する内容となっていて、次の3章から構成されています。

1．先達の地学調査

　船橋市の地学の現在の認識は、先達の研究に負うところが大です。関東平野の研究で顕著な成果を出した6名の業績を紹介します。

2．大地のおいたち

　船橋市の大地は、台地と低地という関東平野中心部の典型的な地形で構成され、台地の縁には湧水が多く湧き出ています。船橋市の地形は千葉市以西地域と共通していて、北西－南東方向の直線的な台地の高まり（隆起帯）が特に船橋市の地形図ではっきり確認できます。そこは、東京湾に注ぐ水系と利根川水系とを隔てる分水界にもなっています。

　現在の地形に至る歴史的過程を地下深部の基盤岩から順に考察し、地下地質と表層地質に分けて紹介します。地下地質は深部ボーリングで明らかになりますが、これは天然ガス採掘用から始まったものです。千葉市以西では船橋市が特にその数が多く、地下の様子もよくわかったのですが、天然ガスを含む地下水の大量の汲み上げが、1960年代から1970年代初めの船橋の地盤沈下の原因であることが判明します。その後の対策によって、地盤沈下は終息しました。

　千葉市以西の地域の表層地質は地形同様ほぼ共通しています。船橋市の人口増加に伴い、開発が進み、崖（露頭）がほとんど見られなくなりました。筆者が1970年代に調べた内容とわずかに残された露頭から得られる情報を加えて船橋市の地質を概観します。

3．ローム層に残る人類の痕跡

　人類の痕跡は出土する石器が証拠になり、石器に関わる研究が従来行われてきました。ここでは焼けた礫に注目し、火の使用についての調査を紹介します。

（会田信行）

船橋海浜公園干潮時の干潟表面に見られる波紋と生痕（鳥の足跡、ゴカイの巣穴など）

口絵Ⅰ-1　1880（明治13）年の地形図

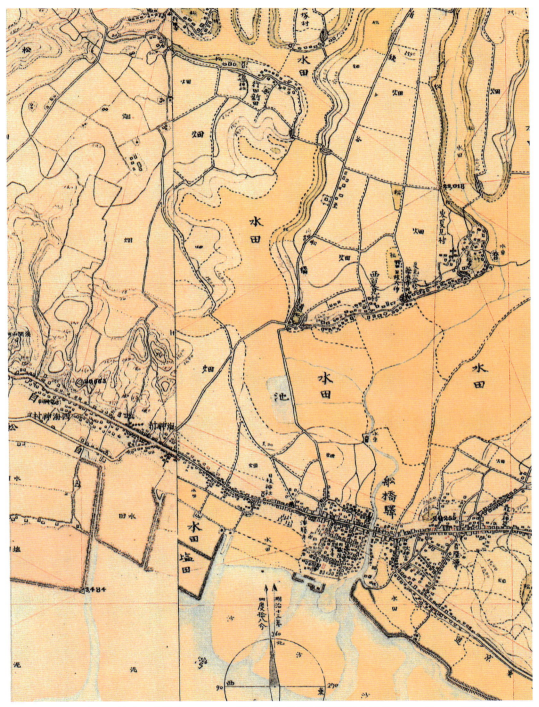

この地図は、一般財団法人日本地図センターが刊行した「明治前期測量2万分の1フランス式彩色地図」のうち「船橋駅近傍、西海神」を使用した。

口絵Ⅰ-2　明治時代末～大正時代の地形図

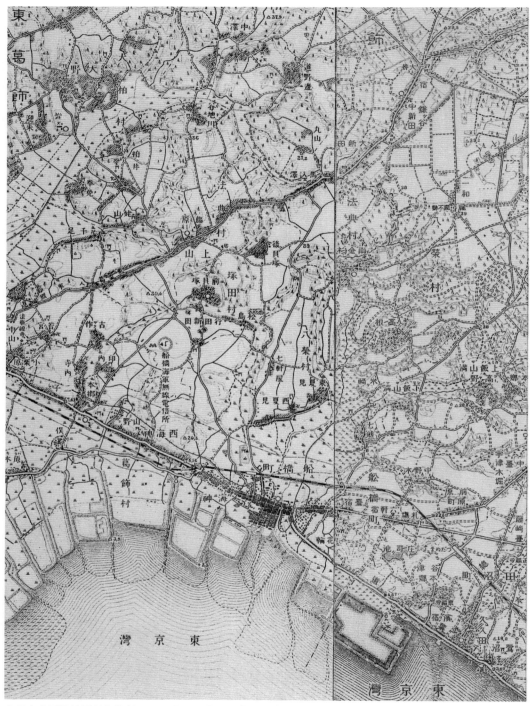

大日本帝国陸地測量部発行の5万分の1地形図「佐倉」〈1909（明治42）年発行〉、「東京東北部」〈1919（大正8）年発行〉を使用した。

口絵 I-3　昭和時代初めの地形図

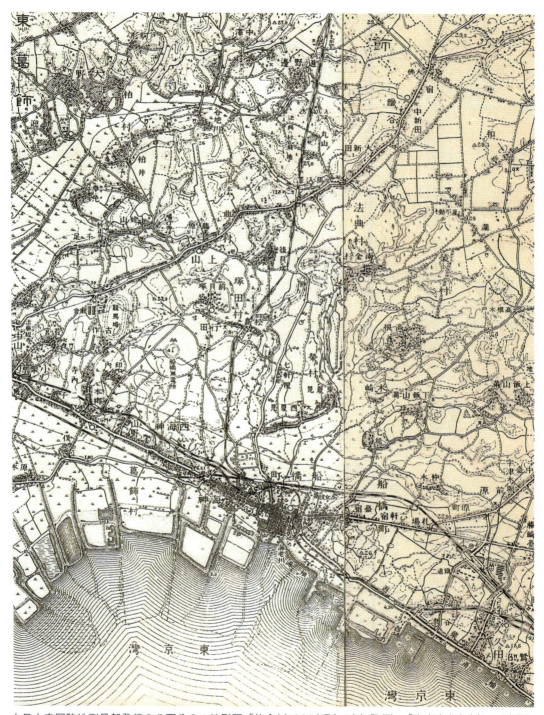

大日本帝国陸地測量部発行の5万分の1地形図「佐倉」〈1932（昭和7）年発行〉、「東京東北部」〈1932（昭和7）年発行〉を使用した。

口絵Ⅰ-4　第二次世界大戦後（船橋町から船橋市へ）の地形図

内務省地理調査所発行の5万分の1地形図「佐倉」〈1951（昭和26）年発行〉、「東京東北部」〈1948（昭和23）年発行〉を使用した。

口絵 I-5　平成時代の地形図

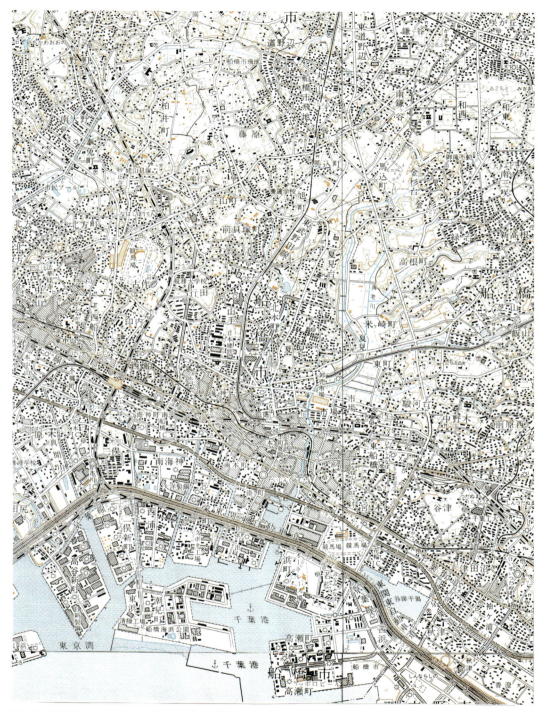

国土地理院発行の5万分の1地形図「佐倉」〈1998（平成10）年発行〉、「東京東北部」〈2015（平成27）年発行〉、「東京東南部」〈1999（平成11）年発行〉、「千葉」〈1990（平成2）年発行〉を使用した。

口絵 I-6 明治時代最初期の地質図（40万分の1地質図）

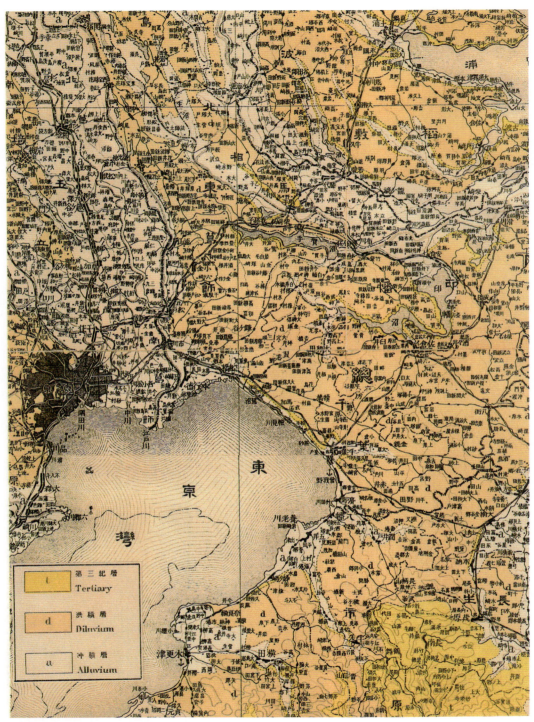

地質調査所発行「東部地質図和文」〈1911（明治43）年〉を使用した。

口絵Ⅰ-7　近年の地質図（10万分の1 東京湾とその周辺地域の地質）

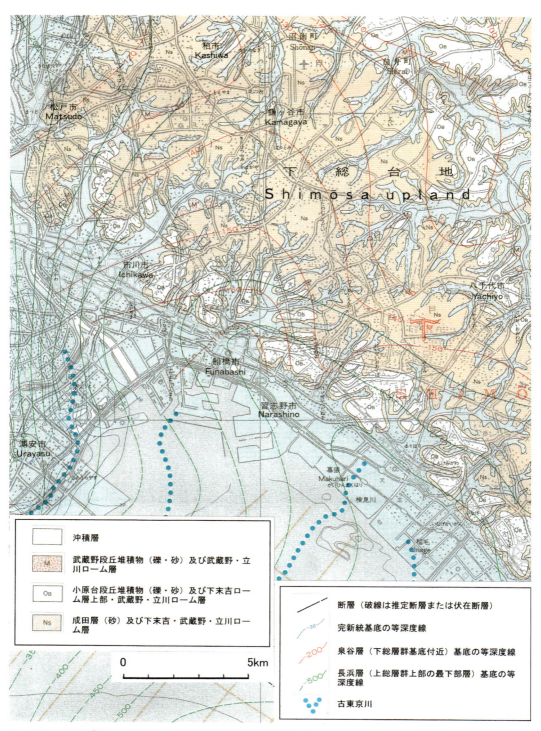

地質調査所発行「特殊地質図(20)第2版」〈1995年〉を使用した。

口絵Ⅰ-8 千葉県の基盤岩

船橋地盤沈下観測井（船橋市市場町） 地下2149m 石英・白雲母・石墨片岩

千葉県環境研究センター地質環境研究室所蔵

口絵 I-9
有孔虫化石

地盤沈下観測井試料から。
A：グロボロタリア・アコスタエンシス
B：グロビゲリナ・ブロイデス

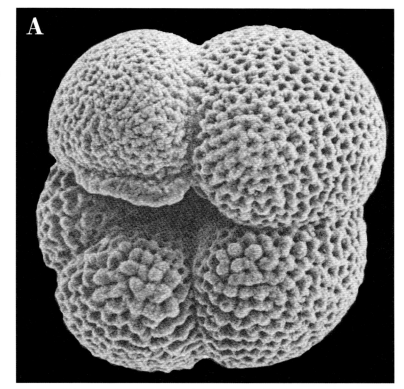

「千葉県公害研究所研究報告 第7巻」(前田四郎ほか 1977年)より

口絵Ⅰ-10 船橋の露頭
A：高才川緑地公園（車方町）　B：船橋市立医療センター（金杉１丁目）

口絵 I-11 木下(きおろし)層の白斑状生痕化石

A・Bとも通称ヒメスナホリムシ Macaronichnus segregatis（金杉2丁目）

口絵 I-12 東京軽石層（ＴＰ）とその鉱物

A：高才川緑地公園のＴＰ　　B：水に浮く微粒のＴＰの軽石　　C：ＴＰに含まれる鉱物

口絵Ⅰ-13 源七山(げんしちやま)遺跡の文化層と石器

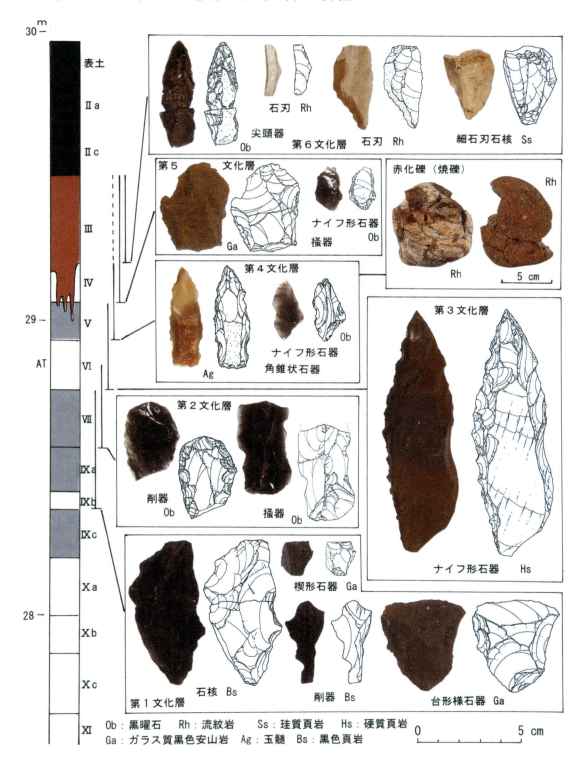

口絵Ⅰ-14 源七山遺跡 第4文化層の赤化礫（焼礫）

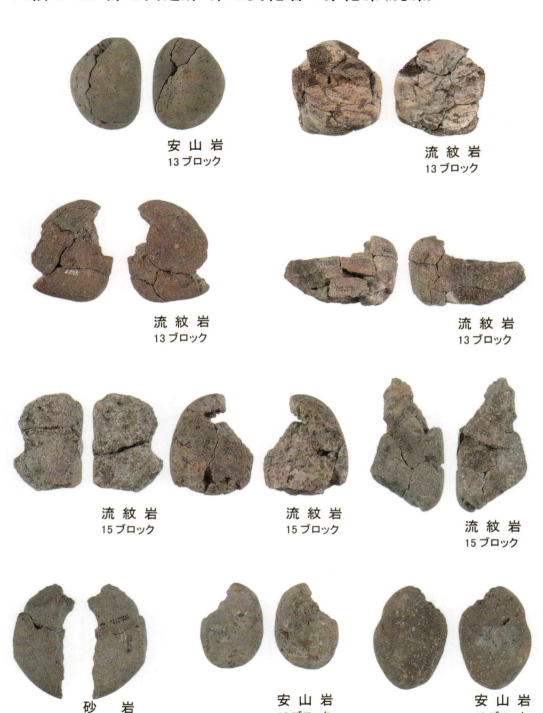

口絵Ⅰ-15 沖積層の生物の遺骸(二枚貝とカニ化石)

A：砂堆(西船橋)で採取した二枚貝　　B：船橋競馬場造成時に採取されたヤマトオサガニ

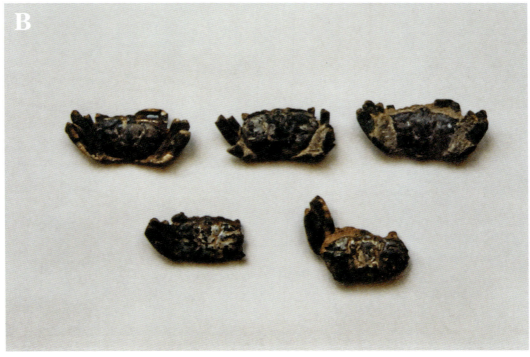

口絵Ⅰ-16 葛飾湧水群

A：葛飾神社の池　　B：二子浦(ふたごうら)の池

第1章 先達の地学調査

Geoscientists Portraits by N.Aida, 2024

船橋市の地形・地質をよく知るためには、船橋市内だけではなく、少し範囲を広げてみるとよく理解できます。少なくとも千葉市以西の下総台地西部、内容によっては房総半島、関東平野くらいまで広げないとわからない場合もあります。

　現在の認識は明治時代以降の先達の研究に負うところが大であるといえます。はじめに6名の先達の残した業績を紹介します。全員が船橋市を直接調べたということではありませんが、房総半島から関東平野までのスケールでとらえ、顕著な成果を出したのです。

　敬称は省略します。

1．長久保赤水と伊能忠敬の地図

　江戸時代の地図にもかなり正確なものが作られました。伊能忠敬の地図が有名ですが、一般には長久保赤水の地図が明治時代のはじめまで使われていました。伊能忠敬の使用した測量器具は現在でも生かされています。

2．ブラウンスと関東ローム層

　ブラウンスはナウマンの後任として、明治の初めに来日したお雇い外国人です。東京地方の台地の地質を調べ、貝化石を記載するとともに赤土層をローム層と名付けました。その後ブラウンスの弟子たちによって、房総半島の地質が詳しく調べられました。

3．横山又次郎と貝化石

　ブラウンスの弟子のひとりとして房総半島の貝化石を記載し、房総半島が日本の新生代を代表する地層と化石を有することを示しました。

4．矢部長克と東北大学

　矢部長克は横山又次郎から古生物学を学び、その後多方面で業績を残しました。下総台地西部を構成する砂層を成田層と命名し、含まれる貝化石から鹿島灘に開いた海を推定し、古東京湾と呼びました。関東平野の地形面の高度傾斜から関東造盆地運動を提唱しました。矢部は東北大学にあって、弟子たちに房総半島の地質、有孔虫化石、古地磁気などを調べさせ、日本の新生代研究を牽引しました。

5．横山次郎とナウマンゾウ

　横山次郎は横山又次郎の弟子で、日本各地の更新世の地層から産出するゾウ化石をナウマンゾウと命名したことで知られています。

第Ⅰ部　第1章　先達の地学調査

１．長久保赤水と伊能忠敬の地形図

(1) 長久保赤水の地形図

長久保赤水

図１-１は1995年に発行された伊能忠敬生誕250年の記念切手です。伊能忠敬の肖像画と関東地方の地図（伊能図と呼ばれる）が描かれています。しかし伊能図は完成しても、秘蔵され、1867（慶応３）年になるまで一般の目に触れることはありませんでした。では、江戸時代の人々はどのような地図を使っていたのでしょうか。長久保赤水（1717-1801）が1779（安栄２）年に作成した日本輿地路程全図（図１-２、赤水図と呼ばれる）が広く普及していました。

長久保赤水は水戸藩の農民出身の地理学者です。赤水図は、藩所蔵の全国の国絵図、日本図、ポルトラーノ海図、渋川春海（1633-1715）による緯度測定値などの資料を参考にして作成した経緯線投影の日本図です。ポルトラーノ海図は航海用に、目的地への方角がわかるように航程線が地図上に張り巡らされていることと、海岸線の描写が写実的であることが特徴です。

図１-１　伊能忠敬切手

海岸線と地名だけの伊能図と違い、赤水図は、湊から湊への海路と里数が記されているほか、「風土記」等の文献に記されている地名、山、川、湖、沼などの地形を、自宅前を通る旅人、商人、僧侶などを呼び止めて指問して、地図に反映させたようです〈茨城県郷土文化研究会1977年〉。伊能図のように実際に測量して作ったのではありませんが、図１-２を見てわかるように、経線以外はかなり正確です。緯度の数値で35度は正しいのですが、36度は正しくは35.5度になります。伊能忠敬も測量の際に持ち歩いていたし、シーボルトも高く評価し、1828年に帰国する際に持ち帰っています。

赤水図はその後版を重ね、1871（明治４）年まで刊行されていますので、明治10年代に地形図（口絵Ⅰ-１）が作られるまで100年余りの間

図１-２　赤水図

使われ続けました。

(2) 伊能忠敬の地形図

　伊能忠敬は1745（延享2）年に九十九里町小関で生まれ、17歳で佐原の伊能家に婿入りしました。1795（寛政7）年、隠居し江戸に出て天文方の高橋至時(よしとき)の弟子となりました。子午線1度の距離測定を兼ねて、1800（寛政12）年第一次測量（蝦夷地）が行われました。その後1816（文化13）年の第十次測量まで続きました。1818（文政元）年に死去した後の1821（文政4）年、『大日本沿海輿地全図』（通称伊能図）が完成しました。この地図は海岸線を示したもので、当時としては極めて正確です。

　房総半島は第二次測量の1801（享和元）年6月から7月にかけて測量されました。一行は6月20日に行徳－検見川間の測量を行い、船橋の海岸線を歩いて

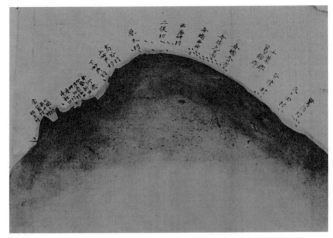

図1-3　伊能大図(米国)彩色図〈国土地理院所蔵〉

図1-4　登戸浦(葛飾北斎)〈船橋市西図書館〉

います。その時の測量結果を図1-3に示しました。伊能大図の一部です。砂浜が続いていること、船橋海神から船橋五日市にかけての集落名が読み取れます。

　伊能忠敬が測量で訪れた頃の船橋の海岸を想像してみましょう。参考になる錦絵があります。葛飾北斎が全46図からなる「富嶽三十六景」を1831～33（天保2～4）年に出版し、その中の1図が「登戸浦(のぶとうら)」です（図1-4）。現在の千葉市登戸で、船橋から東に13kmほどのところです。伊能忠敬は船橋を測量した日の翌21日に登戸村（家150軒：伊能忠敬測量日記）を通過しました。測量が行われた年の30年後の様子であり、登戸神社の鳥居と浅瀬と働く人が描かれています。砂浜の背後に小高い山があり、一部に樹木が生い茂っています。いずれも砂地（砂丘）を想像させ、海岸に沿って分布する砂堆と考えられます。船橋の海神あたりはこの絵とよく似た風景だったと思われます。

(3) 伊能図が正確である理由

　伊能忠敬は測量に際してさまざまな器具を用いています。図1-5は測量の様子を復元し

図1-5 伊能忠敬像

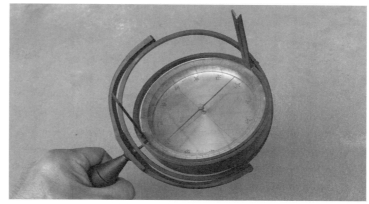
図1-6 彎窠羅鍼

た伊能忠敬像（香取市佐原の諏訪神社）です。忠敬の前にあるのが彎窠羅鍼（わんからしん）と呼ばれる小方儀（方位磁石）です。杖先（つえさき）磁石とも呼ばれています。杖を傾けても磁石は水平を維持するように工夫されています。羅針盤と同じ原理です。図1-6は杖を取りはずした状態のものです。測線の方位測定に用いた方位磁石で、普通の磁石と違うのは東（卯）と西（酉）が逆に記されていることです。それを逆針といい、日本で考案されました。磁石の北（子）を測線方向にあわせた時、磁針の指す方向（磁北）を読み取ることで即座に目標の方位と角度がわかるようになっています。地質調査で用いるクリノメーター、測量で一般的なトランシットも東西が逆に表示されており、現在に活かされています。

　伊能図が正確である理由のひとつに当時の偏角が影響しています。偏角とは磁北と真北の差であり、現在東京では磁北が真北より西に約7度の方向を指しています。札幌で西9度、鹿児島で西6度のように、場所によって偏角の値は異なっています。伊能忠敬の時代は日本全体で偏角が0度であったようです。磁石の北は真北の方向を指していたのです。

　赤水図には経線が引かれています。現在の経線にくらべて、約7度東の方向になっています。赤水図が作られた頃の偏角は、東京で東2度ほどで、江戸時代初期には東7度ほどでしたので、赤水図の経線は磁北の方向をもとに引かれたと考えられます。

(4) 地質図に使われた地形図

　地質図とは地表の表土を取り除いたときに表れる母岩の分布を地形図に表した図です。日本での最初期の地質図は外国人によって作られました。日本人独自でなされた最初の地質図は高島得三（とくぞう）の山口県地質分色図です。地質調査所が設立される4年前の1878（明治11）年のことでした。高島得三は生野（いくの）銀山でフランス人のコワニエに教えを受け、1884（明治17）年まで山林調査とともに地質調査をおこなっています。残された地質図を見ると、尾張などの国単位の地図に地質境界線を書き入れています。地図には等高線がないかわりに、水系図が詳しく描かれており、それに基づいて書かれたことがわかります。高島得三はその後、画家高島北海として名を残しました。

　1882（明治15）年に地質調査所が設立され、20万分の1の地質図の作成が開始されました。

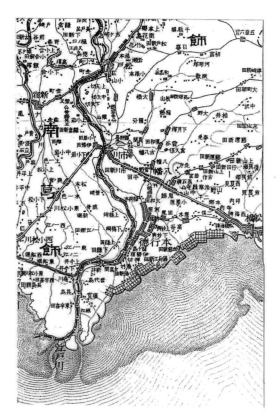 

図1-7 20万分の1「東京」〈左：地質調査所（1886年）、右：陸地測量部（1914年製版・1930年発行）〉

　地質図は調査結果を地形図に記入して作成されるのが普通です。今と違い、地質調査に入ったものの地形図がまだ作られていない状況でした。そこで、測量して地形図を作りながらの地質調査になりました。地質調査所からは地質図とともに地形図も発行されています。20万分の1地形図は1884（明治17）年に横浜と伊豆が最初に発行されました。東京（図1-7の左）は1886（明治19）年に、地質図が1888（明治21）年に発行されました。図1-7の右図は陸地測量部（現在の国土地理院）が1914年に作成した地形図です。地質調査所の地形図の精度の高さがわかります。

2．ブラウンスと関東ローム層

(1)　ブラウンス

　ブラウンスは1879（明治12）年12月にドイツ人地質学者ナウマンの後任として来日した、お雇い外国人教師です。わずか2年間の滞在期間に、日本の最も新しい地質時代である第四紀（約258万年前～現在）の地層ならびに貝化石分類の先駆的研究を行いました。
　彼は1827年にドイツのブラウンシュバイクで生まれ、ミュンヘン大学で医学の学位を取得

し、開業医となります。その後、鉄道会社に入り地質を担当し、特に中生代ジュラ紀の地質を詳しく調べました。1874年にハレ大学の講師となり、来日します。帰国後はハレ大学に戻り、1893年にガンデルスハイムで死去しました。

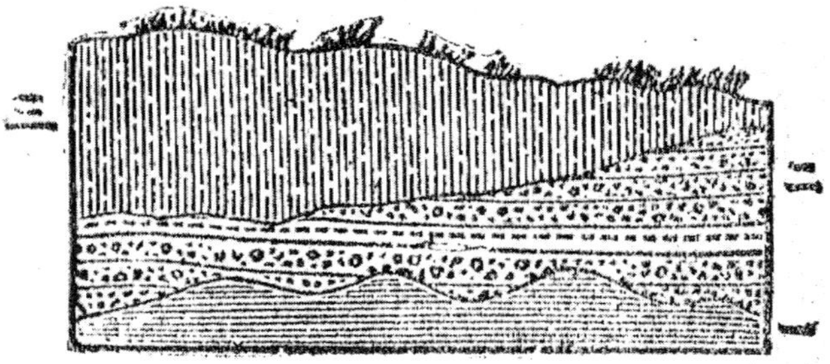

図1-8 神奈川の崖の断面（神保小虎1896年）

(2) 東京近傍地質編

　ブラウンスは、日本で最初の第四紀地質の論文を書きました。その『東京近傍地質編』（1882年）には神奈川の崖のスケッチが示されています。図1-8は神保小虎の『日本地質学』（1896年）の中の図で、ブラウンスの図を模式的に書き改めたものです。一、二、三の3層からなり、（一）は第三紀層、（二）は砂と粘土の層、（三）は凝灰質ロームです。凝灰質は火山灰質のことです。ブラウンスはそれぞれ「第三紀層」「標積（現在の洪積）層の下部」「標積層の上部」としています。貝化石が多産するのは第三紀層からです。

　（一）と（二）の間の波線、（二）と（三）の境は不整合を表しています。（二）の砂と粘土の層は水中で堆積したのでほぼ水平な線（層理面といいます）が見られます。それぞれの地層が連続して堆積していると考えられます。この状態を整合といいます。（二）の地層が堆積した後、隆起して陸上で侵食され斜面（侵食面）が形成された後に（三）が堆積します。このように地層間に明らかな侵食面が存在する場合を不整合といいます。また（一）と（二）の関係では、（一）は第三紀、（二）は第四紀で年代が異なっています。（一）と（二）の間には大きな時間間隙があり、その間の堆積物が欠如しています。この（一）と（二）の境も不整合といいます。

　「標積層の上部」は後に「凝灰質ローム」と名称が変わりました。ロームは本来は土壌用語で、砂・シルト・粘土がほぼ3分の1ずつで構成される土壌を指します。現在では関東ローム層と一般的に呼ばれ、また関東赤土層、関東火山灰層と呼ばれることもあります。『日本地質学』には、ロームは無層理で、中国のレス（黄土）のように陸上堆積したものであり、軽石の薄層を挟むことから、火山噴出物起源であると書かれています。

　ロームという用語を最初に使ったのはブラウンスだといわれています。ブラウンスは『東京近傍地質編』の中で、標積層の上部が岩石学的にロームと同じであると述べ、ドイツで見慣れたレスに類似していると考えました。図1-9はドイツ南部のハイデルベルク近郊の土取場の崖の断面です。ハイ

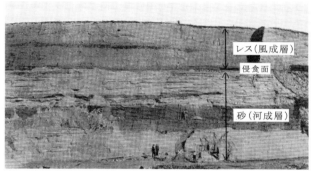

図1-9 ハイデルベルクの土取場〈Adam1984年〉

デルベルク人下顎骨の発見地点で1908年頃の写真です。30mほどの高さがあり、上部10mがレスです。レスは細粒の風成堆積物です。化学分析を行うなどして詳しく調べた結果、本国のレスとは化学組成が異なっていたため、中国のレスとの関連を示唆しました。文章中に「日本の壚斯（ロース＝レス）」との記述がある一方で「上部漂積壚坶（ローム）」と書いている箇所もあり、用語として定まっていなかったことがわかります。議論しただけで、図には「標積層の上部」としています。その後、北海道の地質を見学し、1882年に出された報告の中で、東京近傍の地質と比較して、「レスに類するローム」という表現を用いています。

ローム（壚坶）という語句は、次に20万分の1地質図の説明書である『東京地質図説明書』（1888年）の中に見られます。高台の地質はブラウンスの層序にならい洪積層とし、上部を壚坶としました。このロームは火山灰が風水の力で堆積したものとその起源についても言及し、東京軽石層も記載しています。レス（壚斯）の語句はなく、ロームと明確に呼んでいます。地質図作成と説明書執筆は鈴木敏が担当しました。鈴木はブラウンスの弟子のひとりです。鈴木がロームという語句を普及させたといえます。

レスとはどのようなものを指すのでしょうか。図1-10は中国東北部（旧満州）のハルピン市郊外の顧郷屯層の崖です。顧郷屯層は中・下部から哺乳動物化石を多産することで知られ、上部はレスまたはレス様土壌です。上部の厚さは10mほどあります。ドイツのレスは灰色であるのに対して、中国のレス、レス様土壌は関東ローム層の上部とほぼ同じ時代で、色調もローム層に似ています。現在では関東ローム層は中国起源のレスを多く含んでいて、単なる火山灰起源ではないと多くの火山学者は指摘しています。ローム層を「レスに類する」と考えたブラウンスの先見性に驚かされます。

図1-10 顧郷屯層。最上部の無層理部分がレス様土壌。（中国ハルピン郊外、1991年撮影）

(3) ブラウンスの東京大学の弟子たち

ブラウンスが東京帝国大学で教えた弟子たちの多くは、その後の日本の地質学を牽引した人たちといって過言ではないでしょう。図1-11の前列右端は横山又次郎、後列右から2人目は鈴木敏、4人目は巨智部忠承です。巨智部は20万分の1地質図「千葉」を担当しました。巨智部と鈴木はともに地質調査所の第2代目、3代目の所長になっています。

『東京近傍地質編』で記載された地層は、現在JR京浜東北線王子駅の西側にある音無さくら緑地公園に保存されています。ブラウンスの露頭と呼ばれ、ブラウンスがこの近くで貝化

石を採集し、二枚貝45種、巻貝40種、角貝類2種、腕足類1種を日本で最初に記載しました。

　この貝化石は王子貝層と呼ばれています。ここでは貝化石を見ることができ、近くの音無川の河床にも露出しています。第三紀とされていましたが、現在では第四紀更新世後期で、千葉県内の下総層群に対比され

図1-11　ブラウンス夫妻とその弟子たち（地質調査所100年史より）

ています。貝化石の研究は弟子の横山又次郎、徳永重康（しげやす）、矢部長克（ひさかつ）に引き継がれました。1896（明治29）年に田端駅で出土したナウマンゾウの切歯と臼歯の化石を調べた徳永重康は、王子貝層から新種の二枚貝（絶滅種）を見つけました。その貝化石をブラウンスに因んで、ブラウンスイシカゲガイ（Cardium braunsi Tokunaga）（図1-12）と命名して1906（明治39）年に記載しました。第四紀更新世後期に生息した二枚貝のほとんどが現生種で、絶滅種はブラウンスイシカゲガイとトウキョウホタテ（図1-14）の2種だけです。

図1-12　ブラウンスイシカゲガイ―左：殻外面、右：殻内面（印西市境田で採取）

3．横山又次郎と貝化石

　横山又次郎は1860（万延元）年、長崎に生まれ、1882年に東京帝国大学を卒業しました。在学中ブラウンスおよびその後任のゴッチェに学び、ブラウンスの論文を翻訳したりしています。卒業後ドイツで3年間古生物学を学び、東京帝国大学教授に就任。日本人として最初の化石記載論文を書きました。その後は中生代・新生代の軟体動物（貝化石）の研究に集中し、特に新生代につい

横山又次郎

ては日本の各地・各層の貝化石について非常に多くの論文を著しました。古生物学の教授として多くの後進を育て、また多くの著作によって地質学の普及に努めました。現在、貝の研究者では生物学よりも地質学（古生物学）を専門にする人のほうが多いとされ、横山又次郎の影響といえるかもしれません。1942年、東京で死去。

　横山又次郎は、三浦半島および房総半島の貝化石の研究を記載を中心に行って、分類学、化石層序学の基礎を作り、日本の新生代の地史ならびに古生物学的研究の道を開きました。

　図1-13は貝化石産地〈青木直昭・馬場勝良（1973年）の図に追加〉の一覧です。貝化石は1884（明治17）年には1、2、4の3ヵ所が知られていました。横山又次郎が調査した1920年代は1～7の7ヵ所だったようです。船橋には貝化石を産する露頭はありませんが、貝化石を豊富に含む木下層、上岩橋層は台地の土台として広く分布しています。その貝化石の多くは横山が記載しています。

　図1-14は、上から多産するタマキガイ（標本番号CM21610）、エゾタマキガイ（標本番号CM21622）、トウキョウホタテ（標本番号CM20568）のタイプ標本です。タイプ標本は模式標本ともいい、基準となる標本で東京大学に保管されています。

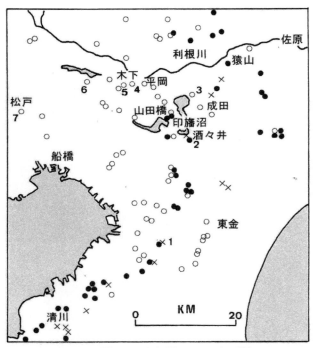

図1-13 貝化石産地〈青木直昭・馬場勝良（1973年）に加筆〉

図1-14 貝化石のタイプ標本
1：タマキガイ（成田市大竹）
2：エゾタマキガイ（千葉市瀬又）
3：トウキョウホタテ（横浜市長沼）
〈Yokoyama1922年より編集〉

4．矢部長克と東北大学

矢部長克（60歳）胸像

矢部長克は1878（明治11）年東京で生まれ、1901年東京帝国大学を卒業しました。横山又次郎から古生物学を学び、北海道の石狩炭田、アンモナイト化石を調べました。ドイツ留学後、1911年東北帝国大学理科大学教授となり、同大学地質学科の創設にあたりました。研究分野は古生物学のみならず、層序学、地質構造、地体構造、海底地形、第四紀学など幅広く多方面にわたっています。著書は１冊もありませんが、多くの後進を育てたことで有名です。1953年に文化勲章を授与されました。地質学界で唯一です。1969年、東京で死去。

東京帝国大学在学中に東京と成田付近の更新世堆積物と化石群について、次のように報告しています。東京付近の二枚貝は生息当時のまま殻が揃った状態（現地性）であるのに対して、成田付近の貝化石では、左右の殻が離れ離れになって、掃き寄せられたような堆積状態（異地性）であり、貝化石を含む砂層に顕著な差がある。そこで、東京の貝化石を含む砂層を東京層、成田付近の砂層を成田層とそれぞれ命名しました。ブラウンスが報告した東京王子の貝層も東京層に含まれます。

図１-15は印西市発作（はっさく）の成田層（現在の木下層）と化石です。貝殻が水平に堆積していることがわかります。図の化石は、上からカシパンウニ、キオロシアサリ（殻外面、殻内面）、バカガイ（殻内面）で、ここでは特に多産します。東京層と成田層には共通の貝化石もあるものの、成田層の貝層には北方性の貝化石が多く含まれることから、成田層を堆積した海は次ページの図１-16のように鹿島灘に開いていたと考え、この海を古東京湾と命名しました（1931年）。東京層と成田層の化石種の

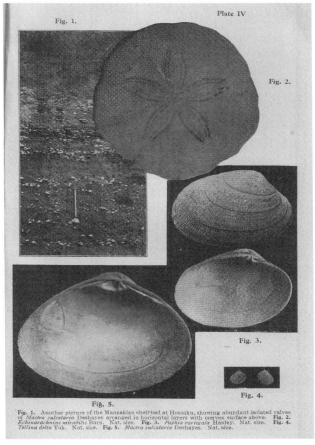

図１-15 印西市発作の成田層と化石〈Yabe and Nomura 1926年〉

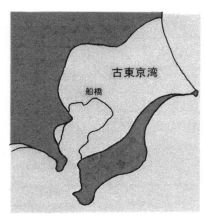

図1-16 古東京湾

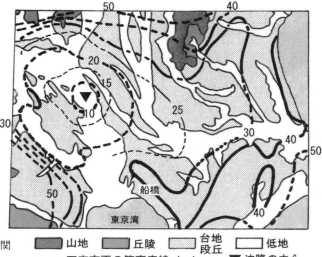

図1-17 下末吉面の等高度線からわかる関東構造盆地〈貝塚爽平1987年より作成〉

違いは、潮流の影響の違いからくる海水温の差によると指摘したのです。図1-16は成田層（木下層）堆積時の海陸分布を表し、古地理図といいます。

1920年、矢部は、関東山地東縁に見られる2段の段丘表面が関東平野中央に傾き、関東平野周辺の地表面が同心円状に中央へ傾く盆地状の構造になっていることに気がつきました（図1-17）。そこで関東平野を関東構造盆地と命名しました。実際に船橋の台地では、台地表面の標高が東から西に緩く傾いています。この台地面は成田層（木下層）の堆積面ですので、ほぼ水平だったと考えられます。西に緩く傾斜しているということは、成田層（木下層）堆積後に西側に沈降、または東側の隆起があったと考えられます。この平野周辺の隆起と中心部の相対的な沈降による盆状地形の運動は現在も継続していて、関東造盆地運動といいます。その例として中心部付近で見られる古墳の埋没があります。沈降の中心は加須市付近になりますが、そこに近い羽生市小松古墳群1号墳は古墳時代後期（7世紀）にローム台地の上に構築されましたが、地表

図1-18 埼玉県羽生市小松古墳群1号墳の石室全景〈羽生市教育委員会2014年〉

下約3mのところに埋没しているところを発見されました（図1-18）。埋没速度は年間2.2mmと計算されています。関東造盆地運動（基盤の相対的な沈降運動）によるものと考えられます。

これ以外に地質構造・地帯構造の関心から、糸魚川－静岡構造線の提唱（1918年）、中央構造線の性格の究明、古生代から完新世にいたる動植物化石全般の研究から、1920年代に新生代の化石層序の確立、中生代白亜紀・古第三紀境界、鮮新世・更新世気候論、氷河問題、1930年代からはサンゴ・層孔虫・有孔虫化石を研究しました。

このようにさまざまな分野を研究対象にしていましたので、矢部のもとで学んだ学生・研究者で房総半島の地質を研究した人が多くいます。特に2分野について紹介します。有孔虫化石は、浅野清を筆頭に孫弟子、ひ孫弟子の世代の現在も継続中です。船橋のボーリング試料の有孔虫化石を調べた樋口雄もそのひとりです。地質層序と古地磁気学の研究では、中川久夫、新妻信明がいます。地磁気の逆転現象を数多く見つけ、地質時代の境界であるチバニアンを房総半島で確立するための最初期の研究を行いました。

5．槇山次郎とナウマンゾウ

槇山次郎は1896（明治29）年に秋田に生まれ、1920年に東京帝国大学を卒業しました。卒論の指導は横山又次郎でした。1921年に京都帝国大学講師に就任し、ヨーロッパに留学後教授になり、多分野にわたり後進を多く育てました。新生代の層序・古生物を研究し、特に軟体動物化石、長鼻類化石を研究し、1924年に浜名湖東岸で発見された化石を、新種のゾウとして記載し、和名をナウマンゾウとしました。後年は構造地質学を研究しました。1986年、京都で死去。

ナウマン（1854-1927）は1875年に来日したドイツの地質学者で、地質調査所の設立に尽

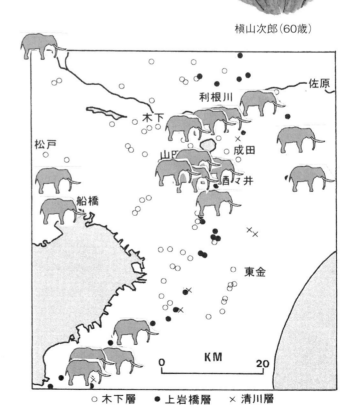

槇山次郎（60歳）

図1-19 ナウマンゾウ化石産地（図1-13に加筆）

力したほか、フォッサマグナの発見者としても知られています。1869年に横須賀で発見されたゾウ化石を1881年に記載しました。現在ではナウマンゾウとされていますので、ナウマンゾウの最初の調査をナウマンが行っていたことになります。

亀井節夫編著（1991年）によれば、千葉県のナウマンゾウ化石産地は20カ所以上が知られています（図1-19）。特に貝化石産地でもある印旛沼周辺で多く見つかっています。船橋市内からの出土はありませんが、槇山次郎は1926年7月、市川市高谷新町の江戸川橋の工事中に埋立地（沖積層）から出土したナウマンゾウ臼歯化石を報告しています。もとは成田層の淡水貝を含む粘土層にあったのではないかと指摘しています。

図1-20 ナウマンゾウ切歯化石の産状（印西市平岡）

図1-21 ナウマンゾウ骨格模型（房総風土記の丘資料館）

　図1-20は、1982年に印西市平岡の土取場で切歯化石が見つかった時の写真です。化石は豆腐のように柔らかく、切歯の一部が工事の際に2ヵ所削られていました。化石は地層面にほぼ水平に堆積しており、その上下の地層（木下層の砂層）には貝化石が多く含まれていました。

　切歯は現地性ではなく、波に運ばれてきた異地性のものなので、化石の年代は木下層かそれ以前ということになります。地層中の生物の遺体はすべて化石になるのではなく、化石になるためには条件があります。骨の場合には長い年月で消失しますが、この切歯化石のように、まわりに貝などが多くあると残ることがあります。図1-19で貝化石産地とゾウ化石産地が重なっているのはこのためです。貝塚からヒトを含む動物の骨が見つかるのも同じです。石灰岩の裂罅（れっか）に堆積した地層にも化石は見つかります。

　成田市猿山からは頭骨、印西市山田橋の捷水路からは全身骨格が見つかり、図1-21のナウマンゾウの復元に貢献しました。

第2章 大地のおいたち

高才川緑地公園(車方町)の崖

1973年に葛西沖（東京都）、1976年春には稲毛（千葉市）に親水護岸、いわゆる「人工の渚」が造られました。船橋市でも潮見町沖に1982年に海浜公園が出来、人工の干潟が約500mの長さで再現されました。ここは、埋立てが行われる前までは江戸川－海老川沖の自然の干潟（三番瀬）として発達していた場所にあたります。市制施行80周年記念の2017年、環境学習館がオープンし、三番瀬の見学や潮干狩の場として市民に親しまれています。

　現在の船橋市は人口64.6万人（2023年4月）以上の人が生活する千葉県第2位の都市です。船橋市に限ったことではありませんが、この間、開発による土地の改変、干潟の埋立てなどがさかんに行われてきました。船橋に人が住み始めて3万5000年あまり、ことにこの50～60年間でかつてないほど自然も相当に変貌しました。

　では、船橋市の土地（地形）はどのようにして形成され、現在に至ったのでしょうか。

　船橋市は標高30mあまりの台地と河川に沿って分布する低地、海岸砂丘、埋立地に地形区分されます。口絵Ⅰ-7の地質図に示されたように、台地は後期更新世以降の堆積物（海成層とその後の風成ローム層）からなり、低地は台地を開析して形成されるので、最終氷期以後の堆積物からなっています。同じく口絵Ⅰ-4・Ⅰ-5の地形図に示されたように、船橋町から船橋市になって以降、急激に埋立地が拡大し、台地が開発されてきたことがわかります。この間に著しい地盤沈下が発生し、市民生活に多大な影響がありました（図2-1）。その原因をつきとめるために基盤岩に達する地盤沈下観測井を掘削し、地下地質を明らかにするとともに、地下水の挙動を観測し地盤沈下の原因を明らかにしました。そして水溶性天然ガスの汲み上げが元凶であることがわかり、これを停止したところ、地盤沈下はなくなりました。大地震が発生すると埋立地などでは液状化が見られます。

　地下地質を含めて地質の形成には長い年月がかかっています。船橋の最古の地層は岩盤の上にあるもので約580～420万年前のものです。地層は水平に堆積しても、その後に変形していきます。地質断面図を見れば明らかです。上下にも、横にも動きます。船橋で地質を直接目にするのは台地の崖や工事現場の掘削などですが、そこで見られるものは、約16万年前までの地層です。同一の地層の標高を測ると少し傾いているのがわかります。また地層にはその時のいろいろなものが残されています。生物の化石や火山灰のほかに、目で見ることはできませんが、地磁気や重力などもあり、地層はタイムカプセルといってよいでしょう。船橋では過去約500万年間の歴史が約2000mの厚さの地層に記録されています。まだ不明な点が多くありますが、現在までに明らかになった過去の様子を紹介していきます。

図2-1　地盤沈下による日の出町本海川の護岸の亀裂（1972年）〈白井常之1972年〉

1. 船橋（古くは舟橋）とは

その昔、市内を流れる「海老川」は現在より川幅が広く、水量も多かったため、橋を渡すのが困難だったそうです。そこで、川に小さな舟を数珠つなぎに並べて上に板を渡し、橋の代わりにしたことから、「舟橋」という名がつきました。現在の海老川橋がその場所だったようです（図2-2）。

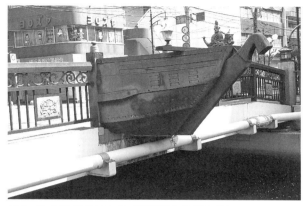

図2-2 海老川橋にある「船橋地名発祥の地」モニュメント（2024年4月）

図2-3は江戸時代の船橋の図です。房川船橋は栗橋・中田間の利根川に、松戸金町船橋は江戸川に造られたもので、上流からの虎網や碇で橋を支えていました。必要な時に造り、役割を終えると撤去されました。

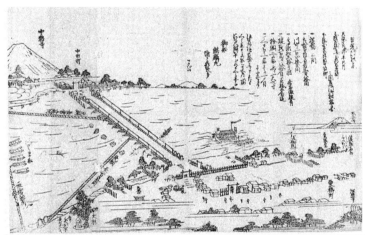

図2-3 船橋の図
上：房川船橋
下：松戸金町船橋
〈船橋市西図書館〉

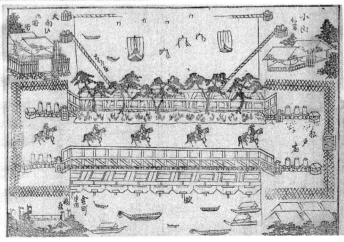

2．船橋の地殻変動

(1) 船橋市の地盤沈下

　筆者（会田）が船橋市と関わるようになったのは、大学1年生の時の遺跡の発掘が最初です。大学2年生の時（1972年）に、学園祭の展示を行うことになり、当時問題になっていた地盤沈下を取り上げることになりました。直接関わっている方に話を伺ってはどうかとのアドバイスがあり、千葉県公害研究所の楡井久氏を紹介されました。研究所は船橋ヘルスセンターに隣接した場所にあり、当日は所員の楠田隆氏に案内され、たくさんの資料をいただきました。研究所はその後移転し、現在の千葉県環境研究センター地質環境研究室となりました。楡井、楠田両氏をはじめ所員の方々には現在に至るまでお世話になっています。

図2-4　地盤沈下非常事態宣言（1971年、宮本9丁目）〈白井常之1972年〉

　地盤沈下は公害の一つです。船橋市では1950年代後半から1970年代初めにかけて地盤沈下が顕著となり、特に埋立地では高潮・水害等に対して脆弱な土地の形成、かつ沈下による堤防護岸の亀裂（図2-1）および湛水地域の激増など、多くの災害を生じました。そこで船橋市は1971年9月29日に地盤沈下非常事態を宣言しました（図2-4）。その後の対策により、現在では地盤沈下は起きていません。この地盤沈下に対して、詳細な調査・研究が行われた結果、多くの船橋市の地学的情報が得られました。それらを順に紹介します。はじめに船橋市の地盤沈下の実体から見ていきましょう。

　船橋市内ではかつての地盤沈下の明瞭な痕跡を見ることは難しくなっています。海岸に近い埋立て地域には、電柱などに海抜高度が示されており、これは地震津波の影響を知るのに役立ちます。図2-5は市役所前の看板で約0.9m、そこから南に約200m行った京葉道路下で1.1m、さらに400mの湊中学校で約1.7mです。埋立て時はもう少し高かったと思われますが、埋立て土は時間が経つにつれ

図2-5　標高を知らせる看板（市役所前、2024年4月）

締まりますので、自然に高さは低くなります。高低差も出ていますが、地盤沈下の影響も多少残っているのかもしれません。これらの高さはゼロメートル地帯と呼んでもいいでしょう。ゼロメートル地帯とは、地表の標高が満潮時の平均海水面よりも低い土地のことです。水害に遭う可能性が高い地域です。地形図を見ると、埋立地の中に標高がゼロメートル以下のところも実際にあります。

柴崎達雄〈1971年〉によれば、地盤沈下は初め東京で確かめられました。

1931年初夏に、東京北西部を震央とするかなり強い地震があり、これに関連して、東京本所深川方面の一部で水準測量を行いました。その結果、水準点が1年で10cm近く（最大で15〜17cm）沈下したことがわかり、地盤沈下が確かめられました。一方、大阪の地盤沈下を調べた和達清夫と広野卓蔵は、1939年に「人為的な地下水位低下による表層の圧密加速現象」が地盤沈下の主原因であるとの地下水汲み上げ説をたて、その対策として、「地下水のくみあげ制限と地下水層への水の導入」をあげています。現在の地盤沈下対策につながる提言といえます。戦争の末期から戦後にかけて、工場で使われていた深井戸の汲み上げがとまり、地盤沈下が停止しました。和達らの説が証明されたのでした。

地盤沈下の影響は、海面下の土地（ゼロメートル地帯）を出現させました。東京では異常高潮に伴う家屋への浸水が1932年以降たびたび発生しました。戦後の日本経済の高度成長とともに、ゼロメートル地帯は拡大し、地盤沈下もますます進行しました。

〔船橋天然ガス田の開発史と地盤沈下〕

船橋市の地盤沈下の経緯を見てみましょう。図2-6は国土地理院と千葉県の資料を用いて作成した累計変動図〈白井常之1971年〉の中から、船橋市内の3つの水準点の経年変化を示してあります。1923年の関東大地震の時に8cmほど隆起し、その後10cm以上沈降しますが、これは地盤沈下によるものではありません。地盤沈下の兆しが現れ始めたのは1957〜58年頃です。その後大きく沈下し始めました。1969、1970年には市街地の全域が年間10cm以上、台地上では20cm以上沈下するに至りました（夏見町で24.3cm/年）。

船橋市で地盤沈下の兆しが現れた頃、どのような地下水の汲み上げが行われていたのでしょうか。現在「ららぽーと」のある場所は埋立地で、1952年に船橋天然ガス田の開発が始まりました。地下の天然ガスは水溶性であり、地下水を汲み上げると、比重の小さい水溶性天然ガス

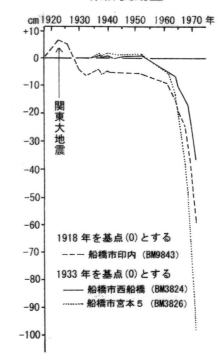

図2-6 地盤沈下累計変動量〈白井常之1972年〉

と大きい塩水に分離します。1955年に深度約900mの砂層から天然ガスの採取が始まりました。塩水はヨウ素を含んでいるため、褐色を帯びています。

　1955年に開業した船橋ヘルスセンターの象徴的存在が大ローマ風呂の温泉でした。ナトリウム－塩化物強塩温泉は天然ガス採取で汲み上げた地下水（塩水）を利用したものです。『日本温泉・鉱泉一覧』〈1975〉によれば、最高温度55℃、湧出量は毎分20万600リットルと記録されています。湧出量は別府温泉の約3倍です。船橋市街地を中心に北東－南西方向に開発が進み、1969年には市川市、習志野市を含めて、合計39井が稼行するに至りました（図2－7）。

　1969年、天然ガス生産量も最大となり、湊町と夏見町で年間沈下量が20cm以上となるなど、地盤沈下が激しさを増しました。1963～71年の8年間の累計沈下量も千葉県水準基漂F-9（湊中学校）で122.5cmに達しました。

　ガス田の分布地域（北東－南西方向）が地盤沈下の中心地域と一致することから、地盤沈下の主要な原因が天然ガスを含むかん水の揚水であることは明白でした。そこで1971年12月、千葉県、船橋市、および市川市は天然ガス鉱区を2億6000万円で買い上げ、1972年1月1日をもって揚水が全面禁止になりました。船橋ヘルスセンターは1971年、地盤沈下防止のため温泉の採掘が禁止され、1977年に営業を終了しました。跡地は「ららぽーと」です。一般地下水の汲み上げについても、1972年5月1日以降、工業用水法、ビル用水法、千葉県公害防止条例の指定地域となり、規制が強化されました。その結果、地下水位は回復し、地盤沈下は大幅に減少し、むしろ地盤がわずかながら上昇しました（図2－7）。

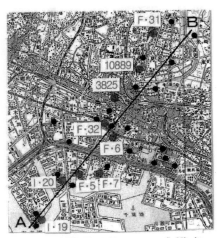

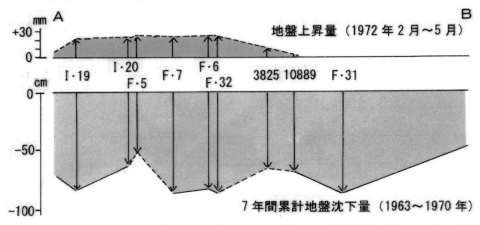

図2－7　船橋天然ガス田（A－B断面）における地盤沈下と地盤上昇〈楡井久1980年から作成〉

〈コラム〉地形図の変遷〔口絵Ⅰ-1～Ⅰ-5〕

地形図が作られて140年、市役所周辺の移り変わりが特に目立っています。

〔Ⅰ-1〕2万分の1フランス式彩色地図（第一軍管地方迅速測図）1880年「西海神」「船橋駅近傍」

1880～1889年に陸軍参謀本部によって、第一軍管地方（関東地方）の2万分の1迅速測図が作られました。これはわが国初の広域測量の成果であり、近代測量の基礎となった地図です。迅速測図とは、三角点の成果に基づかないで実施した測図法で作られた地図の名称で、経緯度の表示がないのが特徴です。船橋、市川地域は1880年に作られました。当時の地形、土地利用の様子が明瞭に示されています。

〔Ⅰ-2〕5万分の1地形図「佐倉」（1909年発行）「東京東北部」（1919年発行）

地図作成を含む軍制全般がフランス方式からドイツ方式に移行されたため、ドイツ方式の1色刷り図に書き直されて刊行。以後、地図は1色刷りになります。船橋は5万分の1の地図では「佐倉」と「東京東北部」に分かれます。明治～大正時代の地図に多色刷りが各1枚あり、それを貼り合わせたものです。鉄道（総武線：1894年開業）が描かれています。

〔Ⅰ-3〕5万分の1地形図「佐倉」（1932年発行）「東京東北部」（1932年発行）

大正～昭和時代の地図です。京成電鉄（1921年押上－千葉間の開通）、北総鉄道（現東武鉄道、1923年開業）が新たに描かれています。

〔Ⅰ-4〕5万分の1地形図「佐倉」（1951年発行）「東京東北部」（1948年発行）

終戦後に発行された地図です。沿岸部は全く変化していないことがわかります。船橋市と船橋町の両方の表示が見られます。敷設中の新京成電鉄の一部（1947-48年新津田沼－滝不動間の営業開始）が新たに描かれています。

〔Ⅰ-5〕5万分の1地形図「佐倉」（1998年発行）「東京東北部」（2015年発行）「東京東南部」（1999年発行）「千葉」（1990年発行）

干潟に埋立地が造成され、海岸線の様子が全く変わりました。新たに「東京東南部」と「千葉」を加えました。内陸部も開発が進み、地形の判読が難しくなりました。武蔵野線（1978年新松戸－西船橋間開業）、京葉線（1986年開業）、東葉高速鉄道（1996年開業）、北総開発線（1979年開業）が新たに描かれています。

図2-8 地形図を製作・販売している国土地理院(茨城県つくば市)、電子基準点(左)と測地観測塔(右)。

(2) 船橋の地殻変動

　地形図をつくり、その後の変化を測るのに用いられるのが三角点、水準点、電子基準点で、それぞれ用途が違います。各測定結果は比較的簡単に取得でき、さまざまな用途に利用できます。

①**三角点**：三角点は、正確な位置を求める測量を行うために、国土地理院が作った位置の基準となる点のこと。地形図に描かれたこの記号は、三角点がある場所を表しています。

三角点の記号

図2-9　一等三角点「法典村」

　図2-9の一等三角点（補点）「法典村」（上山町1-86-1）は標高23.6m、柱石は花崗岩が用いられ、石の頂部には十字の切り込みが入れてあります。1923年の関東大地震の時には北北西（349°）に20cm移動しました（図2-10）。

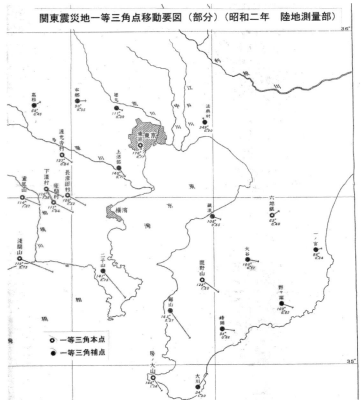

図2-10　1923年の関東大地震での三角点の変位

②**水準点**：水準点は、正確な高さを求める測量を行うために、国土地理院が作った高さの基準となる点のこと。地形図に描かれたこの記号は、水準点のある場所を表しています。この記号は、水準点の標石を真上から見た形を記号にしています。2種類の水準点を紹介します。

水準点の記号

(a) 葛飾神社（BM3824）：地上埋設の水準点で、神社の境内にあります。
(b) 大覚院（BM3825）：地下埋設の水準点で門の横にあり、普段はふたが閉まっています。

図2-11 葛飾神社と大覚院の水準点

葛飾神社は図2-6、大覚院は図2-7の地盤沈下で取り上げました。大覚院は葛飾神社の南東約1700mに位置します。葛飾神社と大覚院の水準点について、より詳しく1963年から2011年までの48年間の標高の変動を見てみましょう。1963年から1972年までは地盤沈下で標高は下がり続けましたが、それ以降は地盤沈下はなくなり、標高はほぼ一定になっています。なお1980年と2003年に標高計算方法の変更がありました。変更しないで連続させると、2地点とも地盤はわずかに上昇していることがわかります（図2-12）。

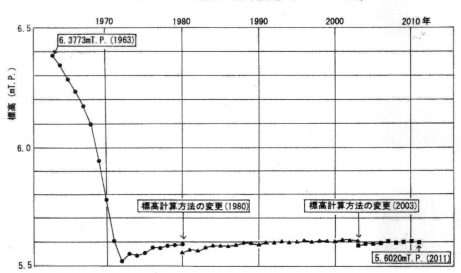

図2-12　葛飾神社と大覚院の水準点の経年変動の結果〈千葉県環境研究センター提供〉

③**電子基準点**：電子基準点は、全国約1300ヵ所に設置された全地球航法衛星システム

電子基準点の
記号

（GNSS）連続観測点です。外観は高さ5mのステンレス製ピラーで、上部にGNSS衛星からの電波を受信するアンテナ、内部には受信機と通信用機器等が格納されています。受信したデータの収集・解析は国土地理院（茨城県つくば市）で行っています。地形図に描かれたこの記号は、電子基準点のある場所を表しています。船橋市内にはなく、近くは千葉市川局、千葉花見川局があります。よく見ると形状が違っています。全部で3種類あるようで、違いは設置年度によるとのことです。千葉市川局は93型、千葉花見川局は94型と呼ばれています。もうひとつは02型です。図2-8の国土地理院にあるものは千葉花見川局と同じ94型です。

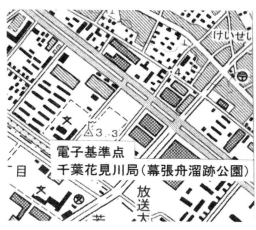

図2-13 電子基準点（左：千葉市川局、右：千葉花見川局）

電子基準点では標高の日変化を知ることができます。2017年と2018年の1月の日変化をグラフにしました。月初めを0として、その日を基準に1ヵ月間の上下変動の大きさを表してあります。大地震があると地盤の変動を実感しますが、何もない平穏な時でも1日で最大2cmくらい変化しているのがわかります。私には地球が生きて呼吸をしているように感じられます。

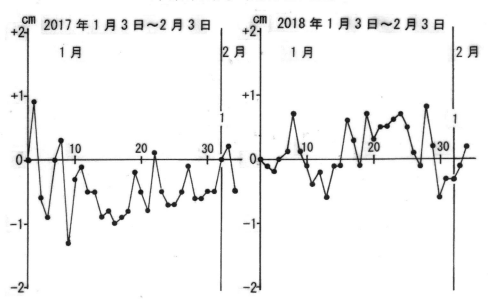

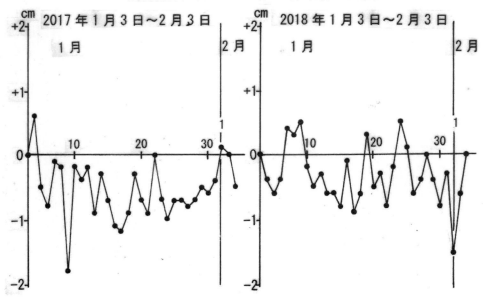

図2-14　電子基準点による標高の日変化

(3) 船橋の断層・地震
①船橋の断層

　下総台地は関東平野で最大規模の台地です。この台地は関東造盆地運動の影響で、北西方向に高度が徐々に低くなっています。千葉市以西の下総台地は大部分高度30m以下ですが、ところどころ30mを越す高まりが見られます。この高まりは、四街道緑ヶ丘－千葉市柏井町－習志野市東習志野－船橋市薬円台を結ぶ線（幅約１km）がこれに相当します（図１-17）。この延長線上の松戸市にも30mを越す高まりが存在します。この高まりは習志野隆起帯〈杉山雄一ほか1997年〉または下総台地西部隆起帯〈杉原重夫2000年〉と呼ばれています。図２-15のＡ１はこの隆起帯の位置を示しています。Ａ１の北東約10kmのところに、Ａ１にほぼ平行して柏－印旛沈降帯Ａ２があります。図の外になりますが、さらに10kmほど離れて守谷－取手隆起帯が存在します〈杉山雄一ほか1997年〉。北西－南東方向に南から背斜－向斜－背斜の褶曲構造を示していることになります。おそらく北西方向から、または南西方向からの押しの力が働いて地層が撓んだことによるものと考えられます。

　では、船橋の断層について考えてみます。この隆起帯の東京湾側は、台地縁が直線状になっています。これを東京湾北縁撓曲〈杉山雄一ほか1997年〉と呼んでいます。直線状の地形があると活断層の存在を考えることが多いです。撓曲とは、厚く重なった地層の一部が曲がる現象のことです。褶曲（隆起）に伴って出来たもので、この撓曲の前縁には、断層が伏在

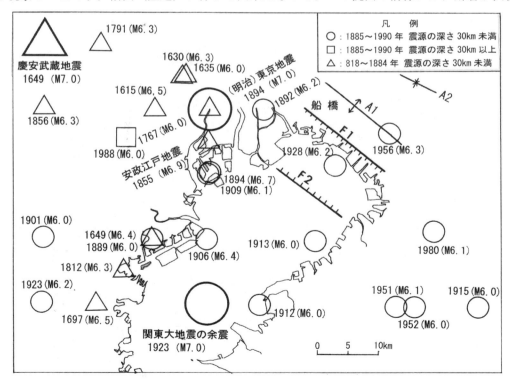

図２-15　船橋周辺の断層・隆起帯と大地震の震央分布
地震のデータ（震央位置・発生年・マグニチュード）は佐竹健治ほか〈1997年〉の地震構造図より引用

する可能性があるとされています。隆起帯の南側の東京湾の北部に、隆起帯と同じ北西－南東方向の東京湾北縁断層〈楡井久1977年〉が知られています。南西落ち、落差300m以上の基盤断層です。図2-15のＦ１で、かつて活断層地図に記載されていました。その後の調査で、活断層地図から除かれ、更新世後期以降は活動していないとされています。

次に、浦安沖から千葉沖にかけての東京湾の北部に、東京湾北部断層（図2-15のＦ２）と呼ばれる断層が潜在していることが知られています〈加藤茂1984年〉。東京湾の音波探査で見つかったもので、北東落ち、落差420mの基盤断層です。Ｆ１とＦ２は約15kmの幅でほぼ平行しています。

以上隆起帯と２つの断層が知られていますが、実際に断層を見学することはできません。しかし、台地上の関東ローム層の中に断層が見られることがこれまでに知られています。『千葉県地学のガイド』〈1974年〉によれば、船橋市飯山満（はさま）では成田層を中心に１mほどの断層が多数存在し、写真を見ると落差が40cmほどのものもあるようです。断層の最上位は関東ローム層の東京軽石層におよんでいますので、断層の活動は東京軽石層の堆積以後（約６万年前以降）ということがわかります。また、『新・千葉県地学のガイド』〈1993年〉には、船橋市金杉十字路付近で落差３mの断層が記載されています。千葉市大金沢〈千葉・大金沢活断層研究グループ1999年〉の露頭でも関東ローム層に断層が見つかり、ここでは姶良（あいら）・丹沢軽石層を切っています。断層の活動は姶良・丹沢軽石層以後になりますので、約３万年前以降です。いずれも台地の隆起に伴って形成された断層と考えられます。

これらの関東ローム層を切る断層は、Ｆ１、Ｆ２の基盤断層とは違い、形成時期は第四紀更新世後期であり、この時期に形成された断層は活断層と呼ばれます。紹介した露頭は現在までに消滅してしまい、残念ながら見ることはできません。

②船橋の地震

地震の震源の真上にあたる地表を震央といいます。地震が発生すると断層が形成され、大きい地震の場合には地表に断層が現れることが多いようです。第四紀に形成された断層であれば、断層面はまだ固まっていないため、近くで発生した地震によってずれが再び生じやすくなります。断層面がまだ固まっていない場合には、断層面は地下水で濡れていることが多く、また断層面に断層粘土という湿った柔らかい粘土が挟まれていたりします。新第三紀以前の断層では、断層面にそのような現象はあまり見られずに固結していることが多いようです。船橋で確認されている２本の断層（Ｆ１、Ｆ２）は基盤断層であり、おそらく新第三紀以前の活動で生じた断層です。

西暦818年以降に発生した地震の中で、震央の位置が特定されているものを図2-15に示しました。図はマグニチュードM=6.0以上の大地震についてのみで、図からわかることは、ほとんどの地震が震源の深さ30km未満であることです。地震の発生場所が地球表層の地殻の内部であることを示しています。また地震の発生時期と震央分布に特徴があります。江戸時代以前は東京湾より西側で地震が発生しているのに対して、明治時代以後は東京湾西縁から東側で10～15kmほどの間隔をあけて震央が分布しているように見えます。

③地震の被害―液状化-流動化―

　船橋の地下で地震が発生する、すなわち震源が船橋となる可能性は低いのですが、地震によって被害を受けることは、船橋に限らず日本中どこでもありうることです。

　1923年の関東大地震の震央は相模湾でした。その余震のひとつが図2-15に示したように東京湾で発生しています。地震によって地盤が上下方向、水平方向ともに変動し、特に震央に近いところではそれが顕著でした。水平方向には図2-10で示したように鋸山で南東方向に2.57m、鹿野山で同1.50m移動し、上下方向には、上総地方の海岸で、波食台だった場所が隆起して海岸段丘になるほどでした。船橋では北北西に20cm移動したものの、被害はさほどなかったようです。

　2011年の東北地方太平洋沖地震（以下東日本大地震）では、周辺の自治体同様に船橋では液状化-流動化現象による被害が目立ちました。

　では、液状化－流動化現象とはどのようなものでしょうか。千葉県環境研究センター〈2013年〉によれば、液状化とは地層粒子の隙間にある地下水の水圧が高まり、水圧を示す地下水位が地表に達すると粒子が水に浮いた状態となり支持力がなくなる状態をいいます（図2-16のC）。地下水が地表を超えると地下水が湧き出し、粒子もともに流動を始め、これを流動化と呼びます（図2-16のD）。地表では噴砂・噴水が始まります。噴水がおさまると、地表面の沈下がゆっくりと進んでいきます（図2-16のF）。

A　地震前：埋立層はラミナ模様がみられる砂層で泥質分を含む。地下水位は高く地表下30〜40cmにある。

B　地震動が起き間隙水圧が上昇、地下水位は地表面近くに上がる。斑点状に液状化が始まり、砂層のラミナが消える。

C　地震動が続き水圧は高い。点状に溶けた部分がつながり始め、体積を増やし動きが激しくなる。

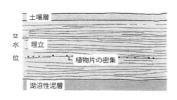

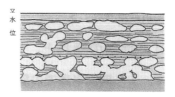

D　水圧はさらに高まり地下水位は地表面を超える。液状化した地層が地下水と混じって流動化し、地表から噴出し始める。

E　水圧は依然高い、噴き出し口は対流運動によって側壁を崩しながら大きくなり、大量の地下水が噴き出る。

F　地震動がおさまり水圧が減少し、地下水位は下がる。噴砂孔からの噴出は次第におさまり噴砂孔内の地層が沈殿する。

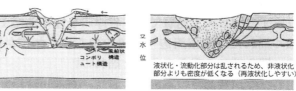

図2-16　液状化－流動化の過程〈「アーバンクボタ」No.40より〉

液状化−流動化現象はどこで発生するのでしょうか。船橋を含む千葉県北部から茨城県南部にかけての地域で液状化の発生した地点を図2-17に示しました。石綿しげ子・安田進〈2012年〉によれば、利根川・鬼怒川のような大きな河川の旧河道や干拓地、東京湾岸の埋立地で広範囲に発生しました。また九十九里平野北部の海岸、内陸部の鬼怒川中流の低地、荒川下流の護岸沿い、中川沿いの盛土した低地では局地的に発生しました。

　広範囲で液状化の発生した東京湾岸の埋立地では、1964年以降に造成された海側の埋立地に集中しているといいます。特に被害の大きかった浦安市、習志野市では1968年以後に開発された埋立地のほぼ全域で液状化現象が見られました。船橋市の埋立ては後述するように比較的早く行われ、もっとも海側の埋立地だけが浦安市、習志野市と同時期に開発されました。

　埋立地で生じた被害は、大規模な砂の噴出や噴水の影響により戸建住宅、街灯、電柱の傾斜や沈下、護岸の倒壊（図2-18）、護岸沿いの堤防の変形、一般道路の陥没や隆起や周辺のライフラインの管渠（かんきょ）の地下埋設物の損傷が顕著でした〈石綿しげ子・安田進2012年〉。

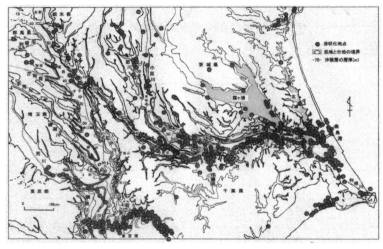

図2-17　東北地方太平洋沖地震における液状化発生地点〈石綿しげ子・安田進2012年〉

図2-18　船橋市日の出、北北東方向の護岸の倒壊（2011年3月18日）〈千葉県環境研究センター2013年〉

3. 船橋市の地形

　船橋市の地形を詳しく見てみましょう。大きく下総台地と東京湾岸低地に大別できます。
　下総台地の地形は1970年に杉原重夫（明治大学）によってまとめられ、基本的には現在でもその地形面区分が使われています。下総台地は高度と地質の特徴から下総上位面、下総下位面に分けられ、さらに台地を侵食する谷に沿って分布する千葉段丘の存在を明らかにしました。
　下総上位面は利根川水系と東京湾水系を分ける分水界をなす広い平坦面に相当し、高度が25～35mの部分です。樹枝状の谷によって刻まれています。

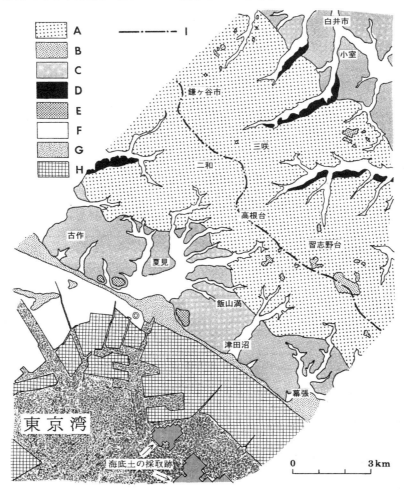

A：下総上位面　　B：標高30m以上　　C：下総下位面　　D：千葉段丘
E：砂丘分布域　　F：三角州・谷底低地　　G：砂州　　H：埋め立て地
I：分水界　　◎：船橋市役所

図2-19　地形区分図〈杉原1970の図をもとに作成〉

下総下位面は下総上位面より一段低い面で、東京湾北東岸にほぼ平行に、下総上位面の幅２〜４kmの地帯にあたり、海岸段丘の性格を持っています。高度は18〜22mあり、下総上位面とは５m前後の比高があります。境界はゆるやかな斜面になっていて、不明瞭な場合が多いようです。全体として東京湾方面に徐々に低下し、台地末端の東京湾に臨む部分では15m前後で、海食崖になっています。千葉市検見川、稲毛、黒砂などではこの面上に砂丘が吹き上げられています。船橋でも海神駅周辺と東船橋〜宮本にかけての東京湾に面した台地に砂丘砂が認められ、そこは標高がやや高くなっています。
　千葉段丘は上下２段に区分されます。この両段丘は河谷が東西方向をとる場合、河谷の南側に片寄って分布する傾向が見られます。この非対称的分布は関東造盆地運動を反映するものと解されています。

〔地形の傾斜－常総粘土層〕

　下総上位面の高度は北西にゆるく傾斜しています。この傾斜は松戸から流山にかけての地域で大きくなります。
　図２-20のＡの図は、図２-42の断面線で示した松戸から流山にかけての地質断面図です。木下層と関東ローム層の間に常総粘土層が挟まっています。常総粘土層は緑灰色の凝灰質粘土層で、厚さは10〜30cmあります。船橋から松戸にかけての地域では厚さ２mほどの風成ローム層（下末吉ローム層上部）（SL）となっており、乾陸地を形成していました。そこより高度がやや低いところでは、粘土層が堆積し、低湿地を形成していました。その範囲は広く、武蔵野台地から常総台地にまでおよんでいます。いずれも似た層相を示し、一般には常総粘土層と呼ばれています。そのつながりを見ると、標高の高い面からやや低い面にかけて、地形の傾斜に調和的につながっている様子がわかります。
　Ｂの図は同じ場所の粘土層上面の形成時の推定地質断面図です。常総粘土層上面はどこもほぼ同様の堆積環境で、標高０m近い高度であったと考えられます。現在の高度差は約10m近くありますので、堆積当時から現在までの間に10mもの高度差を生じるような変動が起きたことが理解できるでしょう。

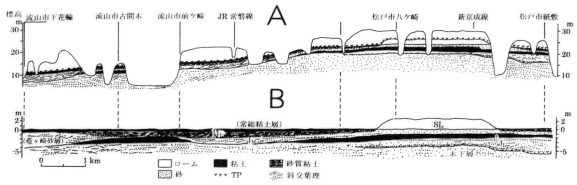

図２-20 松戸－流山における常総粘土層の地質断面
Ａ：現在の地形と地質断面　Ｂ：常総粘土層堆積時の推定断面
〈小玉喜三郎ほか1981年を改変〉

〈コラム〉分水界と新京成電鉄

　京成津田沼駅とJR松戸駅を結ぶ新京成電鉄（新京成線）の特徴として、カーブの多さがあります。全長26.5kmの路線に25のカーブがあります〈竹内正浩2014年〉。どうして曲がりくねった路線としたのでしょうか。

　新京成線は津田沼の鉄道第二聯隊の演習線の払い下げが基になっています。演習線の敷設は大正の頃に始まり、1932年頃に全通したようです。口絵の地形図を見ると、口絵Ⅰ-2にはなく、口絵Ⅰ-3で千葉から続く線路が津田沼で大きく曲がり、滝不動の近くで終わっています。その後、口絵Ⅰ-4では新津田沼駅始発の新京成線の線路が完成しています。千葉から続いていた線路は、この時点までに新津田沼駅まで廃線になったことが読み取れます。

　図2-19に分水界を書き入れてあります。図2-21は図2-19に新京成線を入れたものです。この分水界は東京湾に注ぐ水系と、印旛沼－利根川に注ぐ水系の境界にあたり、標高の一番高い場所（尾根）をつないだ線になります。分水界と台地上の新京成線の路線は、北習志野駅と初富駅の間でほとんど重なることは明瞭です。なお初富駅から松戸駅の近くまでもほぼ分水界に沿っています。曲がりくねった路線の原因は、分水界に線路を敷設したためと考えられます。

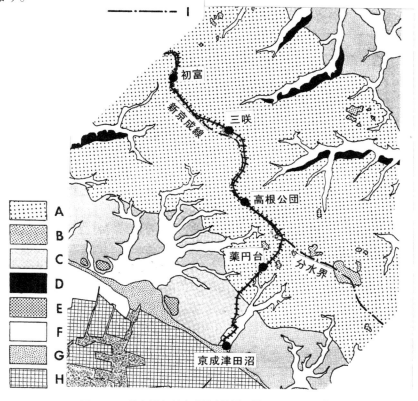

図2-21　分水界と新京成線（凡例は図2-19に同じ）

4. 船橋の地下地質

(1) 船橋市の基盤岩

基盤岩とは、日本列島の骨組みをなす岩石であり、一般には中生代以前に形成された岩石をいいます。関東平野は新生代の地層が厚く堆積しているため、基盤岩がどのように分布しているかは、基盤に達する深層ボーリングを行って確認する必要があります。

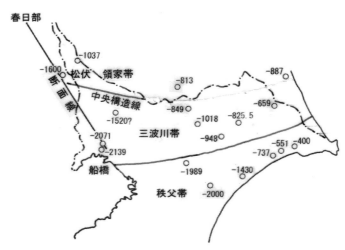

図2-22 基盤岩の分布と深度〈数字は矢島敏彦(1981年)の深度(m)〉

図2-22はこれまでに行われた深層ボーリングの場所と基盤までの深度を示しました。千葉県では船橋が最も深くなっています。図2-23は図2-22に示した春日部から船橋の間の断面線の地質断面図〈三梨昂1986年〉です。

深度は東京湾に近い場所で2000mに達し、東に浅くなる傾向があります。また基盤岩は大きく3種類に分かれ、火成岩（花こう岩、閃緑岩）からなる領家帯、変成岩（結晶片岩、千枚岩、緑色岩）からなる三波川帯、堆積岩（砂岩、礫岩）からなる秩父帯です。領家帯と三波川帯の境界は中央構造線です。図のように北から領家帯、三波川帯、秩父帯に分かれますが、この分布はそのまま西方の関東山地につながります。西南日本の地体構造（帯状配列）が構造線（断層）でずれるものの、フォッサマグナ地域から関東地方の地下にも同じように分布することを示しています。このことから、新生代の地層が堆積する前に、関東平野が沈降を始めたことがわかります。

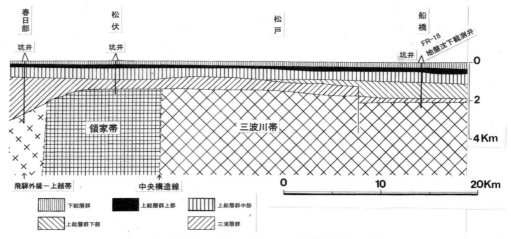

図2-23 春日部－船橋間の深度5kmまでの地質断面図〈三梨昂1986年〉

図2-22に深度2000m以上の地点が船橋に2ヵ所あります。深度2071mは1963年に夏見町で掘削された船橋天然ガス田の採掘井（FR-18）であり、深度2139mは1972年に市場町で掘削された地盤沈下観測井です。

口絵Ⅰ-8の岩石はともに地盤沈下観測井の基盤岩〈千葉県環境研究センター地質環境研究室所蔵〉です。石英・白雲母・石墨片岩であり、三波川帯の変成岩とされています。この岩石の名前はどのようにして決まるのでしょうか。まず岩石の薄片を作成します。薄片とは岩石を100分の3mmくらいの厚さにしたものです。これを偏光顕微鏡で観察すると、光学的特徴の違いから鉱物名がわかります。図2-24の写真は縦約12mm、横約27mmの岩石試料です。矢島敏彦〈1981年〉によれば、「主要構成鉱物は石英・絹雲母・石墨である。肉眼的には厚さ1mm前後で、波長10数mmから数mm程度の白と黒の微褶曲構造が極めてよく発達している。暗黒色の帯状微褶曲部は微細な石墨と絹雲母の集合物から出来ている。したがって、石英・絹雲母・石墨片岩とすることができよう。明色部は大部分が石英であるが、かなりの量の炭酸塩鉱物（アラゴナイト）が含まれている。これらの事実からすると、この基盤岩は三波川帯中の緑色片岩相より高圧型の変成相、藍閃石片岩相に対比される可能性がある。鏡下での組織は全体的に見れば元の堆積岩の構造が保存されているところも多い。」なお絹雲母と白雲母は同じです。

船橋天然ガス田の採掘井の基盤岩は絹雲母緑泥片岩ないし石英石墨片岩とされています。鉱物名が重なりますので、地盤沈下観測井の基盤岩と同じものと考えてよいでしょう。

図2-24 基盤岩の顕微鏡写真〈矢島敏彦1981年〉

⑵　船橋の地下地質

図２－７の天然ガス井のうちＡ－Ｂ断面線に近い14地点（図２-25）の資料を用いて、基盤岩までの地質断面図（図２-27）が作成されています。基盤岩まで達しているのは基盤岩を紹介したNo.11（地盤沈下観測井）とNo.12（FR－18）の２ヵ所です。

この２ヵ所の地質層序は図２-26の層序表のようになります。下位から不整合面を挟んで、三浦層群（層厚229m）、上総層群（層厚1466m）、下総層群（層厚454m未満）に三分されます。基本的には上総丘陵中・東部の各層群に対比できますが、層厚は約半分になります。上総層群は主に砂層とシルト層の互層からなり、そのどちらが優勢かによって、下位から夏見砂層、船橋Ａシルト層、船橋下部砂層、船橋Ｂシルト層、船橋上部砂層、船橋Ｃシルト層に分けられます。下総層群も同様で、泥層優勢の下部層（船橋礫層、船橋Ｄシルト層）と砂層優勢の上部層（礫層・砂層・シルト粘土層の互層）に分けられます。

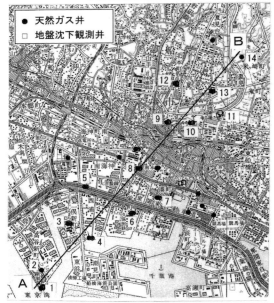

投影地質断面線位置図

天然ガス井・地盤沈下観測井の名称

1：IR-21　2：IR-24　3：R-9, 10　4：R-7, 8　5：R-3, 4
6：R-5, 6　7：R-1, 2　8：FR-5, 6　9：FR-10, 11　10：FR-12, 13
11：船橋-3, 4, 5　12：FR-18, 19, 20　13：FR-14, 15　14：FR-23

図２-25 A-Bの地質断面図位置図

船橋市夏見地区における地下の地質

地質時代	地層名			深度
完新世	沖積層			・不明
更新世	下総層群	上部	礫層・砂層・シルト粘土層の互層	・215m
更新世	下総層群	下部	船橋Dシルト層	
更新世	下総層群	下部	船橋礫層	・454m 東京湾不整合
更新世	上総層群		船橋Cシルト層	・840m
更新世	上総層群		船橋上部砂層	・930m
更新世	上総層群		船橋Bシルト層	・1090m
更新世	上総層群		船橋下部砂層	・1250m
更新世	上総層群		船橋Aシルト層	・1720m
更新世	上総層群		夏見砂層	・1920m 黒滝不整合
鮮新世～中新世	三浦層群		礫層・凝灰質砂層・シルト層	・2149m
	基盤岩		石英−白雲母−石墨片岩	

上総丘陵中・東部

地層名	
沖積層	
下総層群	
笠森層～柿ノ木台層（層厚約460m）	上総層群
国本層（約320m）	上総層群
梅ケ瀬層（約530m）	上総層群
大田代層（約540m）	上総層群
黄和田層～黒滝層（約1640m）	上総層群
三浦層群	

図２-26 船橋市夏見地区における地下の地質層序〈楡井久ほか1972年〉

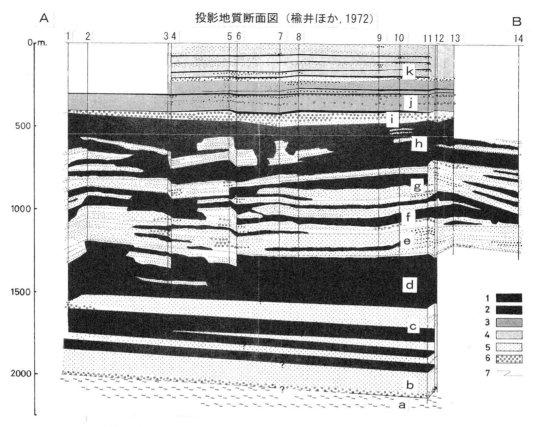

図2-27 A-Bの投影地質断面図〈楡井久ほか1972年〉
凡例　a：基盤岩　b：中新統　c：夏見砂層　d：船橋Aシルト層　e：船橋下部砂層　f：船橋Bシルト層　g：船橋上部砂層　h：船橋Cシルト層　i：船橋礫層　j：船橋Dシルト層　k：下総層群　1：粘土　2：シルト　3：船橋Dシルト層のシルト　4：下総層群のシルト　5：砂　6：礫　7：地層対比に使用した境界線（層相境界または電気検層抵抗値）

〔三浦層群〕

　下位の地層から順に見ていきましょう。基盤岩の三波川帯の変成岩を不整合におおい、三浦層群が堆積しています。地層の厚さは229mで硬質の砂層・礫層・泥岩層から構成されています。

　図2-28の写真は地下2113mの砂層で二枚貝の化石が含まれています。また浮遊性有孔虫という微化石が含まれ、進化が速いために、地質年代の推定に役立ちます。浮遊性有孔虫化石帯区分でN17帯～N19帯前半に対比されています。絶対年代で約580～420万年前になります。浮遊性有孔虫化石帯とは、W. H. Blowがベネズエラの第三紀、第四紀の地層について23の浮遊性有孔虫化石帯を設定したものを指します。古第三紀についてはP、新第三紀以降についてはNの記号を付して専

図2-28 ボーリングコア試料（深度2113m）〈千葉県環境研究センター所蔵〉

門家以外の人にもなじみやすいものとしました。Blowの分帯は今日多くの地質学者によって日常的に用いられています。

底棲有孔虫もハンザワイア・ニッポニカ（図2-29の上）、アンモニア・ベッカリ（図2-29の下）が非常に多く含まれていて、堆積環境の推定に役立ちます。現生種の分布域から判断すると、亜熱帯・亜北極帯性亜沿岸帯相の約150m以浅〈八田明夫ほか1978年〉と考えられています。

〔上総層群（夏見砂層〜船橋下部砂層）〕

黒滝不整合面上（地下1920m）から東京湾不整合面（地下454m）までが上総層群で、砂層とシルト粘土層の互層からなります。70ページの図2-32の左の写真は地下1305mの細粒砂岩で、夏見砂層に含まれます。船橋Aシルト層と船橋下部砂層の下半部は上総丘陵中央部に分布する上総層群大田台層に対比されています。浮遊性有孔虫化石は図2-30のグロボロタリア・トサエンシス、プレニアチナ・オキナワエンシスなどが産出し、浮遊性有孔虫化石帯区分でN21帯以前〈前田四郎ほか1977年〉と考えられています。

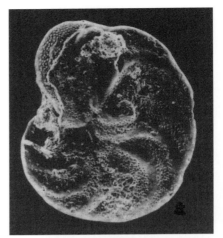
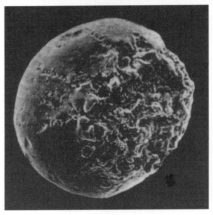

図2-29 底棲有孔虫〈八田明夫ほか1978年〉

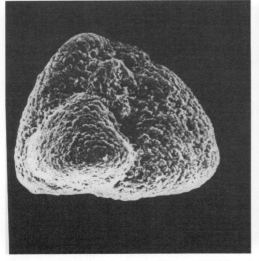
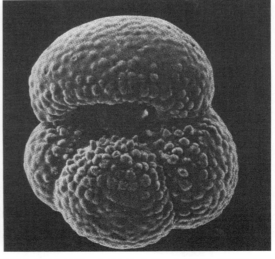

図2-30 浮遊性有孔虫〈前田四郎ほか1977年〉。左がグロボロタリア・トサエンシス、右がプレニアチナ・オキナワエンシス。

〈コラム〉有孔虫化石

　有孔虫は原生動物のなかまで、1つの個体は1つの細胞から出来ている単細胞動物です。地球上に出現したのは古生代のカンブリア紀と古く、すべて海生で、現在まで生息しています。大きさから大型有孔虫と小型有孔虫に区別されますが、一般的には生息場所の違いから、浮遊性有孔虫と底生有孔虫に分けられます。古生代以降の海洋堆積物中に豊富に見出される重要な微化石です。

　有孔虫は英語でForaminiferaといいます。ラテン語のforare（穴をあける）が語源です。石灰質等の殻をもち、殻には小さな孔（穴）がたくさんあって、図2-31のように、この孔から糸のような細い仮足を出し、採食、消化、移動などの機能を果たしています。この殻に開いた孔が、有孔虫の名の由来です。

　浮遊性有孔虫は水塊の分布・移動に、底生有孔虫は水深・底質や底層水の諸性質に左右されて棲み分けているので、地層の堆積環境の推定に役立つ示相化石です。また進化が早いため、示準化石として地層の時代決定に使われます。古生代後期のフズリナ（紡錘虫）、新生代古第三紀のヌンムリテス（貨幣石）はよく知られた大型有孔虫化石です。数cmくらいの大きさのものもあります。船橋のボーリング試料に含まれているものは小型有孔虫化石で、大きさは1〜2mmです。沖縄の「星の砂（星砂）」は現生の小型有孔虫の殻が海岸に堆積したものです。

　日本で最初に有孔虫化石を記載したのは、横山又次郎で、北海道幌内層のもので、1890年のことです。貝化石を含む砂層からはたくさん見つかります。

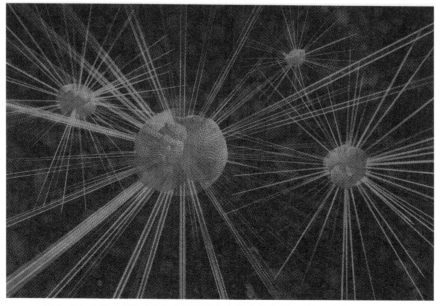

図2-31 有孔虫模型〈東北大学理学部自然史標本館 開館記念絵葉書より〉

〔上総層群（船橋Bシルト層〜船橋Cシルト層）〕

　船橋Bシルト層の上半部と船橋上部砂層は、梅ケ瀬層中・下部に対比されます。図2-32の右の写真は地下745mの船橋Cシルト層の泥岩です。船橋Cシルト層は梅ケ瀬層上部から国本層の層準に対比されています。ここで古地磁気が調べられ、伏角が上向きであることがわかりました。伏角が上向きとは地磁気の逆転を意味しています。地磁気の逆転は上総層群国本（こくもと）層よりも下位ですので、古地磁気からも対比が裏付けられたことになります。浮遊性有孔虫化石は口絵I-9のグロビゲリナが多く、グロボロタリア・アコスタエンシスなども含まれています。

図2-32　ボーリングコア誌料（左：深度1305m、右：深度745m）〈千葉県環境研究センター所蔵〉

〔下総層群〕

　深度454mの東京湾不整合より上位は下総層群で、基底に船橋礫層があります。船橋礫層は中礫サイズの亜円礫〜亜角礫を主体とする礫層です。礫種は特に流紋岩が多く、ほかに安山岩、砂岩、チャート、弱溶結凝灰岩などからなります。万田野砂礫層に対比されます。下総層群は泥層優勢の下半部（船橋Dシルト層）と砂層優勢の上半部に二分されます。船橋Dシルト層は佐貫層〜周南層および上総層群笠森層に対比されます。

〔古地磁気〕

　古地磁気を調べる目的は地層堆積時の磁北の方向を求め、この変化を明らかにすることです。その変化から他地域の地層との対比が可能になり、地層の年代を知ることができます。

　堆積物の古地磁気は堆積残留磁気と呼ばれています。堆積物の中に含まれる砂鉄（磁鉄鉱）の微粒子は、堆積物の粒子が固定されるまでの間に地球の磁力線の方向（南北方向）に並ぶようになります。堆積物の上に新たな堆積物が何cmか重なると固定されます。ここでの古地磁気の測定結果は真鍋健一氏（福島大学）によってまとめられました。

　古地磁気で求めるのは、地磁気の3要素である偏角（磁北と真北の差）、伏角（水平面からのずれの角度）、地磁気の強さです。ボーリング試料の場合、試料は回転していて、どの方向を向いていたか不明ですので、偏角を求めることはできません。伏角と地磁気の強さを

測定します。図2-33は伏角計という特殊な方位磁石です。写真は磁石の北が磁北方向から下向きに約50度傾いた方角を指しています。東京近辺の伏角は現在約50度で、この値は過去2000年間に35～60度の間で変化しています。伏角が上向きになると「地磁気の逆転」といい、その時の偏角は約180度になるのが普通です。なお、現在使われている方位磁石は水平に保たれていますが、これは伏角が0になるように方位磁石の南側を重くしてあるためです。

古地磁気測定に使用した機器は無定位磁力計です。現在では使われることの少ない機器で、筆者も1977年頃まで使用しました。つるした方位磁石に試料を近づけて、その時の方位磁石の振れを測定します。方位磁石はヒトの活動があると、それだけで振れるので、ヒトの活動の少ない深夜時間帯でしか測定できないという制約がありました。また測定に時間がかかるため、1日に測定できる試料数はわずかです。

図2-33 伏角計

その後スピナー磁力計が導入され、いつでも測定ができるようになりました。しかも1試料10分程度の短時間で測定ができますので、以後、古地磁気測定用の試料は数多く採取されるようになりました。図2-34は筆者が使用している千葉県環境研究センター地質環境研究室のスピナー磁力計、図2-35は堆積残留磁気の測定に不可欠な交流消磁装置です。ともに黒色の筒状容器の中に試料を入れて測定します。筒状容器の中は無磁場になっています。

図2-34 スピナー磁力計

図2-35 交流消磁装置

伏角の測定結果を図2-36に示しました。古地磁気測定用の試料は細粒の堆積物がよいので、おもにシルトから採取しています。その際に同一深度から2個ずつ採取し、測定値の信頼度（誤差）を求めます。測定値がほとんど同じであれば信頼度は高く、測定値が異なるほど信頼度は低くなります。

2点がほぼ重なっているものは信頼度の高い試料で、深度600mくらいまでの浅い部分に多いことがわかります。伏角が＋50°付近を現在と同じ正磁極、逆に－50°付近を逆磁極と呼びます。深度300mくらいまでは正磁極であり、古地磁気極性年代のブリュンヌ正磁極期（現在～約78万年前）に対比されます。深度約500～800mくらいまでは逆磁極であり、松山逆磁極期（約78～258万年前）に対比されます。上総層群国本層の中に、ブリュンヌ正磁極期と松山逆磁極期の境界があり、チバニアンの国際模式地となっています。深度300～500mは伏角が0°付近を示す試料で、中間磁極とされます。地磁気の強さが弱まる時などに、また磁極が南北の極からかなり離れた場所に移動する時などに見られます。

深度800m以深は試料数が少ないので、どの磁極期に対比できるかは不明です。

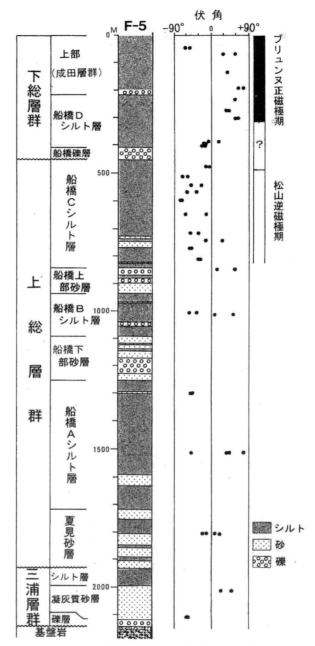

図2-36 地盤沈下観測井の古地磁気測定結果〈楡井久ほか1972年〉

スピナー磁力計が普及すると、古地磁気測定が容易になり、ボーリング試料の古地磁気測定が多くのところで実施されるようになりました。一例として、埼玉県の春日部地盤沈下観測井の結果を図2-37に示します。堆積物の場合には、堆積後現在までの地球磁場の影響を少なからず受けていますので、それを取り除く必要があります。それを消磁といい、交流消

磁装置がよく使われます。船橋、春日部ともに交流消磁を行っており、春日部では消磁前を黒点、消磁後を白ぬきで表しています。測定数が多いと、伏角の変化も詳しくわかるようになり、松山逆磁極期中のハラミロ正磁極亜期（99～107万年前）も確認でき、対比に役立ちます。

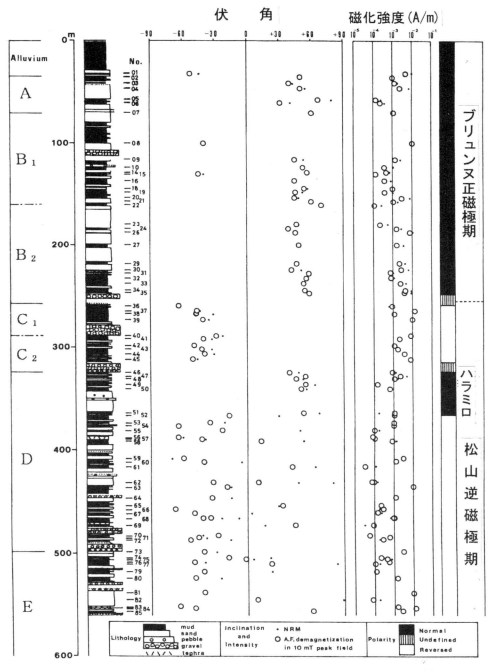

図2-37 春日部地盤沈下観測井の古地磁気測定結果〈会田信行ほか1992年〉

〈コラム〉チバニアン－更新世前・中期境界の国際模式地

　第四紀は図2-38のように更新世と完新世に区分され、更新世はさらに下位からジェラシアン期・カラブリアン期（前期）・中期・後期に分けられます。2020年1月に中期の国際模式地として千葉県市原市田淵の養老川右岸の露頭（千葉セクション）が選ばれ、チバニアン期（千葉時代）と命名されました。絶対年代で77.4～12.9万年前になります。この時代の特徴はヒトの進化では「原人」の時代で、氷期－間氷期が明瞭となる大氷河時代にあたります。地質時代の名称に日本の名前がつくのは初めてで、おそらく最初で最後の出来事と思われます。

紀	世	期	境界の年代 (×万年)
第四紀	完新世	メガラヤン	0.42
		ノースグリッピアン	0.82
		グリーンランディアン	1.17
	更新世	後期	12.9
		チバニアン	77.4
		カラブリアン	180
		ジェラシアン	258

図2-38　第四紀の区分

　国際模式地の露頭にはこの時代の情報のすべてが残っている必要はなく、連続する地層（海洋堆積物）の中に前期と中期の境界が詳細にとらえられることが絶対条件です。そこで境界模式地ともいいます。新第三紀から第四紀に変わる際に、「ホモ属の出現」「急激な気候の周期変化」「レスの堆積開始」などがあり〈熊井久雄1993年〉、これらの特徴がいずれも古地磁気層序の松山逆磁極期とガウス正磁極期の境界付近に認められることがわかりました。そこで第四紀の始まりは松山－ガウス境界付近を目安に境界模式地を探し、イタリアのシシリー島でジェラシアン期が決まりました。

　ジェラシアン期とカラブリアン期の境界は古地磁気層序の松山逆磁極期中のオルドヴァイ正磁極亜期の上限付近、前期と中期の境界は松山逆磁極期とブリュンヌ正磁極期の境界付近となりました。地磁気の逆転という大きな変化と時代の転換には有意の関係があると考えてよいでしょう。

　古地磁気層序の境界は眼で見ることができませんので、その境界に一番近い目印になる地層の下底を中期の始まりとします。その地点を「国際境界模式層断面と断面上のポイント」（Global boundary Stratotype Section and Point : GSSP）といいます。境界が決まると、境界の前後で海洋の環境や生物相がどのように変化したかを明らかにしていきます。

　1990年頃に国際模式地の招致に向けたプロジェクトが始まり、古地磁気測定から開始しました。第四紀の始まりに関しては1948年からイタリアで検討され、上記の第四紀の特徴を議論していた1992年の国際会議の期間中に、更新世前・中期の境界模式地の候補地（後の千葉セクション）の見学会が行われました（図2-39）。見学会までに古地磁気測定は終了し、地磁気の逆転の様子が明らかになりました。千葉セクションにおけるブリュンヌ正磁極期の始まりから約1m離れた白色火山灰層の下底をGSSPとするというのが日本の提案でした。ブリュンヌ正磁極期の始まりの地点がその後少し移動しましたが、提案はそのまま。その後ジェラシアン期が決まったのは2009年、チバニアンは2020年のことです。チバニアンが決まる

までに28年を要したことになります。

図2-39の写真は1992年の見学会の時の様子です。古地磁気測定用の試料は崖にあいた穴のところで採取し、その結果を正磁極、逆磁極、中間極性（逆磁極から正磁極への移行過程）に分けて異なる色のラベルで表示しました。

図2-40の写真は2024年4月の千葉セクションです。ほぼ同じ位置で写したものです。崖の前の大量の崖錐はきれいに取り除かれました。このように安全に見学できるように整備することはGSSPに認定されるためには重要なことです。更新世前・中期の境界である白色火山灰層（白尾火山灰と命名）はこの崖の左端の河床から8mほど上で見ることができます。白尾火山灰は古御岳火山起源であり、その年代は77.2万年前になります。

千葉セクションがどこよりもGSSPとして優れているのは堆積物の堆積速度が非常に速いということです。1000年で多くのところは数cmくらいなのですが、ここでは200cmも堆積します。そのために地磁気の逆転の過程を詳しくとらえることができるのです。図2-37では松山逆磁極期からブリュンヌ正磁極期へは急に変化し、途中で何がおきたのかわかりません。千葉セクションでは南半球にあった磁極がほぼ経線に沿って移動しはじめ、途中で日本付近を通過して北極近くの磁極にたどり着くとそこで落ち着くことが分かりました。逆転に要した時間は堆積物の厚さから計算すると、約1000年です。

図2-39　千葉セクション（1992年）

図2-40　千葉セクション（2024年）

図2-41　ゴールデンスパイク

2018年には「養老川流域田淵の地磁気逆転地層」として、国の天然記念物に指定されました。国際模式地の証明として、2022年5月21日に、国際機関によってゴールデンスパイク（金の鋲）が露頭に埋め込まれました（図2-41）。

5. 台地に残る15万年間の古環境の記録

かつては台地の縁に形成された崖が市内に多く存在していました。それらの崖に見られる地層を調べて地質図が作られ、その例として口絵Ⅰ-6とⅠ-7に新旧の地質図を示しました。図2-42は1980年代に出版された地質図を簡略化したもので、関東ローム層は除かれています。また図2-43は下総台地北西部の地質層序表です。下位から木下層、常総層、低位段丘堆積物、武蔵野ローム層、立川ローム層に分けられます。この表は小玉喜三郎ほか〈1981年〉を基本に作成したものですが、この地質層序表とは異なる層序表がほかの研究者によっていくつか出されています。すべてが常総層の見解の違いからきており、地層名の使われ方も研究者によって異なっています。見解の分かれる常総層は竜ヶ崎砂層（東京湾岸地域では市川砂層）の発達する範囲のみを示しました。常総粘土層のみが分布する範囲では木下層の分布域として示しました。

この地質図は地形区分図（図2-19）に非常によく似ています。地形区分の下総上位面が木下層、下総下位面が常総層、千葉段丘面が低位段丘堆積物に対応しているからです。地形

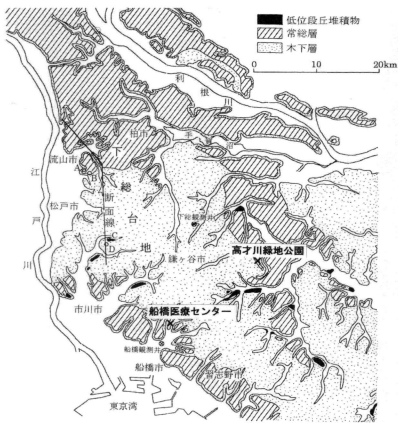

図2-42 下総台地西部の地質図〈20万分の1地質図幅「千葉」「東京」から作成〉

面とそこに堆積する関東ローム層にも相関関係があるために地質図から関東ローム層が除かれているのです。すなわち下総上位面には下末吉ローム層＋武蔵野ローム層＋立川ローム層、下総下位面と千葉第１段丘には武蔵野ローム層＋立川ローム層、千葉第２段丘には立川ローム層がそれぞれ分布します。地形面、関東ローム層直下の地層、関東ローム層の構成の関係を示したのが図２-44の模式地質断面図です。

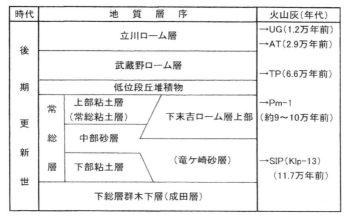

図２-43 下総台地西部の地質層序

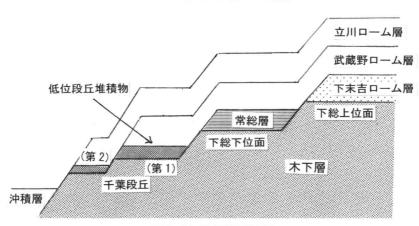

図２-44 模式地質断面図

では具体的に船橋市内の露頭を見てみましょう。次ページの図２-45（口絵Ⅰ-10B）は船橋を代表する露頭として地学ガイドブックに取り上げられた船橋市立医療センターの露頭（1985年撮影）で、今では見ることはできません。下位から下総層群木下層、常総層（下末吉ローム層）、関東ローム層（武蔵野ローム層・立川ローム層）に分けられます。武蔵野ローム層の下底付近に見える白い筋は東京軽石層（TP）です。図２-46は船橋市立医療センターの露頭スケッチです。スケッチの左端が露頭写真の右端になります。スケッチにはここで見られる火山灰層が記号で書かれています。千葉県内でよく見られるもので、層序表（図２-43）にそれぞれの火山灰の噴出年代を記しておきました。このうちTPは写真でもわかるよ

図2-45 船橋市立医療センターの露頭（1985年）

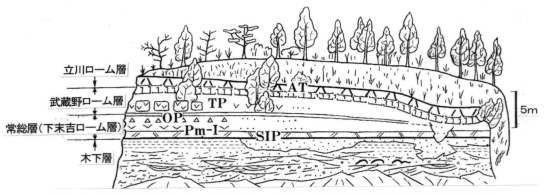

図2-46 船橋市立医療センターの露頭スケッチ〈『新・千葉県地学のガイド』(1993年) より〉

うに武蔵野ローム層の下底近くを示すものとして、ローム層の対比をする場合に役立ちます。層序表にあるような火山灰層を鍵層（キー・ベッド）と呼んでいます。

　口絵Ⅰ-10Aは現在見学できる露頭で、高才川緑地公園（車方町）にあります。45ページの本章扉の写真は露頭の一部で、図2-47のように地層区分できます。船橋市立医療センターとほぼ同じで、TPが目印になります。

図2-47 高才川緑地公園の露頭の地層区分

(1) 船橋市の地質図

　地質図とは、表土を取り去った時に、その下にある地質がどのようなものかを表した図のことです。直接見られるのはごく一部であり、その分布や地形、地層の重なり・傾きなどを参考にしながら作成します。代表的な地質図を年代順に紹介します。

　1887（明治20）年に作成された20万分の1「千葉」、その翌年の「東京」に描かれた地質図が最初で、「千葉」は巨智部忠承、「東京」は鈴木敏が調べました。2人ともブラウンスの弟子であり、後に巨智部は第2代、鈴木は第3代の地質調査所長となったことはすでに述べました。口絵I-6は1911年発行の40万分の1「東部地質図和文」で、北は茨城、西は長野までをカバーしています。船橋市の周辺は台地を構成する第三紀層（黄）とその上の洪積層（薄茶）、低地を構成する沖積層（白）に3区分されます。貝化石は第三紀層に含まれるとされていました。洪積層はおもに関東ローム層のことです。

　20万分の1地質図はその後100年ほどして、1983年に「千葉」、1987年に「東京」が発行されました。図2-42はこの2枚の地質図から作成しました。大きく変わった点は、洪積層（関東ローム層）が地質図に表記されていないことです。第三紀層は第四紀更新世の下総層群成田層とその上位の常総層と低位段丘堆積物に、沖積層は地形区分を含めて後背湿地堆積物・浜堤および砂丘堆積物・自然堤防堆積物・埋立地にそれぞれ区分されました。さらに天然ガス田の範囲、沖積層基底面等深線、等重力線などが書き加えられています。

　その20万分の1地質図とほぼ同時期に、関東ローム層を分類して表示した地質図が発行されています。土地分類基本調査の5万分の1表層地質図で、1985年に「東京東北部」が、1981年に「佐倉」が千葉県から出されました。関東ローム層をローム1、ローム2、ローム3に三分しています。地形区分の下総上位面、下総下位面、千葉段丘にそれぞれ対応し、ローム1は下末吉ローム層以上、ローム2は武蔵野ローム層以上、ローム3は立川ローム層に相当します。沖積層は堆積物の粒度をもとに、砂1・砂2・砂がち堆積物・泥がち堆積物・現河床堆積物・埋立地堆積物に分けています。軟弱層の厚さが書き加えられているほか、地質図の裏面には柱状図が記載されています。口絵I-7は最新の地質図です。これまでに発行された地質図をもとに編集されています。信頼度の高い地質図といえます。

(2) 酸素同位体比と古環境（古気候）

　具体的に台地を構成する地質を見ていく前に、地下地層につながる部分の地層である下総層群についてみてみましょう。地盤沈下観測井では深度454mまでが下総層群で、下部と上部に分けられます。陸上に露出している下総層群は下位から、地蔵堂層、藪層、清川層、上岩橋層、木下層、姉崎層（常総層）に区分されています。それぞれ貝化石を多産しますが、いつの時代で、どのような環境であったか、酸素同位体比の図で説明します。

　酸素同位体比とは何かというと、酸素には質量の異なる ^{16}O、^{17}O、^{18}O の3種類の同位体があり、海水中では一定の割合で含まれています。この同位体のうち $^{18}O/^{16}O$ の同位体比で海水温が推定できます。それは生物の次のような特性を利用します。海洋中に生息する生物の

うち、炭酸カルシウム（CaCO$_3$）の殻をもつ生物は温度によって選択的に酸素を取り込んで殻を形成します。海水温が高くなると、軽い酸素を多く取り込み、水温が低くなると相対的に重い酸素を多く取り込むようになります。一方、一般に海水が温かくなると、軽い^{16}Oが先に多く蒸発し、海水中には重い同位体が多く残ります。氷床がなければ、この蒸発した水分はやがてまた海洋に戻ってくるので、海洋中の酸素同位体比はほぼ一定に維持されます。氷期では氷床が発達するので、軽い同位体が陸上に固定され、その結果として、氷期の海洋中の同位体比は重い酸素が多くなります。

　海底の堆積物に含まれる底棲有孔虫が測定に使われますが、その殻の酸素同位体比は海水温と海水の酸素同位体比に支配されて決定されます。取り込む酸素の同位体比はもともとの海水の同位体比が基本になるために、氷期の有孔虫の殻には重い酸素を多く含む海水の影響と寒い時期の生物自身の酸素取り込みの選択性から、多くの重い酸素が濃集されることになります。

　過去270万年間の酸素同位体比の変動曲線（Pillans and Gibbard 2012年）が図2-48（A）です。どの海域で調査しても、酸素同位体比曲線は互いによく似ていることから、地球規模

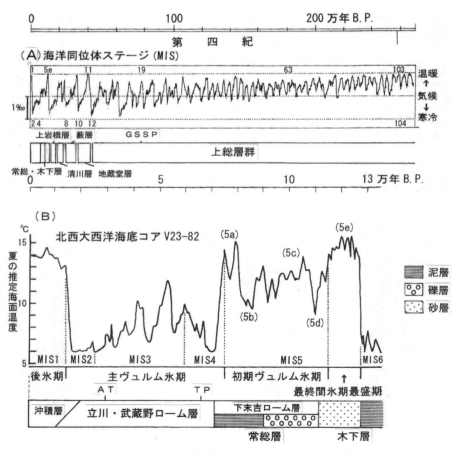

図2-48 酸素同位体比と夏の推定海面温度の推移

で海洋全体が同じ変動をしたことがわかります。この変動は、氷床の拡大（氷期＝寒冷期）と縮小（間氷期＝温暖期）を示しています。寒冷期と温暖期の繰り返しが、260万年間で52回、最近80万年間に9〜10回認めらます。これらを識別するために、寒冷期には偶数番号、温暖期には奇数番号が付けられています。海洋同位体ステージ（MIS）と呼ばれ、現在はMIS1の温暖期（後氷期）です。そのピークは約6000年前の縄文時代になります。

　MIS19までの酸素同位体比曲線の形をよく見ると、非対称のノコギリの刃のような形をしていることがわかります。約1万年で急激に氷床が融け、海水準は上昇します。その後8〜9万年かけてゆっくり氷床が発達し、海水準は下降します。その繰り返しを具体的に教えてくれるのが下総層群です。下総層群は下位から地蔵堂層、藪層、清川・上岩橋、木下層に区分されていて、各層の堆積物で見ると、下位から河川成砂礫層、内湾成泥層、含貝化石浅海成砂層、海浜成砂層など海進相から海退相までの堆積サイクルを共通して示しています。渡部景隆ほか〈1987年〉によれば、下総層群の地蔵堂層、藪層、清川・上岩橋層、木下層はそれぞれMIS11、9、7、5eの温暖期の堆積物であるとしています。MIS10、8、6の寒冷期には海水準の低下があり、陸化します。後氷期（MIS1）は次のノコギリの刃の一部になるので、将来的にはこれから寒冷期がやってくると推定できます。

　図2-48（B）は最近13万年間の海面温度の変化を示したものです。木下層の砂層はMIS5eから5d、常総層はMIS5dから5aの温暖期、立川・武蔵野ローム層がMIS4〜2の寒冷期になります。

(3) 台地の地質

　船橋市内の台地に見られる地層は、下位から木下層、常総層、低位段丘堆積物、武蔵野ローム層、立川ローム層に分けられます。木下層の下位の上岩橋層が分布している可能性もあります。

〔下総層群上岩橋層〕

　上岩橋層は成田層（木下層）に整合または不整合におおわれるとされています。酒々井貝層、岩橋村貝層と呼んで報告されたのが最初で〈矢部長克1898年〉、その後、槇山次郎〈1931年〉が上岩橋層から多産する貝化石を記載し、貝は寒流系のものが多く、現在の宮城県および岩手県あたりのものに似ているとしています。模式地は印旛郡

図2-49　上岩橋層の上岩橋貝層(酒々井町酒々井)県指定天然記念物

酒々井町上岩橋ですが、現在千葉県天然記念物に指定されている露頭（図2-49）は、上岩

橋からは離れているので模式地ではないものの、典型的な上岩橋貝層とされています。貝化石が1mほどの厚さで密集して層をなしています。この場所で生活していたのではなく、死んだあとで運ばれたものです。

上岩橋層は酸素同位体ステージMIS7の終わり頃だったようで、木下層（MIS5e）よりは冷涼だったと考えられます。

〔下総層群木下層〕

成田層ともいいます。成田層は矢部長克〈1906年〉によって命名されました。下総層群はこれまで成田層群と呼ばれ、貝化石が多産することから、多くの研究者によって調べられてきました。木下層の最初の報告は槇山次郎〈1930年〉で、浪打際の堆積物で、寒流系の色彩をいちじるしく帯びた貝化石群をふくむと述べています。

図2-50 木下層の貝化石層（印西市木下）国指定天然記念物

現在では成田層ではなく、木下層を用いることが多いです。模式地は印西市木下で、現在そこで見られるのは国の天然記念物に指定されている露頭（図2-50）です。厚さ4.5m、長さ45mの貝化石密集層で、図1-15の写真の化石が多く含まれます。基本的には暖流系の浅海性の貝類がここでは多いようです。場所が異なると、含まれる化石種が違うことがよくありますので、寒流系とした槇山次郎の報告も間違いではないでしょう。

木下層は下部層（砂質泥層）と上部層（貝化石を含む砂層）に分けられます〈下総台地研究グループ1984年〉。下部層は酸素同位体ステージMIS6に、上部層はMIS5eの時期とされます。また、木下層最上部1〜2mの細粒砂層中に、白色斑点状の生痕化石が広い範囲で見られます。船橋では金杉周辺で観察できます。

〔白斑状生痕化石 *Macaronichnus segregatis*〕

口絵Ⅰ-11で、砂層中に白色斑点状に見られるものが船橋市内で見られる唯一の化石です。化石といっても生物体そのものではなく、生物が残した痕跡ということで生痕化石といいます。生痕化石には巣穴、這い跡、足跡、糞などがあります。この白色斑点状生痕化石は何かというと、最初に報告した菊地隆男〈1972年〉は砂の中に潜入した生物"ヒメスナホリムシ"が残した跡であると考えました。

図2-51 ヒメスナホリムシとその周囲の砂粒の動き〈菊地隆男1972年〉

ヒメスナホリムシは潮間帯（高潮線と低潮線との間の帯状の部分）付近に棲息する等脚目の小型甲殻類（エビやカニの仲間）で、砂掘り虫とも呼ばれています（図2-51）。体長は5〜10mmで砂を掘ってもぐる習性が

あります。その後、奈良正和〈1994年〉はゼン虫類のMacaronichnus segregatisの排泄痕であるとしています。どちらにしても潮間帯の生物であり、示相化石として古環境を知る上で重要です。ここでは菊地隆男〈1972年〉が名づけた「白斑状生痕化石」としておきます。

14ページの写真は現在の三番瀬の干潮時の干潟表面に見られる生痕です。波紋は化石ではありませんが、地層中に保存されることがあります。ゴカイの巣穴と鳥の足跡が残されています。ゴカイの巣穴が泥におおわれると巣穴の中に泥が入り、泥が固まると巣穴の形が残されます。それが保存されると生痕化石となります。

白斑状生痕化石について詳しく見ていきましょう。白斑状生痕化石は下総層群木下層の特に最上部の砂層から多産します。図2-52はこの生痕化石の分布の様子を示しています。化石は現在の東京湾北東部のほか、霞ヶ浦、印旛沼、手賀沼などの湖沼が分布する凹地地域を取り囲むような形を示して分布しているのがわかります。菊地隆男〈1980年〉によれば、凹地地域には湿地の堆積物を思わせる泥質層が分布します。泥質層には化石は見られず、また泥質層に近い砂層にも化石を含まないことが多く、泥質層から少し離れた地域に多く分布するように見えます。当時の古東京湾が干上がっていく過程の一時期の古地理を思わせると述べています。

次に白斑状生痕化石の産出状況を見てみましょう。

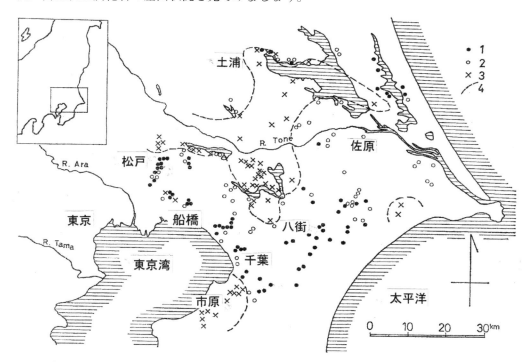

図2-52 成田層最上部(木下層)中の白斑状生痕化石の分布〈菊地隆男1972年〉
　　1：成田層最上部付近の砂が白斑状生痕を含む地点
　　2：成田層最上部付近の砂が白斑状生痕を含まない地点
　　3：成田層最上部付近が泥質相を示す地点
　　4：成田層最上部の層相が泥質相を示す分布範囲

図2-53の写真は露頭の表面を移植ごてで削った時のものです。化石は周囲の砂層とほぼ同じ硬さがあり、削ると化石の断面の形を見ることができます。円形や細長い形の白斑が数多く密集して見られます。図2-54、口絵Ⅰ-11Bの写真は削る前の露頭表面の様子です。白斑の部分が周りの砂よりやや硬いために浮き出ていて、化石がどのような形をしているかがわかります。露頭の表面にたくさん見える筋は葉理（ラミナ）といい、水流で運ばれてきた

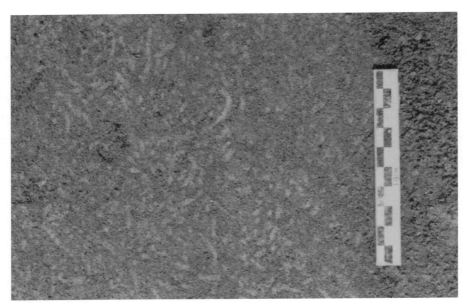

図2-53　白斑状生痕化石の断面

図2-54　白斑状生痕化石と地層の葉理

砂が堆積したものです。1つの筋が1回の流れによって出来ます。下半分は葉理がほぼ水平なので平行葉理といいます。その上は右上から左下に傾斜しています。斜交葉理といい、水流の方向は右から左になります。細長い化石は葉理にほぼ平行になっているものが多いことがわかります。

〔常総層〕

小玉喜三郎ほか〈1981年〉によれば、常総層は木下層の上位に発達する、陸上堆積の凝灰質粘土層、軽石質粘土層、軽石質砂層を指しています。関東ローム層との関係では、下末吉ローム降灰期にあたります。竜ヶ崎層、竜ヶ崎砂層、常総粘土層などは常総層に含まれます。軽石層に基づいて地層対比した結果、常総層は下部粘土層（JL）、中部砂層（JM）、上部粘土層（JU）に分けられます。

下部粘土層は水草が生育するような淡水性の沼沢地であったと推定されます。この粘土層中に、三色アイス軽石群（SIP）と呼ばれる色調の異なる軽石層の互層が挟まれます。軽石質ヌカ状細粒砂とその上位の灰白色ないし緑灰色の凝灰質粘土層からなります。SIPは下末吉ローム層下部の火山灰に対比されています。箱根火山起源で、その年代は11.7万年前です。中部砂層は軽石質の中〜細粒砂層からなり、厚いところでは竜ヶ崎砂層と呼ばれています。シルトの偽礫やシルトの薄層が不規則に取り込まれるのが特徴で、鬼怒川や小貝川などの河川のはんらん原堆積物と考えられています。火山灰としては雲母を含む御岳第一軽石層（Pm－1）が最上部付近に挟まっています。Pm－1の年代は約9〜10万年前です。

上部粘土層は常総粘土層と呼ばれていて、地形のところで説明したように（図2-20）、堆積後の地殻変動を知る手がかりになる地層です。

〔低位段丘堆積物〕

下総台地を開析する谷の中の台地縁部に分布する河成段丘堆積物で、粘土やシルトの礫を含む粗粒砂からなります。千葉段丘砂礫と呼ばれ、武蔵野ローム層におおわれます。それより後の時代に形成された段丘は千葉第2段丘で、立川ローム層におおわれます。

〔立川・武蔵野ローム層〕

立川・武蔵野ローム層は雪が積もるように下総台地全体をおおっています。関東火山灰層とも呼ばれ、富士火山・箱根火山の火山灰が多く含まれています。火山に近いほど厚く堆積し、その中には人類の痕跡が残されています。ロームの母材がどの火山の火山灰であるかは、ロームに含まれる鉱物を見るとわかります。一方、火山灰ではない鉱物も含まれています。図2-55の中央にある鉱物は石英です。形が丸くなっていますので、河原や海浜などの砂の中にあった石英が風で運ばれてきたのかもしれません。

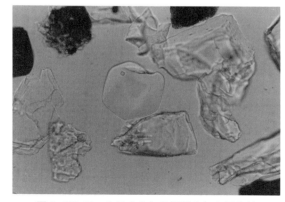

図2-55 ロームに含まれる円磨された石英粒

鹿児島にある火山から飛来した火山灰も含まれています。図2-56は西の台遺跡（船橋市二和西）の発掘調査の際に、表土から立川ローム層までに含まれる鉱物を調べた結果を表にしたものです〈道澤明1985年〉。左は無色鉱物（斜長石）、火山ガラス、有色鉱物（重鉱物）の割合、右は有色鉱物の種類を表しています。有色鉱物のカンラン石は富士火山の噴出物であることを示しています。また角閃石がわずかに含まれていますが、これはおそらく中部地方の火山の噴出物の可能性があります。火山ガラスが立川ローム層のⅥ層と腐植土層Ⅱa・Ⅱb層で多く含まれます。Ⅵ層の火山ガラスは九州・姶良カルデラの姶良・丹沢軽石（AT）（2.9万年前）であり、Ⅱa・Ⅱb層は鬼界カルデラのアカホヤ火山灰（K-Ah）（7200年前）です。どちらもバブル・ウォール型と呼ばれる透明で扁平なガラスからなります（図2-58）。このようにロームの供給源はひとつとはかぎりません。

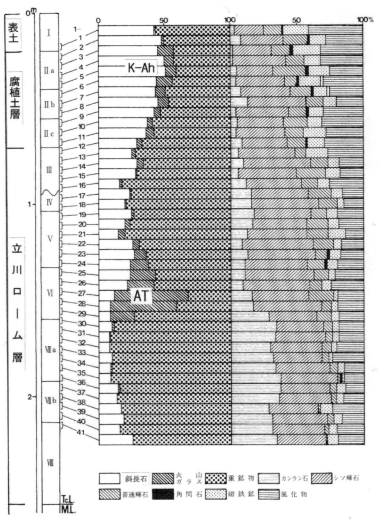

図2-56 西の台遺跡の表土・腐植土層・立川ローム層の鉱物組成〈道澤明1985年〉

柱状図の左横に書かれた立川ローム層以上の層序区分（Ⅰ～Ⅷ）は、考古学で用いられているものです。図2-57の断面の写真を見ていただくと、特徴的な箇所がいくつかあります。Ⅲ層はソフトロームともいい、その下底は凹凸が目立ちます。Ⅴ層とⅦ層は色調が暗く、それぞれ第1黒色帯（BBⅠ）、第2黒色帯（BBⅡ）と呼ばれています。海洋同位体ステージ3の少し暖かかった時期に形成されたもので、古土壌に分類されます。古土壌に挟まれたⅥ層は色調は明るく、ATが含まれます。

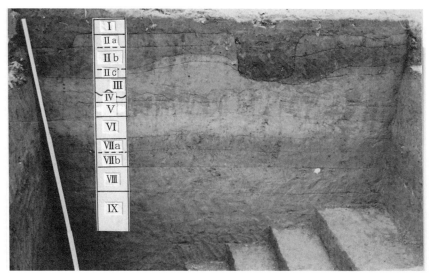

図2-57 西の台遺跡のローム層断面

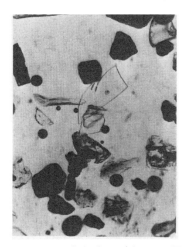 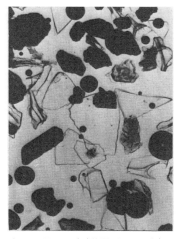

図2-58 火山ガラス（左：Ⅱa層のK-Ah、右：Ⅵ層のAT）〈道澤明1985年〉

次に立川ローム層の下位の武蔵野ローム層を見てみましょう。Ⅸ層以下が武蔵野ローム層とされていますが、立川ローム層と武蔵野ローム層の境界の判別は難しいです。クラック帯があれば、そこは武蔵野ローム層の上面になります。また境界付近で、有色鉱物の量が最少になるという報告があります〈澤野弘1986年〉。武蔵野ローム層の特徴はその基底部付近に

あります。基底部には著しく粘土化したチョコレート色ローム層（チョコ帯）が10～50cmの厚さで必ず見られます。チョコ帯は常総層の上部粘土層（下末吉ローム層）が離水した後の風化侵食期の地層に相当します。チョコ帯の10～50cm上の黄褐色ローム中に、約10～20cmの厚さの東京軽石層（TP）がブロック状にならんでいます。TPは箱根火山起源で6.6万年前に降灰したものです。

図2-59　高才川緑地公園のTP

　口絵Ⅰ-10Aの高才川緑地公園の露頭で見てみましょう。露頭の中段より上が立川・武蔵野ローム層です。中段のところで武蔵野ローム層の基底部付近が観察できます。口絵Ⅰ-12Aで、オレンジ色のTPの塊が層状に並んでいます。表面を削ると図2-59のように明るいオレンジ色～黄色の軽石を確認できます。軽石を採集して乾燥させると、図2-60のようになります。数mmの大きさの軽石と鉱物を含むわずかな砂粒と粘土の粉末からなります。図2-56で行ったような鉱物組成をTPでも求めてみましょう。容器にTPと水を入れると口絵Ⅰ-12Bのように、軽石の粒が水に浮きます。次に指で軽石をつぶします。軽石は風化していますので、簡単につぶせます。にごり水の上澄みを捨て、水を加えてまたつぶします。これを繰り返し、にごり水でなくなれば終了です。乾燥させると図2-61のような砂粒が重量で30％くらい残ります。ロームの場合は5％くらい、ATを含むロームは10％くらいが砂粒で残ります。砂粒は粒度をそろえて実体顕微鏡で観察します。砂粒の大部分は鉱物で、ほかに岩片が含まれます。口絵Ⅰ-12Cで1粒ずつ鉱物を鑑定し、有色鉱物の数が200以上になるまで続けます。TPは無色鉱物（斜長石）45％、有色鉱物25％、岩片30％で、有色鉱物の内訳はカンラン石10％、シソ輝石38％、普通輝石23％、不透明鉱物（磁鉄鉱）29％です。カン

図2-60　乾燥させたTP

図2-61　水洗した後のTP

ラン石はTPには含まれない鉱物なので、おそらくTP採集時にロームが含まれたためと考えられます。口絵Ⅰ-12Cに斜長石（無色～白色の鉱物）、短～長柱状の輝石（シソ輝石）、金属光沢のある磁鉄鉱を示しました。

　TPの噴出源は箱根火山です。箱根火山に近づくと軽石層は厚くなり、軽石流堆積物（火砕流）を伴うようになります。軽石層は軽石流堆積物の直前に噴出したようです。軽石層の分布はその時の風向きが影響し、箱根火山の東北東方向に分布の主軸があります。図2-62は箱根火山から北東約40kmの神奈川県厚木市内の崖に露出するTPで、約50cmの厚さの白色軽石層です。

　軽石流は火山の周辺に厚く堆積し、一部が軽石層とほぼ同じ方向に流れ下っています。図2-63は軽石流に含まれる軽石です。箱根火山から北東約28kmの神奈川県平塚市土屋で採集したもので、丘陵を流れる軽石流の先端部付近になります。軽石は灰白色で多孔質です。黒色の鉱物が多く含まれ、まわりが少し丸くなっています。火山から運ばれてくる間に角がとれたのではないでしょうか。

　東京軽石層の存在を最初に教えてくれたのは鈴木敏〈1888年〉です。20万分の1の東京地質図説明書

図2-62　TP（神奈川県厚木市）

図2-63　東京軽石流の軽石（神奈川県平塚市）

の中で、ローム層柱状図の下限付近に浮石層として記載しています。名前がつくのは55年後の1943年に東京浮石土、その後1953年に東京浮石層とされました。東京Tokyo、浮石（軽石）PumiceのTとPをつなげてTPと呼びます。1993年頃からは噴出源を併記してHk－TP（箱根東京テフラ）も使われています。

　火山噴出物のうち、白色～黄色の多孔質なものを軽石といい、同じく多孔質で色が黒色～赤色のスコリアとは区別します。マグマの性質によって、軽石が形成されたり、スコリアが出来たりし、同じ軽石であっても火山ごとに形態は異なります。

6. 沖積低地と埋立地

　千葉県の東京湾沿岸一帯の埋立ては、どのようにして行われたのでしょうか。戦前に千葉市でわずかに行われたほかには、1950（昭和25）年頃までは遠浅の海で、干潮時には4～6kmにおよぶ干潟が出現しました。この干潟は、アサリ、ハマグリ、海苔のよい漁場であり、

また海水浴や潮干狩でにぎわった場所でもあります。船橋も同様でした。大潮の時には5〜6km先まで海は引け、そこは高瀬、西浦（以上は埋立て後の地名に残っている）、三番瀬と呼ばれました。

船橋の海岸線の変遷は、明治13年から平成時代までの地形図（口絵Ⅰ-1〜Ⅰ-5）でたどることができます。江戸時代に浦安から船橋にかけて塩田が開発されましたので、明治時代初期の海岸線を図2-64に示しました。それから現在までの広大な面積の埋立ては、どのように行われたのでしょうか。

船橋が町から市に変わるまでの海岸線はほとんど変わっていません。口絵Ⅰ-4とⅠ-5の間で埋立てが進んだことがわかります。船橋付近はおもに3つの時期に分けられます。

1956（昭和31）年11月に湊町、海神町地先の埋立てが始まり、1961（昭和36）年に完成しました。千葉市以西の埋立地が昭和40年以降に計画され、開発された中で、船橋市の埋立ては早期に着工されました。

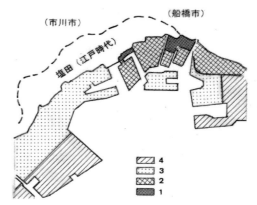

図2-64 年代別埋立ての推移〈『新時代の東京湾』に加筆・訂正〉
1：明治〜大正期　2：1956〜1965年
3：1966〜1975年　4：1976〜1985年

1974（昭和49）年以降さらに沖合いに、かつての水深7m前後のところまで埋立てが行われるに至りました。1974年に潮見町が造成され、海浜公園の人工干潟はこの埋立地先に造られています。1975年に高瀬町が造成されました。船橋の埋立てはここまでですが、浦安や習志野では、その後も埋立てが進みました。これらの埋立て造成地は3m内外の地盤高をもっていますが、造成地として優れています。それは干潟の下には地下10m以浅に平坦な波食台が埋没しており、ここを硬固な基礎地盤とすることができる点にあります。この埋没波食台は海食崖をつくる下総層群の砂層からなっています。

では、埋立てはどのようにして行われたのでしょうか。埋立ての材料は、強固な地盤を得るために砂質土が求められました。土木工学的側面から、また経済的側面もあって、砂は近く（埋立地の沖合い）の海底の砂を浚渫し、サンドポンプを使って埋立地まで運びました。その結果、現在埋立地の前面には深さ15〜30mにおよぶ大きな穴があいています（図2-19）〈大野一敏・大野敏夫1986年〉。この穴が出来たため、潮の流れが変わったり、青潮の原因にもなったり、さらには沿岸部の地下水の塩水化を招くなどのかなりの環境の変化が生じているといいます。

（1）埋立地の沖積層

埋立地の地下はどうなっているのでしょうか。図2-65の潮見町-若松間の地質断面図を図2-66に示しました。埋立地の地盤高は約3m、千葉港（船橋航路）の深度は約-10mで

す。コンクリートガラなどの人工物は地表下1mくらいまでの部分に場所により含まれることがありますが、多くの場所では含まれません。埋め土は下位の地層の構成物とほとんど同じもの、すなわち主成分は砂（細粒砂が多い）で、シルトを挟んでいます。また貝殻片も含まれています。このことは、埋立て工法で示されたように、埋め土が沖合いの海底から浚渫されたものであることを示唆するものと思われます。

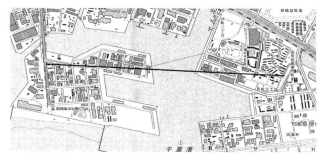

図2-65 断面線の位置

沖積層の基底は谷状の形状をなし、最深部は潮見で-40m、若松で-21mです。腐植土が基底付近に共に認められます。これらの埋没谷はKaizuka et al.〈1977年〉によってすでに示されています。若松では、埋没谷を挟んで沖積層と下総層群の境界が-11～-12mの平坦面をなしています。この平

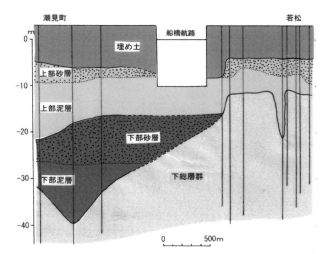

図2-66 潮見町-若松間の地質断面図〈会田信行作成〉

坦面は埋没波食台です。この平坦面はここから南西方向に続き、約0.7～1.5km離れた地点で埋没ロームが確認されていて〈遠藤邦彦ほか1983年〉、立川段丘に対比されると考えています。

沖積層は、下位から下部泥層、下部砂層、上部泥層、上部砂層に4区分されます。泥層、砂層とも貝殻片を含みます。若松では、このうち上部泥層と上部砂層が埋没波食台上に堆積しています。下部層は上部層にくらべてN値（標準貫入試験値ともいい、大きい数値であれば強度が高いことを示す）が大きいのが特徴です。下部層、上部層はそれぞれ七号地層、有楽町層に対比されます。

下総層群は主に細粒の砂層からなり、硬いシルト～粘土層を挟みます。全体に貝化石を含み部分的に密集して産出します。若松では-30～-33mに砂質シルト層を挟み、-19～-23mに貝化石層が認められます。火山灰層が確認されていないので詳しい対比は困難ですが、貝化石層の対比から、下総層群中の上岩橋層または清川層に対比されると考えられます。

(2) 船橋市のカニ化石（口絵Ⅰ-15）

1935（昭和10）年から翌年にかけて船橋港の浚渫が行われ、その際の浚渫土から船橋のカ

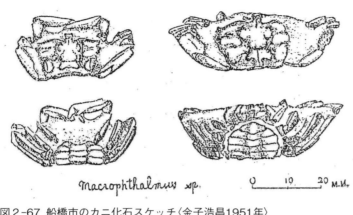

図2-67 船橋市のカニ化石スケッチ〈金子浩昌1951年〉

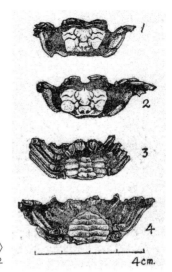

図2-68 カニ化石スケッチ〈直良信夫1954年〉
1. 背面♂ 2. 背面♀ 3. 腹面♂ 4. 腹面♀

ニ化石は発見されました〈直良信夫1954年〉。浚渫土は両岸に積み上げて埋立地が造られ、特に東岸は船橋競馬場敷地となりました。化石は埋立地一帯に転石として容易に見つかり、特に船橋競馬場内の西側の小地域で多数発見されたようです。

　船橋市のカニ化石について、その第一報として報告したのは早稲田大学学生の金子浩昌で、1951年のことです。1951年6月に同大学の学生によってカニ化石の情報がもたらされ、同年8月、考古学古生物学研究室の諸氏によって採集されました。カニ化石のほかに、ハイガイを多量に含む貝化石、マダイの歯、哺乳動物前臼歯（種不詳）、多くの砂管を採集しました。100個のカニ化石について計測を行ったところ、ヤマトオサガニに近似することがわかりました。図2-67はカニ化石のスケッチです。

　その後の調査を経て1954年に報告したのが直良信夫です。金子〈1951年〉を補足する形で船橋カニ化石を今泉力蔵氏（東北大学）に見てもらったところ、ヤマトオサガニの化石であることが判明したとの国府台高校生物部〈1952年〉の報告を紹介しています。ほぼ同時期に多くの人がカニ化石に注目していたことがわかります。カニ化石（図2-68）のほか、貝化石としてハイガイのほかにウミニナ、マガキ等も多く含まれているようです。マガキに関しては現在、船橋三番瀬にマガキ礁が形成されています〈野口真利江ほか2017年〉。マガキ礁は海水と淡水が入り交じる河口部周辺の潮間帯に形成されやすいとされています〈遠藤邦彦2017年〉。金子〈1951年〉の砂管（サンドパイプ）を調べたところ、円柱状で長さは最大約10cm、太さは16〜25mmあり、カニを含む砂管も見つかっているようです（図2-69）。砂管はカニの巣穴の化石（生痕化石）です。

　1973年頃、榊原千代美氏（元船橋市郷土資料館館長）が高瀬町の埋立地（3ヵ所）の埋め土から多数のカニ化石を採集しま

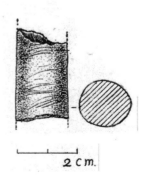

図2-69 埋立土から採集した砂管〈直良1954〉

した。現在の船橋市立若松小学校から若松中学校にかけての場所にあたります。化石は千葉県立松戸高校地学部（顧問：鈴木久仁博氏）によって詳しく調べられました〈会田信行・鈴木久仁博1998年〉。採集された化石は節足動物（カニ類）がほとんどであり、ほかに硬骨魚類、軟骨魚類、棘皮動物、軟体動物（貝類）が少数含まれます。

　カニ類は、褐鉄鉱化した砂質シルトが固着しており、母岩から取り出すのが難しい個体もあります。また、これらには完全なものはなく、著しく変形、破損している個体が多いのが特徴です。代表的なカニ化石を口絵Ⅰ-15に示しました。更に堆積環境が異なると思われる、灰白色の中粒砂の固着した標本もあります。一方、魚類の歯、棘皮動物や軟体動物は保存状態が良いものもあり、これらは付着物も少ないのが特徴です。

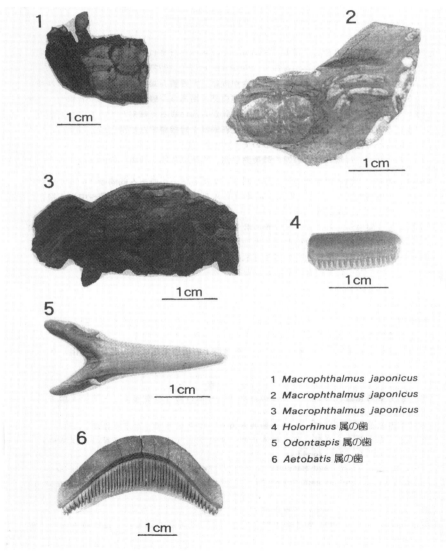

1　*Macrophthalmus japonicus*
2　*Macrophthalmus japonicus*
3　*Macrophthalmus japonicus*
4　*Holorhinus* 属の歯
5　*Odontaspis* 属の歯
6　*Aetobatis* 属の歯

図2-70　船橋埋立地で採集された化石〈会田・鈴木1988年より〉

カニ化石の種類としては、ヤマトオサガニ（*Macrophthalmus japonicus* 図2-70の1～3）がほとんどであり、ほかにシオマネキ（*Uca arcuata*）の鉗脚が4個含まれていました。
　魚類では、トビエイの歯（*Holorhinus*属 図2-70の4、*Aetobatis*属 図2-70の6、*Rhinoptera*属）、ワニザメの歯（*Odontaspis*属 図2-70の5）、アカエイ（*Dasyatis*属）の尾棘、タイ類の歯などが含まれます（図2-70）。これらはより温暖性のものであり、また必ずしも沿岸性の種類ばかりではありません。

　貝類では、アラムシロガイ（*Hinia festiva*）、ヨロイガイ（*Periglypta fischeri*）が、棘皮動物ではムラサキウニの骨片と棘が採集されています。またこの採集地点から東南東約300mの埋立地で、植物片（ブナ科）がやはり埋立土から採集されています。カニ化石と同様に砂質シルト中に含まれています（図2-71）。

図2-71　ブナ科の葉の化石

　カニ化石は甲の一部が残存し、ほぼ1個体と考えられるもの約100点、そのほかに脚など多数あります。このうち計測可能なもの34点について、甲幅・甲長・額幅の計測値を図2-72に示しました。甲の全側縁の鋸は、額の形状からヤマトオサガニと同定しました。福島県松川浦産のヤマトオサガニと比較すると最小の個体に相当しますが、金子〈1951年〉、直良〈1954年〉とは同じものといえます。

　では、カニ化石はもともとはどこにあり、いつの時代のものでしょうか。埋立土はどこから持ってきたかを知る必要があります。戦前では船橋港の浚渫土とされています。おそらく深度10mくらいの沖積層（完新世上部の堆積物）です。戦後は沖合の海底からの浚渫土で、深度15～30mの沖積層（完新世上・下部の堆積物）と一部下総層群が含まれているものと思われます。

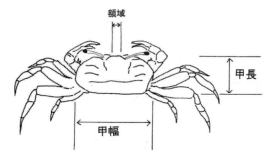

船橋カニ標本の計測値

計測項目	計測数	計測値
性比	30	♂:25 ♀:5
甲幅の平均	29	18.8 mm
甲長の平均	13	13.9 mm
額域の平均	19	2.5 mm

（部分的に計測可能な標本は34点である）

図2-72　カニの計測部位と計測結果

千葉市幕張地区の埋立地でも同様のカニや貝などの化石が採集されており、貝の放射性炭素年代は8290～8770±100年BPでした〈加藤久佳ほか2012年〉。年代だけから判断すると、完新世で、縄文時代早期の終わり頃に相当します。縄文海進が進み、海面の高さは−20～−25mのところにあったようです。そこには三番瀬と同じような干潟が広がり、ヤマトオサガニが群れをなして生息していたのでしょう。

ところで、カニ化石は本当に化石なのでしょうか。縄文時代の貝塚の貝は化石とはいいません。化石fossilはラテン語のfossilis（掘り出された）に由来し、もともとは岩石中から出てくるものを指していました。第四紀の化石は岩石（堆積岩）ではなく、固結していない堆積物に含まれるのが一般的です。第四紀の古い時代の更新世のものはすべて化石といいますが、その後の現在に至る時代の完新世のものは化石と呼ばないことのほうが多いようです。沖積層中の自然貝層は貝化石と書かれている例が少数あります。ここでは船橋のカニ化石は完新世（縄文時代早期）のものと考え、これまでの報告で化石としていますので、化石と呼んでおきます。

7. 砂州・砂堆・砂丘

図2−19の地形区分図では、かつての海岸線に沿って市川から習志野まで細長く砂州が分布しています。砂堆ともいいます。東京湾内の沿岸流で砂が運ばれて堆積し、標高5～6mの微高地を形成したものです。台地上に分布するのは、南風の影響で砂堆の砂が運ばれて出来た砂丘です。これらの砂は、沖積層の最上位の砂層に相当します。JR西船橋駅周辺の砂堆・砂丘を含めた地質断面図の概念図を図2-73に示します。国道14号線沿いに多く建てられている神社・寺院はいずれも砂堆上にあります。

砂州・砂堆が形成されると、陸側には河川水の影響で、湿地や湖沼が多く見られます。西船橋にある勝間

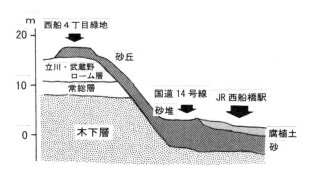

図2−73 JR西船橋駅周辺の地質断面概念図〈日本鉄道建設公団東京支社（1981年）を参考にして作成〉

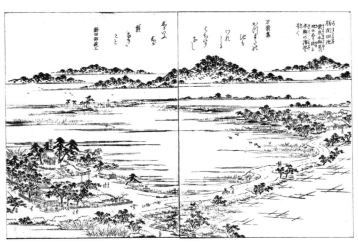

図2−74 江戸名所図会の中の「勝間田池」

図2-75 1938年の勝間田池周辺〈船橋市市勢要覧1938年より〉

図2-76 2015年の勝間田公園周辺

田公園はかつては勝間田池でした。江戸時代（1836年発行）に描かれた図（図2-74）には、葛飾神社の前の道が少し高くなった砂堆の上の道に続き、陸側に勝間田池、海側に水田が広がっていたことがわかります。

　砂堆の上の道は国道14号線となり、1938（昭和13）年の写真（図2-75）には、中央の国道14号線とその左側に勝間田池が写されています。2015年にほぼ同じ位置で写した写真が図2-76です。勝間田池は1970年に埋め立てられ、勝間田公園に整備されました。道路中央の分離帯はそのまま残りました。江戸時代の道沿いの樹木は、図2-74では、道の池側にはなく、すべて海側にあります。中央分離帯の樹木は道路を海側に拡幅する際に残されたのかも

第Ⅰ部　第2章　大地のおいたち

図2-77　館山・平砂浦砂丘（1983年）

　しれません。
　砂丘は砂堆を含めて海岸の砂が風によって吹き上げられて、図2-73のように斜面を下から埋めていき、台地上まで達しています。斜面に残された砂丘の例として、館山市の平砂浦砂丘を紹介します（図2-77）。ここは凹地になっているため、南風によって吹き上げられた砂が溜まりやすい状態にありました。写真は1983年撮影時の状況で、現在では砂の量が少なくなっているようです。砂丘が形成されてから現在までの間に、地殻変動で館山は隆起し続けているために、砂丘は海岸から離れてしまいました。そのため砂が十分に供給されていないからだと思われます。
　砂州・砂堆・砂丘は沖積層の最上部層に相当します。国道14号線沿いの砂堆上にある神社や寺院を訪ねてみると、境内が砂利ではなく砂で敷き詰められている

図2-78　神社境内で採集した砂堆中のものと思われる貝殻(1)

図2-79　神社境内で採集した砂堆中のものと思われる貝殻(2)

ところが何ヵ所かあります。その砂には貝殻が含まれていることがあります。貝殻は硬い砂におおわれていることもあり、おそらく砂堆の中にあったものと考えられます。

口絵Ⅰ-15Aは硬い砂がついた状態のものです。左下がサザメガイで、残りはすべてシオフキです。図2-78は左上がイチョウシラトリ、残りの2つはゴイサギです。図2-79は左上2つがアカガイ、その右はアサリ、左下がマガキです。これらの貝の共通する生息環境は中緯度、内湾、潮間帯であり、三番瀬に近いといえます。
　では、三番瀬では現在どのような貝が生息しているでしょうか。図2-80のように、砂浜にはたくさんの二枚貝の貝殻が打ち上げられています。ここに写っているのは大量のシオフキです。貝殻は2枚そろっていますので、生息場所は近いといえます。1枚だけであれば、どこからか運ばれてきた可能性があると考えてよいでしょう。
　ここから少し離れたところではマガキがまとまって見られました。その沖合いにはマガキ礁が形成されていますので、おそらくマガキ礁から運ばれてきたのでしょう。
　三番瀬の砂浜で見られる貝殻の多くはこの2例のように、近くに生息している貝からもたらされたものと考えることができます。砂堆中の貝殻についても同じです。

図2-80　三番瀬の波打ち際に打ち上げられた貝殻（2016年1月）

第3章 ローム層に残る人類の痕跡

金子三蔵氏による復元図「去りゆくナウマンゾウ」〈野尻湖ナウマンゾウ博物館蔵〉
ナウマンゾウが日本から姿を消すのは2万8000年前とされています。

ナウマンゾウが日本に初めて現れたのは更新世中期（チバニアン）後半のことで、近畿地方の大阪層群という地層から見つかっています。およそ34万年前以降で、その後、更新世後期末の2万8000年前頃まで生息していました。関東地方からはナウマンゾウの化石がたくさん見つかっています。千葉県では図1-19で示したように20ヵ所以上で産出しています。

ナウマンゾウの絶滅した同じ頃、ヒョウ、ニホンムカシジカ、ヘラジカ、ステップバイソン、オーロックスなど、多くの哺乳類が日本列島から姿を消しました。それよりやや遅れてヤベオオツノシカが絶滅しています。それらの絶滅した動物は大型のものが中心で、同様の現象は世界各地で見られます〈河村善也1991年〉。

この時期は非常に寒冷な気候が急激に温暖化していった時期にあたり、植生も大きく変化しました。動物の絶滅の原因として環境の激変をあげることもできますが、この時期のヒトの狩猟活動も大きく影響した可能性もあります。

船橋市にヒトが住むようになるのはおよそ3万5000年前だといわれています。ナウマンゾウがいなくなる少し前で、ほかの大型の動物とも共存し、それらを狩猟の対象にしていたかもしれません。

その頃の様子を示すものがローム層の中から見つかります。しかし、動物の骨や植物の花粉は、ローム層が酸性土壌のために消失し、ほとんど見ることはできません。ヒトの残した石器だけが当時の様子を物語ってくれます。用途によって石器の種類が異なることが知られています。どのような石器が見つかっているか見てみましょう。

石器の中に焼礫（口絵Ⅰ-14、図3-1）が見つかります。火を使っていた証拠と思われます。赤く焼けた土の色が消えても、火を使った場所（炉跡）が特定できるという研究があります。残留磁気測定で推定するもので、実例を紹介します。

図3-1 焼礫（源七山遺跡）

1．千葉県の旧石器時代（先土器・岩宿時代）の遺跡分布

下の図3-2は日本旧石器学会が2010年に刊行した『日本列島の旧石器時代遺跡』の中の千葉県の遺跡分布を示したものです。船橋市の具体例を見る前に千葉県全体の特徴を見てみましょう。右の表3-1は全国、千葉県、船橋市の旧石器時代と縄文時代草創期の遺跡数です。千葉県はともに、遺跡数は全国第1位です。遺跡の分布は千葉県北西部では、下総台地上の関東ローム層の分布域に等しいことがわかります。

	縄文時代草創期	先土器・岩宿時代
船橋市	1	29
千葉県	334	988
全国（概数）	2400	10200

表3-1 遺跡数〈日本旧石器学会2010年〉

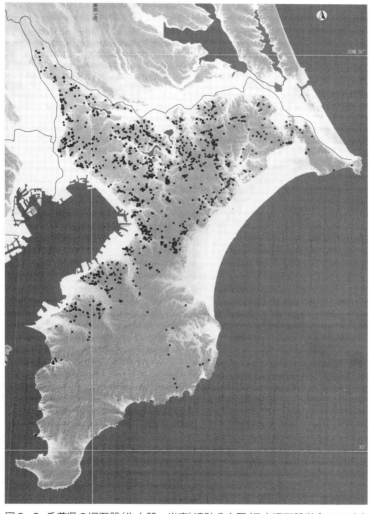

図3-2 千葉県の旧石器（先土器・岩宿）遺跡分布図〈日本旧石器学会2010年〉

2. 関東ローム層と旧石器

　1949年の群馬県岩宿遺跡の発掘調査により、日本列島で旧石器（無土器・先土器・岩宿）時代の本格的な研究が始まりました。旧石器はほとんどが立川ローム層（関東ローム層の最上部）中から出土します。立川ローム層の地質層序は下総台地より厚く堆積している相模野台地（神奈川県）、武蔵野台地（東京都）での地質層序区分が千葉県でも用いられています。図3-4のように西から東に各層の層厚が薄くなることがわかります。

　図3-4は立川ローム層の下位の武蔵野ローム層から描いています。赤土と呼ばれ、厚く無層理ですが、何枚かの火山灰層を挟み、鍵層として地層対比に用いられます。武蔵野ローム層中の東京軽石層（TP）、立川ローム層中の姶良丹沢軽石層（AT）がその代表といえます。また立川ローム層には黒色帯（または暗色帯）と呼ばれる古土壌が多く挟まれます。相模野台地ではロームをL、黒色帯をBで表し、番号を付けています。武蔵野台地と下総台地では立川ローム層以上を10層に分け、最上位層（表土層）をⅠ層、最下位層をⅩ層と呼んでいます。このうちⅢ層は柔質で、ソフトロームと呼ばれ、Ⅳ層とは大きな凹凸で接することが多いのが特徴です。黒色帯は上部を第1黒色帯（Ⅴ層）、下部を第2黒色帯（Ⅶ～Ⅸ層）と呼び、その間にATを挟んできます。それ以外は色調で区分けすることがあり、その場合の対比は正確とはいえません。

　立川ローム層の放射性炭素法による年代が工藤雄一郎〈2012年〉により図3-4の中の表のように示されています。

　船橋市内の旧石器遺跡は船橋市遺跡マップ（2015年）では22ヵ所紹介されています。遺物が大量に出土する遺跡もあり、また数えるほどの出土数しかない遺跡もあります。このうち図3-3に示した源七山遺跡（坪井町）、西の台遺跡（二和西）、小室台遺跡（小室町）、向遺跡（行田）、下郷後遺跡（藤原）を例にして、船橋市でのヒトの足跡をたどってみましょう。

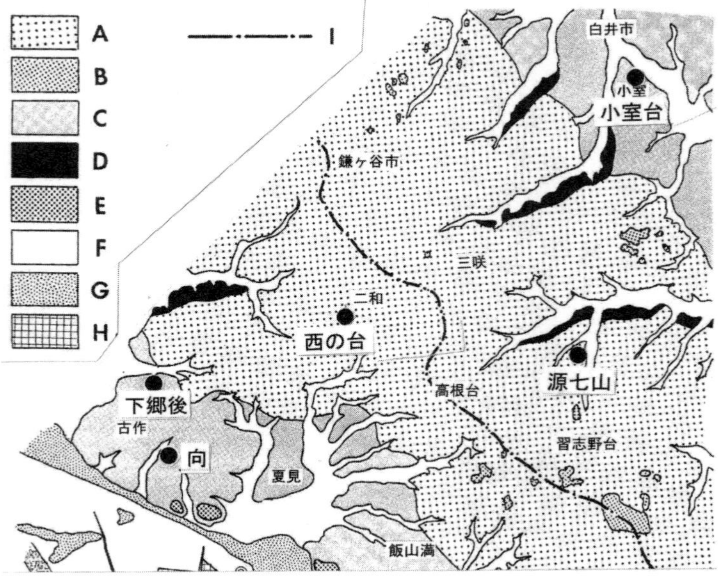

図3-3 遺跡位置図
（凡例は図2-19に同じ）

第Ⅰ部　第3章　ローム層に残る人類の痕跡

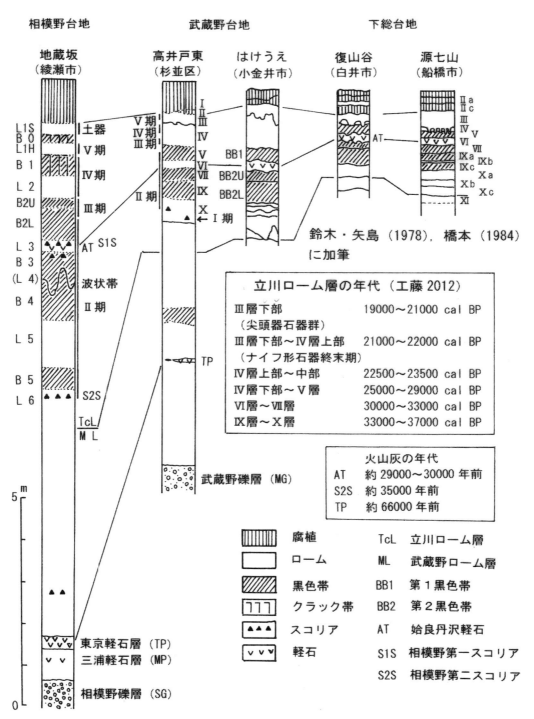

図3-4　立川・武蔵野ローム層の対比

3．船橋の旧石器遺跡

(1) 遺跡の立地

　船橋市の旧石器時代を源七山遺跡から見ていきましょう。源七山遺跡（船橋市坪井町）は桑納川の支流、坪井川の左岸台地の標高22〜30mの下総上位面に位置しています。図3-5の写真は坪井川上流から遺跡全体を写したものです。調査は1997〜2004年に実施されました。

図3-5　源七山遺跡の全景

　西の台遺跡（船橋市二和町）は海老川の支流の金杉川によって舌状に開析された下総上位面の台地の西側に位置します。図3-6の写真は南東方上空から見た遺跡の遠景です。谷が南から西、さらに北側に入り、ここで終わっています。河川の最上

図3-6　南東方上空から見た西の台遺跡の遠景

流部にあたり、かつてはこの谷は金杉川ではなく二和川につながっていたようです。標高は27m前後あります。調査は1982年に行われました。

小室台遺跡（船橋市小室町）は印旛沼に注ぐ神崎川とその支流である二重川によって開析された北に張り出す台地の東端の標高約15～21mの下総下位面に位置しています。図3-7の写真は遺跡上空から東側の神崎川低地にかけて写したものです。2007～2009年に確認調査を行い、2009～2011年に本調査を実施しました。

図3-7 小室台遺跡の全景

　向遺跡（船橋市行田3丁目）は、西側を葛飾川によって開析された台地の北西側縁辺部の標高15～21mの下総下位面に位置しています。1997、1998年に確認調査を、1998、1999年に本調査を実施しました。図3-8の写真は葛飾川の上流部から撮った台地縁の向遺跡です。

図3-8 向遺跡の全景

下郷後遺跡（船橋市藤原町1丁目）は真間川の支流の大柏川によって開析された下総下位面の台地の東方に形成された柏井支谷の南側台地上に位置します。図3-9の写真は南西側から見た遺跡の遠景です。標高は約21mから約14mまでゆるやかに変化し、緩斜面上に遺跡は形成されています。調査は1979、1980年に行われました。

図3-9　南西側から見た下郷後遺跡の遠景

（2）　地質層序

　遺跡の調査では、深掘してローム層の断面を出してローム層の堆積の様子を確認し、石器がどの層準から出土したかを確実にします。図2-56、57で西の台遺跡のローム層断面を例に、立川ローム層を概観しました。源七山遺跡と下郷後遺跡の場合を見てみましょう。

　源七山遺跡では図3-10のように細かく細分されています。Ⅹc層までが立川ローム層で、Ⅺ層以下が武蔵野ローム層です。西の台遺跡の区分と少し異なっています。源七山遺跡と西の台遺跡ではⅥ層までは同じですが、源七山遺跡のⅦ、Ⅸ、Ⅹ、Ⅺ層は西の台遺跡ではそれぞれⅦa、Ⅶb、Ⅷ、Ⅸ層になります。

図3-10　源七山遺跡のローム層の断面

Ⅱ層は暗褐色土で、西の台遺跡で確認されたⅡb層は新期テフラ層と呼ばれます。火山砕屑物を総称してテフラといい、西の台遺跡では九州起原のアカホヤ火山灰が含まれていました。

Ⅲ層は黄褐色ソフトローム層、Ⅳ層以下は硬質ローム層です。Ⅲ層とⅣ層の境はどこでも植物の根の跡のような凹凸がはっきり見られます。

図3-11 下郷後遺跡のローム層の断面

Ⅴ層とⅦ～Ⅸ層は暗褐色～黒褐色を帯びていて、それぞれ第1黒色帯、第2黒色帯と呼ばれています。現在の表土が炭化物の影響で黒色に近い色調を示すように、黒色帯はウルム氷河期にあって、やや温暖の時期の表土堆積物と考えてよいでしょう。第2黒色帯にはスコリアが多く含まれています。下郷後遺跡（図3-11）では3層がソフトローム層、6層が黒色帯と報告されていますが、この黒色帯はおそらく第2黒色帯と思われます。

〔源七山遺跡のローム層の堆積速度の推定〕

立川ローム層の各層の放射性炭素年代が明らかになっています〈工藤雄一郎2012年〉。この年代を源七山遺跡の柱状図にあてはめたのが図3-12です。各層の厚さとその年代幅から長方形を描き、その中心が平均値となります。中心を結ぶとⅦ層からⅢ層まではほぼ直線になるので、ローム層がほぼ一定の割合で堆積していることがわかります。100年で約0.5cmの割合です。Ⅸ層以下はデータが少ないため参考値ですが、約1.8cmと堆積速度は大きくなります。ローム層は火山灰起源の母材が再堆積した風成層であることを考えれば一定の速度で堆積しているとみてよいでしょう。

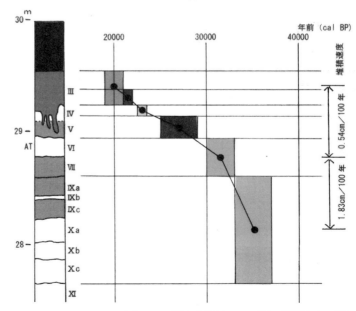

図3-12 源七山遺跡ローム層の堆積速度の計算

(3) 文化層

〔源七山遺跡〕

　石器が見つかった層準を文化層と呼んでいます。Ⅸ層からⅢ層にかけて6枚の文化層があるとされ（図3-13）、1469点の石器が出土しました。第1文化層はⅨa層〜Ⅶ層に生活面をもつ石器群で構成されるというように、各文化層は複数の土層にまたがっているものが多いです。ローム層の堆積はほぼ一定の割合（0.54cm／100年）で行われているように見えますので、各文化層の継続年代は計算でき、数千年の単位になります。

　寒い朝などによく霜が発生します。よく見ると、表面の土に混ざって、小さい石も霜で持ち上げられています。氷河時代であることを考えると、周氷河現象のひとつである構造土が形成されても不思議ではありません。比較的大きな岩石でも側方・上方に移動する可能性があります。生活面上の石器も生活面から移動する可能性は否定できないため、文化層の確実な層位（生活面）は文化層の下底だけといってよいでしょう。生活面は地層の堆積間隙、すなわち地層の上面に形成されると考えられます。

　第1文化層はⅨb層、第2文化層はⅨa層、第3文化層はⅦ層、第4文化層はⅥ層、第5文化層はⅤ層、第6文化層はⅣ層の各上面になります。石器は第4文化層（812点）と第2文化層（351点）で79％を占めています。特に第4文化層からは斑晶の多い安山岩・流紋岩の赤化礫（焼礫）がまとまって出土し、火を使用した可能性があります。口絵Ⅰ-13に文化層ごとの代表的な石器を示しました。

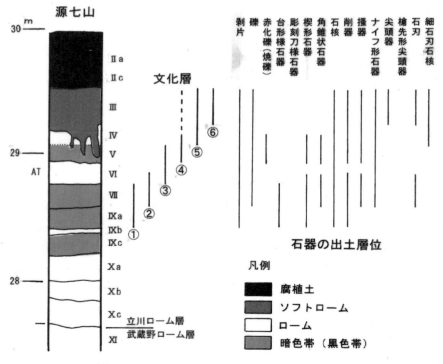

図3-13 源七山遺跡の文化層と出土石器の種類

〔西の台遺跡〕

　石器は総数で6249点出土し、5つの文化層に分けられています（図3-14）。第1文化層はⅨ層、第2文化層はⅥ層、第3文化層はⅤ層、第4文化層はⅣ層、第5文化層はⅢ層下部のそれぞれ上面になります。石器の98％は第5文化層からで、特に槍先形尖頭器が49点出土しました。小型のものは黒曜石、大型のものは珪質頁岩または珪質凝灰岩で造られています。赤化礫（焼礫）が第2・4文化層から出土しています。

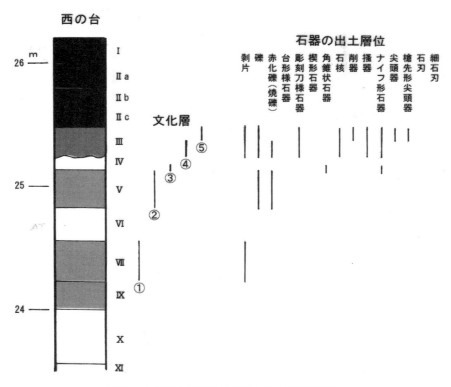

図3-14　西の台遺跡の文化層と出土石器の種類

〔小室台遺跡〕

　石器は表面採取や遺構覆土から出土したものを含めて242点出土しています。文化層は5層認められ、第1文化層はⅩb層、第2文化層はⅨb層、第3文化層はⅨa層、第4文化層はⅤ層、第5文化層はⅣ層のそれぞれ上面になります（図3-15）。第1文化層の石器が含まれるⅩa層は約35000年前ですので、この第1文化層の石器（図3-20）は船橋市の最古級の遺物になります。

〔向遺跡〕

　石器は総数で655点出土していますが、Ⅵ層からナイフ形石器が1点出土したのみで、残りはすべてⅤ層からのものです（図3-16）。この中に赤化礫（焼礫）が含まれています。源七山遺跡の赤化礫も同じⅤ層からですので、同じ頃のものといえます。

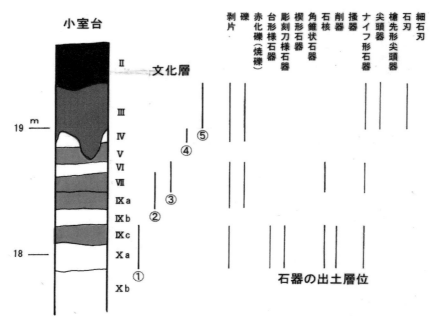

図3-15 小室台遺跡の文化層と出土石器の種類

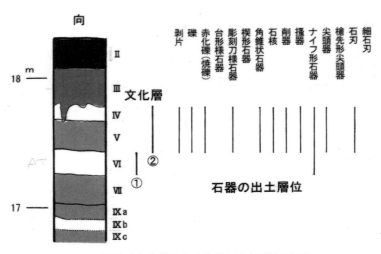

図3-16 向遺跡の文化層と出土石器の種類

〔下郷後遺跡〕

　石器はⅢ層上部付近から33点が集中して出土しました（図3-17）。ナイフ形石器は4点出土し、その石材は安山岩、硬砂岩、メノウ、頁岩で同一のものはありません（図3-18）。

第Ⅰ部　第3章　ローム層に残る人類の痕跡

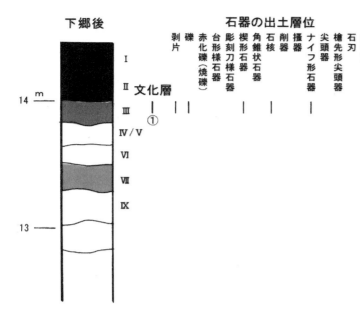

図3-17　下郷後遺跡の文化層と出土石器の種類

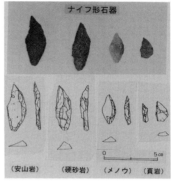

図3-18　出土したナイフ形石器

(4) 石器の種類

　ローム層から出土した石器は分類され、形態分類が広く行われてきました。ナイフや彫刻刀の形に似ていれば、ナイフ形石器、彫刻刀形石器などと呼びました。また削器、掻器のように、機能に即した分類もされてきました。石器を何に使ったかは確実にはいえませんが、狩猟と加工が中心と考えられています。用途に応じて、素材（岩石）を選んで用いています。狩猟具と加工具に分けて、石器の名称とその用途をまとめると、次のようになります。

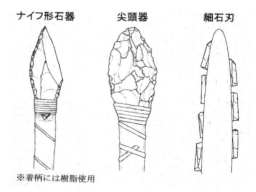

図3-19　石器装着の推定復元図（『千葉県の歴史 資料編 考古1』より）

　狩猟具としては、ナイフ形石器（槍先）と尖頭器（槍先）、槍先形尖頭器（槍先）、石刃・石刃石核（槍先）、細石刃石核（軸に装着して使用）などがあります。図3-19に石器装着の推定復元図を示しました。

　加工具としては、削器（そぎ取り、削り取り）、掻器（皮をなめす）、彫器・彫刻刀様石器（木に溝を掘る）、楔形石器（固いものをたたいて割りとる）、礫器（木を切る）、角錐状石器（毛皮に穴をあける）、石斧（切り刻み、チョウナ削り）、剥片（多様な目的）などがあります。

　ナイフ形石器、尖頭器は動物の皮を剥ぐなどの加工具としても使用し、加工具としての石

111

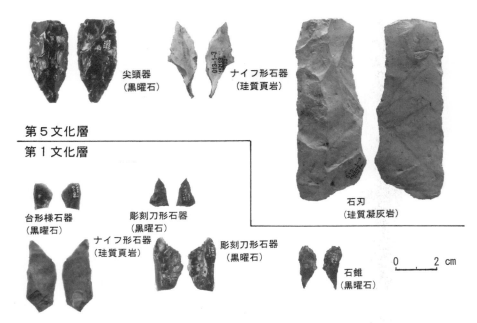

図3-20 小室台遺跡第1文化層と第5文化層の石器

器は何も装着せずに使用したと考えられています。その他、石核（薄片をはがし取ったあとに残った岩石）は石器としても使用したようです。なお、装着用具や木製、骨製の道具も使用していたと思われますが、酸性土壌のローム層の中では残りにくく、出土することはありません。

(5) 石器の出土

発掘では石器が出土すると、そのまま動かさずに置いておき、文化層の下面などの一定の深さまで掘り進めます。図3-21は向遺跡の第2文化層の石器の出土状況です。石器、礫が

図3-21 向遺跡第1地点の遺物出土状況

112

まとまって出土したところをそれぞれ石器ブロック、礫ブロックと呼び、また遺物集中箇所をユニットと言ったりします。ロームの柱の上に石器があり、柱の高さが一様でないことがわかります。ここでは最大で60cmほどの差があります。図3-16に出土石器の種類を示してあります。ナイフ形石器をはじめとして、多くの種類の石器および自然面を多く残す石核で構成されています。ここで石器の製作が行われたと考えられています。礫ブロックの主体はほとんどが焼礫です。

源七山遺跡で石器が多く出土するのは第2文化層と第4文化層です。第2文化層では6ヵ所のブロックが検出され、石器の主体は石刃を素材としたナイフ形石器です。第4文化層では9ヵ所のブロックが検出され、ここで加工された可能性の高い角錐状石器が含まれています。また5ヵ所のブロックに伴って礫群（焼礫を含む）が見つかっています。

小室台遺跡は第1文化層と第5文化層で石器が多く出土します。第1文化層では2ヵ所のユニットが検出され、石器の石材のほとんどが黒曜石（栃木県高原山産）であることが特徴です。第5文化層ではユニットは1ヵ所で、尖頭器、ナイフ形石器、石刃などが出土しています。主要石材は黒曜石です。

下郷後遺跡はソフトローム中から出土したもので、出土数が少なく、種類もナイフ形石器が4点で一番多いのですが、石質がすべて異なっています（図3-18）。

西の台遺跡は第5文化層が石器の数および種類が豊富です。層準は下郷後遺跡と同じです。7ヵ所のユニットが検出され、槍先形尖頭器を主体とし、彫刻刀、掻器を有する石器群で構成されています（図3-22）。北側の5ヵ所のユニットからはすべて黒曜石製の小型の尖頭器など約4500点、西側の張り出し部のユニットからは珪質頁岩製の大型の尖頭器など約1100点、最も南にあるユニットからは珪化凝灰岩製の尖頭器が出土しています。大型の尖頭器は、縄文時代草創期の神子柴系の尖頭器に類似する東内野型尖頭器（富里市）に近いとされています。

出土した尖頭器を次ページの図3-23に示しました。上3列が黒曜石製、最下列が珪質頁岩製の大型の尖頭器と珪質凝灰岩製の尖頭器（右から3つ目）です。

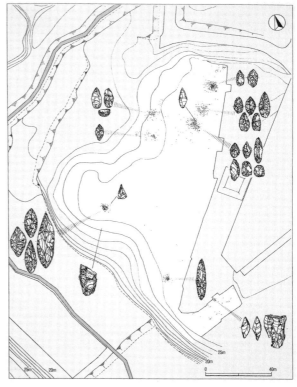

図3-22 西の台遺跡の遺物分布〈道澤2000〉

図3-23 槍先型尖頭器（西の台遺跡）

(6) 石器の産地

　石器の石材には黒曜石が多く使われています。黒曜石は火山岩の一種で、マグマが急冷してできた火山ガラスです。関東平野を取り巻く火山体の近くが原産地です。和田峠（長野県）が有名で、何らかの方法で遺跡まで運ばれてきたと考えられます。図3-24は向遺跡のナイフ形石器です。黒曜石以外にも珪質頁岩、凝灰岩が使われています。ほかにも安山岩、メノウなど多くの種類の岩石が使われています。これらの石器の産地はどこなのでしょうか。

　現在知られている産地を図

図3-24 石器と石器に用いられている石材（向遺跡）
上段の左から、黒曜石、硬質頁岩、（珪化）凝灰岩、凝灰岩
下段の左から、珪質頁岩、黒曜石、硬質頁岩、硬質頁岩（石刃）

3-25に示しました。図3-25は現海岸線の海側に約2万年前の最寒冷期の海岸線（－140m）を図示してあります。黒曜石は4ヵ所（和田峠を含む信州、高原山、伊豆・箱根、神津島）あり、それ以外の岩石も関東平野周辺の山岳地帯、さらには東北地方の岩石もあるようです。身近なところで、千葉県内の岩石も使われていることがわかっています。当時、利根川、渡良瀬川は合流して水のない東京湾を流下していますが、両河川の礫が使われた可能性があります。一番身近な岩石といえます。その河原の礫は沖積層の下底にある礫層となっており、現在見ることができません。

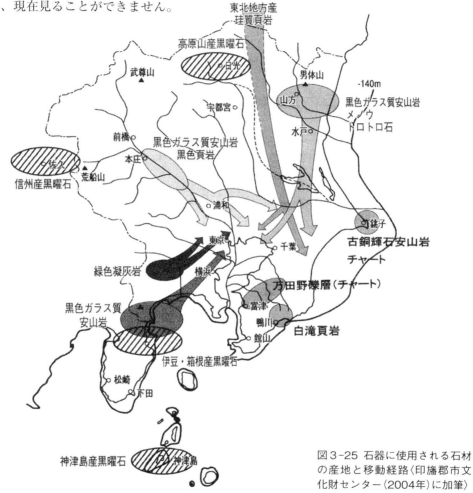

図3-25 石器に使用される石材の産地と移動経路〈印旛郡市文化財センター（2004年）に加筆〉

4．遺跡の地質層序対比

紹介した5遺跡の地質層序対比を行うと、図3-26のようになります。確実に対比されるのは火山灰であるATだけで、ATは同一時間面になります。表土、軟質ローム層、暗色帯はおおむね対比できそうですが、色調だけで対比することはできません。土壌化の進行により色調が変化し、たとえば黒色化は下方に進みます。

地質層序をもとに各遺跡の文化層の対比をしてみましょう。古い順にAからHの8文化層に分けられます。

H文化層（Ⅲ層中）：下郷後の第1文化層と西の台の第5文化層
G文化層（Ⅳ層上面）：小室台の第5文化層と西の台の第4文化層と源七山の第6文化層
F文化層（Ⅴ層上面）：小室台の第4文化層と西の台の第3文化層と源七山の第5文化層
E文化層（Ⅵ層上面）：向の第2文化層と西の台の第2文化層と源七山の第4文化層
D文化層（Ⅶ層上面）：向の第1文化層と源七山の第3文化層
C文化層（Ⅸa層上面）：小室台の第3文化層と西の台の第1文化層と源七山の第2文化層
B文化層（Ⅸb層上面）：小室台の第2文化層と源七山の第1文化層
A文化層（Ⅹb層上面）：小室台の第1文化層

草刈遺跡（市原市）では武蔵野ローム層最上部層から石器が検出されていて、県内最古級の遺跡とされています。その後ⅩⅠ層上面（立川ローム層下底）付近から御山遺跡（四街道市）で石器が検出され、A文化層に続くとみてよいでしょう。ヒトの活動範囲が徐々に広がっていく様子がうかがえます。

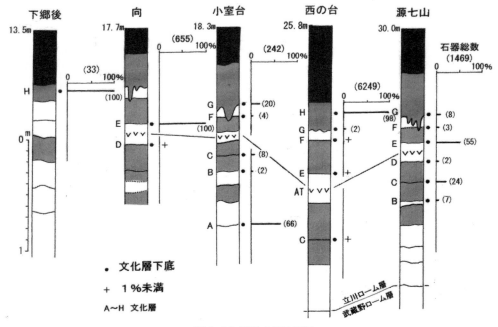

図3-26 遺跡の層序対比

5．ローム層中の被熱箇所検出の試み

源七山遺跡（口絵Ⅰ-14、図3-1）、向遺跡（図3-27）、西の台遺跡で見つかった赤化礫（焼礫）について考えてみます。口絵Ⅰ-14、図3-1、図3-27を見ると、礫が円礫〜亜円礫

で、破砕されているものが多いのが特徴です。そしていずれもE文化層（V層）に含まれているということです。AT火山灰の上位の約2.5〜2.9万年前のものです。赤化礫はおそらく焼か

図3-27　V層から出土した赤化礫

れたもので、破砕されているのは熱した礫を水の中に何度も投入されたためではないかと思われます。礫種は安山岩、流紋岩、砂岩、凝灰岩などです。どこで礫を焼いたのかは不明ですが、炉などの焼土は見つかっていないようです。ローム層では焼土の赤色は失われることがありますが、そのような場合でも残留磁化を調べると炉跡などの被熱箇所が推定できる場合があります。その一例として、子和清水遺跡（千葉市）の場合を紹介します。

　子和清水遺跡ではV層で赤化礫ではなく、炭化物が見つかり、被熱箇所の有無を確かめるために残留磁化を調べました。試料の採取方法は堆積物の場合と同じです。一辺が2.5cmの立方体のポリカーボネイト製ケースを25cm間隔で発掘面に埋め込んで磁北の方向を記入して採取します（図3-28）。その後ケースを取り出し蓋をし、ケースごとスピナー磁力計で残留磁化を測定します。

　チバニアンの場合には、堆積物中の磁鉄鉱の微粒子が地球磁場の方向に統計的にそろうという堆積残留磁気を調べました。ロームも堆積物ではありますが、風化を強く受けているため、ロームの示す磁化方位はおそらく堆積残留磁気ではないだろうと考えています。ロームの磁性の特徴は、現在の磁北方向を示すことが多いということです。炉や焚き火などをすると、ロームは赤化し、受熱前とは異なる特徴を示します。熱残留磁気を獲得すると考えられます。磁鉄鉱を約600℃以上に加熱すると、磁性がなくなり、永久磁石につかなくなります。

図3-28　残留磁化測定用の試料採取の様子（子和清水遺跡）。一辺2.5cmのプラスチックケースを垂直に押し込み、上面に磁北方向を記入する。

その後約600℃以下になると、磁性があらわれるとともに、地球磁場の方向に磁化するという特性（熱残留磁化といいます）があります。例として溶岩が冷却する時に、その時の磁北の方向が記録されます。炉の焼土も同じで、約600℃以上の熱を受けて、冷却後に焼土が乱されていない場合に有意な結果が得られます。

　測定結果を図3-29に示しました。矢印で磁化方位、矢印の長さで伏角の大きさ、矢印の太さで磁化の強さを表しています。全体的に現在の磁北の方向を示している中に、全く異なる方向を向き、しかも磁化が強いところが何ヵ所か見つかりました。破線で示した部分にな

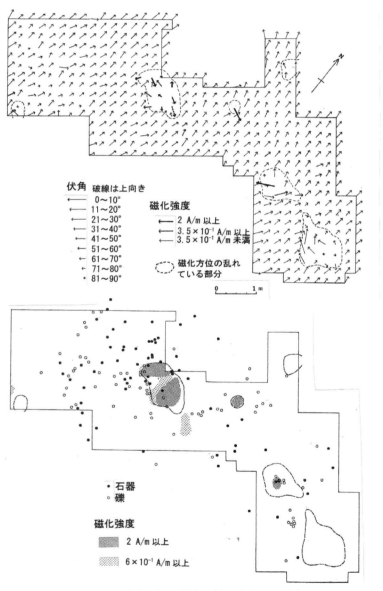

図3-29　残留磁化測定結果〈会田信行1987年〉
（上）自然残留磁化方位と磁化強度　（下）磁化の強い箇所と礫、石器の分布状況

ります。600℃以上の熱を受けると磁化の強度が強くなります。図の中央の破線部分は被熱箇所と考えてよく、炉などの焼土が形成された場所と推定しています。ただしこの方法で見つかる確率はきわめて低いです。その理由は継続調査をすることでわかりました。

〔上草柳第3地点南遺跡（神奈川県大和市）の例〕

　神奈川県大和市の上草柳第3地点南遺跡は東海大学によって何年にもわたって継続的に発掘調査が行われてきました。この遺跡では、同じ場所を毎年少しずつ掘り下げていきます。そこで5回の発掘で、それぞれ試料採取しました。同じ場所で5層準から採取したことになります。4年目に採取した層準から被熱箇所を示唆するような磁化方位と磁化の強さが認められました。図3-30に、1年目（左図）と4年目（右図）の結果を示しました。右図のように磁化の強さが大きければ、熱を受けた可能性が高いといえます。被熱部分の分布・大きさから、人為的ではなく、山火事等の可能性が考えられます。被熱部分は厚さが薄いため、見つけにくいことがわかりました。

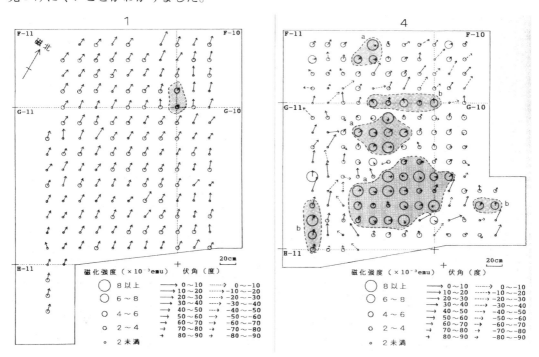

図3-30　上草柳第3地点南遺跡の残留磁化測定結果〈織笠昭・会田信行2003年〉

6．生活に必要な水―船橋の湧水

　地球は水の惑星ともいわれ、太陽系の中で液体の水が唯一存在する惑星です。地球上の水の約97％が海洋水で、残りの約3％が淡水です。淡水のうちの約70％が極地の氷ですので、湖沼・河川・地下水として私たちが利用している水は地球上の全水量のわずか約0.8％に過ぎません。

地球上の水は循環しています。図3-31に示したように、海から蒸発した水蒸気は、雨や雪となって地上に（海上にも）降りそそぎます。その水の多くは河川水として海に戻ります。雨や雪の一部は極地では氷河として長期間地上にとどまり、一部は地下に浸透し、地下水となって流動し、河川や海に流れ出ます。水循環の速度は、地下水の場合は河川水にくらべて非常に遅くなっています。氷河はさらに遅くなります。河川の水は、雨が長く降らなくとも枯れることがほとんどありません。これは長期間地下水として存在していたものが湧水として地表にあらわれて河川に流入するためです。

船橋の遺跡はすべて台地上にあり、ヒトはそこで生活していました。水はおそらく河川や湧水から得たと思われます。湧水は崖や窪地などから地下水が自然に流れ出る現象や場所をいいます。これは地下水面が地表にあらわれる場所でもあり、湧泉、泉、出水ともいいます。湧水は枯れることがあります。家庭で使用する井戸でも枯れることがよくあります。その場合、採水深度を少し下げると、また井戸水を汲み上げることができます。地下水位が下がったのが原因です。湧水の場合も同じで、いまある湧水の高さよりも地下水位が下がると、湧水が枯れるのです。

千葉県内で確認されている湧水は1140地点あります〈水環境研究所編2010年〉。船橋市内では確認できた湧水が35地点、かつて湧水があったと思われる場所が22地点あります〈船橋地名研究会 滝口昭二編2014年〉。実際にはもっと数は多いと思われます。

図3-32は、船橋市遺跡マップに船橋の湧水地の位置（船橋地名研究会 滝口昭二編2014年）を入れたものです。遺跡は台地の縁に多く分布し、湧水は河川の本・支流の源流と台地

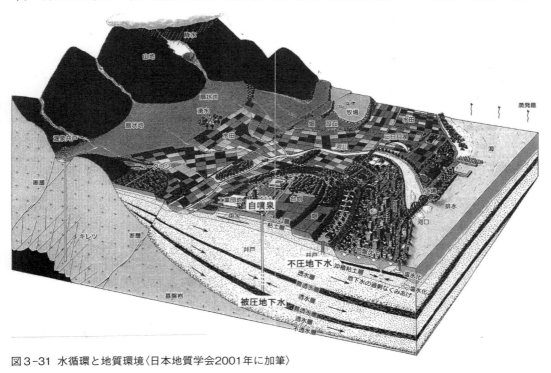

図3-31 水循環と地質環境〈日本地質学会2001年に加筆〉

の縁に多いことがわかります。ヒトは遺跡近くの湧水を利用したでしょう。

湧水が湧き出ると、そこに小さな池がつくられることがあります。以下に、今見られる代表的な湧水池を紹介します。

(1) 葛飾湧水群（口絵Ⅰ-16）

海神〜東中山の間の千葉街道（国道14号線）は北側の台地の縁を直線状に走っています。千葉街道から南側は沖積低地であり、千葉街道のすぐ南側にいくつかの池が点在して並んでいます。葛飾湧水群と呼ばれています。

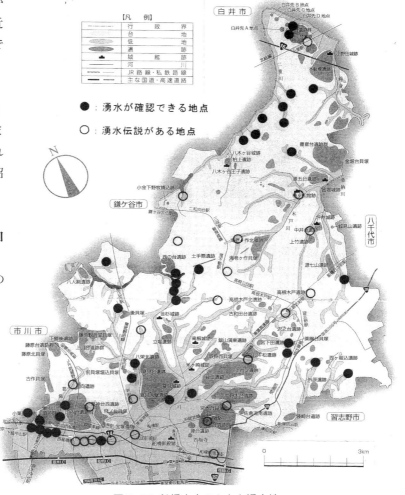

図3-32 船橋市内のおもな湧水地

現在名前のある池の地点を次ページの図3-33の地形図に、それぞれの写真を口絵Ⅰ-16、図3-34に示しました。現在の地形図（上）では多くが千葉街道に沿って分布していることがわかります。水面の高さは千葉街道からいずれも2mほど下になります。池の水面が地下水面の高さになります。明治13年の地形図（下）では③の勝間田池を除くすべての地点が台地の縁に近いことから、池の出来方が共通しています。かつてはもっとたくさんあったようです。『船橋の地名を歩く』（2014年）には海神から中山付近までに、ゴボウ池跡、稲荷神社の池跡、時々湧く池跡、東明寺下の池跡、茶の木下池跡、大溜跡（現・東中山児童公園）をあげています。千葉街道の南側に池が1列に並んでいたようで、湿地であったり、時々湧水があったりすることから、地下水面が少し下がった結果、池の数が減ったと考えられます。

千葉街道の北側に勝間田公園（図2-75）があります。図2-74、76で示したように、少し前までは勝間田池があり、江戸時代には「本郷の溜池」と呼ばれていました。湧水の有無は

不明ですが、葛飾川の出口に位置することから、千葉街道の砂堆の高まりを利用して造った人工池で、池の水面は公園の地面より約1m低かったようです。

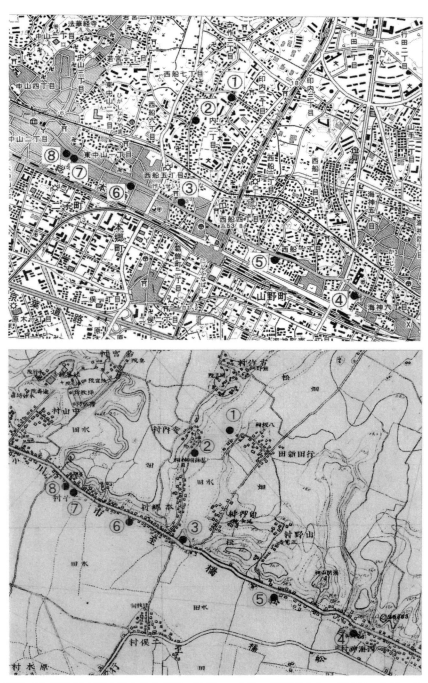

図3-33 葛飾湧水群の湧水池の位置。①ゲエロの池 ②葛羅の井 ③勝間田公園 ④龍神社の池 ⑤梅園脇の湧水池 ⑥葛飾神社の池 ⑦二子浦の池 ⑧二子藤の池〈上：2.5万分の1地形図「船橋」、下：2万分の1彩色地図「西海神」を使用〉

葛飾川の湧水池

①ゲエロの池

②葛羅の井

千葉街道(国道14号線)沿いの湧水池

④龍神社の池

⑥葛飾神社の池

⑦二子浦の池

⑧二子藤の池

図3-34 葛飾湧水群

(2) 河川の源流で見られる湧水と湧水池

　市内を流れる河川の源流で、湧水を見ることができ、かつ池が整備されている場所があります。滝不動（海老川の源流）と倶利加羅（くりから）不動（前原川の源流）を紹介します。滝不動の湧水地点は修行僧の水行場になっており、倶利加羅不動の湧水地点は急崖の下です。また高才川の露頭（口絵Ⅰ-10A）は高才川の上流にあり、ここから上流には湿地が広がっています。

　湧水データのいくつかが下の表3-2のように公表されています。

滝不動（海老川の源流）

滝不動の池

倶利加羅不動（前原川の源流）

倶利加羅不動の池

番号	名称	区分	水素イオン指数 pH	電気伝導度 (mS/m)	水温 (℃)	湧出量 (L/min)
①	ゲエロの池	湧水	7.5	41.6	14	測定不可
②	葛羅之井	湧水	測定不可（採水不可）			
⑥	葛飾神社の池	湧水	6.8	37.0	21	20〜50
⑦	二子浦の池	湧水	7.2	50.9	26	測定不可
⑧	二子藤の池	湧水	7.4	36.8	25	測定不可
	滝不動	湧水	7.2	40.5	17	100以上
	倶利加羅不動尊	湧水	6.4	36.4	22	測定不可
	長津川公園	自噴井戸	7.7	31.6	16	未測定

特定非営利活動法人　水環境研究所編著 「ちばの湧水めぐり」(崙書房出版)より

表3-2　船橋市の湧水データ

(3) 長津川公園調節池の自噴井

下総台地に囲まれた谷津田であった長津川中流に治水対策用調整池が造られ、長津川公園はその際に池を活用して整備した公園です。公園の中に住民が上総掘りで掘った自噴井があります。自噴井は図3-31に示してあるように、深いところにある上下2層の難透水層に挟まれた透水層まで達する井戸を掘りぬくと、地下水に大きな圧力がかかっているため地表まで自噴するものです。

図3-35は公園内にある小さな池で、指を指しているところで自噴しています。

図3-35 長津川公園内の自噴井

〔上総掘り〕

上総掘りは、掘り抜き井戸の代表的な工法です。やぐらを組んで大きい車を仕掛け、これに割り竹を長くつないだものを巻いておき、その竹の先端に取り付けた掘鉄管で掘り抜いていきます。古くから上総国を中心に行われました。

図3-36は大多喜町天然ガス記念館に展示してある上総掘りの模型で、人力での作業の様子がうかがえます。

図3-36 上総掘りの模型(大多喜町天然ガス記念館)

7．埋没段丘

酸素同位体比曲線から第四紀の気候変化の様子がわかることは第2章で述べました（図2-48）。旧石器時代から縄文草創期、すなわち約3万年前から1.6万年前は、海洋同位体ステージの3から2になり、そして1が始まる頃に

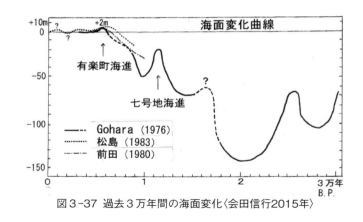

図3-37 過去3万年間の海面変化〈会田信行2015年〉

あたります。徐々に寒冷化が進み、2万年前の最寒冷期を過ぎると温暖化が始まります。

この時期の海面の高さはどうだったでしょうか。図3-37に現在までの海面の高さの変遷を示しました。旧石器時代は−70～−140mと推定され、最寒冷期には、海は三浦半島付近まで後退し、東京湾は完全に陸地と化しました（図3-25）。船橋市の旧石器遺跡の遺跡は台地上にありますから、その標高を20mとすると、当時の標高は90～160mとなります。針葉樹林の生い茂る、海から遠く離れた丘陵地だったと考えてよいでしょう。

東京湾に流れる河川によって、河岸段丘が形成されました。段丘上にはローム層が確認されており、おそらく立川ローム層の上部と思われます。当然、旧石器時代末～縄文時代草創期のヒトは東京湾内でも活動していたでしょう。その後の温暖化により、海面が上昇し沖積層が形成され、東京湾内の段丘は完全に埋没しました。このような沖積層下にある段丘を埋没段丘といいます。日本の大きな平野の地下には埋没段丘が普通に見られます。

船橋市内にも埋没段丘はあります。市内を流れる海老川によって、沖積低地が形成されています。夏見6丁目から5丁目にかけて、海老川は蛇行し、大きく西向きに変わるとともに、低地が広がります。そこでの地下の様子を知るために、八栄小学校-市立船橋高校間の断面線（図3-38）に沿って、地質断面図を描くと図3-39になります。海老川の両岸に海老川とほぼ同じ高さの段丘が存在することがわかりました。沖

図3-38 沖積層の地質断面位置

積層は20mほどの厚さがあり、埋立地での沖積層（図2-66）の上部層（有楽町層）に相当します。段丘には木下層の上にローム層がわずかに堆積しています。ローム層はおそらく立川ローム層上部であり、段丘は千葉第2段丘に対比されるでしょう。

口絵Ⅰ-1を見ると、明治時代初頭にはこの段丘面上には水田が広がっていました。地形区分では谷底低地（沖積低地）にあたります。図3-39の地質断面図では沖積層におおわれていませんので、厳密には埋没段丘とはいえないかもしれません。沖積低地内の段丘ということで、埋没段丘に含めておきます。おそらく下総台地の周囲の沖積低地にはこのような段丘の存在が予想されます。現在は旧石器時代の遺跡はすべて台地上だけですが、埋没段丘のローム層は立川ローム層になりますので、遺跡の存在する可能性は高いといえます。ここでもヒトは生活していたかもしれません。

江戸川の河口付近、および習志野沖4kmほど沖のそれぞれ約-20mに埋没した河岸段丘（段丘上にローム層）のあることが報告されています〈遠藤邦彦ほか1983年〉。そのほか東京江東地区の沖積層の地下には多くの埋没段丘があり、その多くにローム層の堆積が認められています。

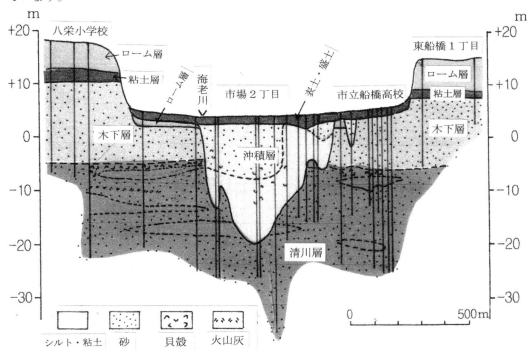

図3-39 地質断面図〈会田信行作成〉

8．旧石器時代から縄文時代草創期へ

旧石器時代から縄文時代への移行期である縄文時代草創期（約1.5万～1.2万年前）には大型の磨製石斧（神子柴型）、石槍、植刃、断面が三角形の錐、半月系の石器、有茎尖頭器、

矢柄研磨器、石鏃などが見られます。

　縄文時代草創期は関東ローム層のⅢ層（ソフトローム層）の堆積期と考えられます。船橋市にはこの時期の遺跡は非常に少なく、表3-1には1遺跡となっています。地質層序ではなく、草創期土器、神子柴型石斧、有茎尖頭器の出土で判断しているようです。地質層序からはⅢ層中にあるH文化層が縄文時代草創期に該当します。H文化層は下郷後遺跡の第1文化層と西の台遺跡の第5文化層になります。西の台遺跡の大型の尖頭器は縄文時代草創期の可能性が高いとされています。このほかに向遺跡の縄文時代前期の住居址の覆土から出土した石器の中に、小型の神子柴型局部磨製石斧が含まれていることがわかりました（図3-40）。Ⅲ層のソフトローム層中にあったものと考えられています。

　船橋市内の縄文草創期の遺跡が旧石器時代に比べて少ないのは、海進により海がだんだんと近づいてくる東京湾内に活動の中心があったからかもしれません。

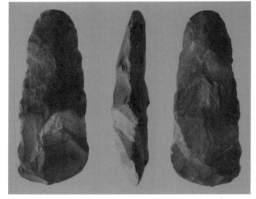

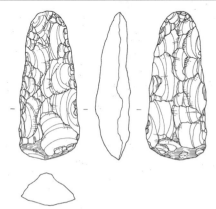

図3-40　局部磨製石斧（向遺跡）の写真と実測図
〈栗島義明2012年〉

　縄文草創期は七号地海進（図3-37）の時期であり、急激な温暖化が進みました。海面は－20mまで上昇します。動物相の変化が進み、大型の動物が姿を消す時期にあたります。それにともなってヒトの生活環境も変わり、縄文時代に移っていくと考えられます。

9．縄文時代までの自然環境の移り変わり

　これまで船橋の「大地のおいたち」に関して、いろいろな資料を断片的に紹介してきました。最終的には古地理図や古環境図を10万年単位、次に1万年単位、のようにより精度を上げて作成するのが目標です。現状では、湊正雄監修〈1973年〉の『目で見る日本列島のおいたち』の古地理図と渡部景隆ほか3名〈1987年〉の古環境図があり、第四紀で4枚の図が作られているに過ぎません。図の作成には、地質層序と地質図が最も重要で、これに基盤岩の分布（ボーリング調査）、堆積環境・堆積形態、等層厚線・地殻変動（隆起と沈降）、古生物の分布、等々を分析して総合化します。

　それぞれの図を見ながら、260万年間の船橋市の歴史を4つの時期に分けて振り返ります。湊監修〈1973〉の古地理図で日本全体を概観し、時代を限定した渡部ほか〈1987〉の関東平

野の古環境図で、船橋の大地のおいたちを考えてみます。

A：更新世前期（260万〜78万年前）

古地理図（図3-41）は海岸線を復元しています。第四紀の特徴は温暖期と寒冷期が交互に訪れ、次第に寒冷化が進み、大氷河時代に入っていきます。大氷河時代に入るまでが更新世前期です。温暖期には海面が上昇し（海進）、寒冷期には下降します（海退）。寒冷期に日本列島と朝鮮半島は陸つづきになり（陸橋）、初めに中国大陸北部から泥河湾動物群が、その後南部から万県動物群が渡ってきました。トウヨウゾウ、ライデッカーイノシシ、エゾシカ、シガゾウ、マチカネワニ、ナウマンゾウ、ニホンザルなどの化石が見つかっています。

古環境図（図3-42）は第四紀更新世前期末〜中期初め頃の70万〜80万年前（上総海盆）の様子を表しています。当時の陸地は、北は筑波〜八溝・足尾山地、西は秩父〜丹沢山地などの現在の山岳地域であり、関東地方の丘陵・台地・平地の地域は海域でしたが、今の東京湾地域には、三浦半島と房総半島にまたがる東西に伸びる細長い葉山〜嶺岡島が横たわっていました。この島は古地理図にも示されています。

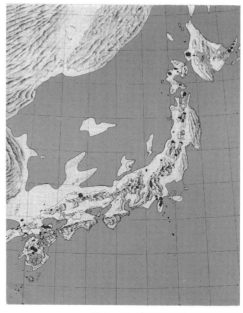

図3-41 古地理図〈湊正雄監修『目でみる日本列島のおいたち』1973年より〉

図3-42 古環境図〈渡部景隆ほか1987年より〉

海域では上総層群が堆積し、その地層の解析から、房総半島東部は大陸棚斜面ならびに深海底1000〜2000mの海底扇状地を主とする海盆（上総海盆）が広がっていたと考えられます。大陸棚の末端部やこれに続く大陸棚斜面には顕著な海底谷が刻まれていました。船橋は大陸棚（一部海底谷）で、海底は南東方向にゆるやかに傾斜していたと考えられます。上総層群からは有孔虫化石が産出し、黄和田層を中心に船橋天然ガス田が形成されました。

B：更新世中期（78万〜15万年前）

大氷河時代は4回の大きな氷期（ギュンツ、ミンデル、リス、ウルム）とそれらのあいだ

の間氷期からなり、ギュンツ・ミンデル間氷期からリス氷期末までが更新世中期（チバニアン）です。

氷期には前期と同じく、朝鮮半島とのあいだに陸橋が形成され、中国北部の周口店動物群、南部の万県動物群のナウマンゾウ、ニホンムカシジカなどが渡ってきました。前期に渡来したナウマンゾウは温帯性のものでしたが、その後の寒い気候にも耐えられるようになりました。

関東平野、新潟平野、石狩平野などには海域が広がっています（図3-43）。中期末の間氷期で海面が上昇したことを示しており、この海面の上昇を下末吉海進といいます。

図3-44は下末吉海進時の12万～13万年前の様子を表しています。12万～13万年前の温暖期の下末吉海進時に鹿島灘の方向に開いた、今の東京湾の10倍もある大きな湾入（古東京湾）で、東京湾地域で南へも通じていました。現在の関東平野・東京湾の形成史の中核をなすものが古東京湾とその堆積物です。船橋は古東京湾の浅海域で、そこに堆積した下総層群の砂層は海進・海退の繰り返しで形成され、最後の木下層の堆積後、寒冷化に伴い、海面はしだ

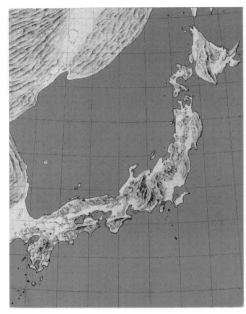

図3-43 古地理図〈同前〉

図3-44 古環境図〈同前〉

いに低下していき、古東京湾が陸地化していきます。木下層の上面は浅海の平坦な海底面で、現在の下総台地の平坦面として残されています。下総層群からは貝化石が豊富に産出し、ナウマンゾウ化石も周辺の陸地から運ばれてきました。船橋では木下層から潮間帯に生息する白斑状生痕化石が見つかっています。

C：更新世後期（15万～1万年前）

リス・ウルム間氷期から最後のウルム氷期末までが更新世後期です。ウルム氷期は4つの小さな氷期（亜氷期）とそのあいだの氷河の後退期（亜間氷期）に区分され、約2万年前から1万8000年前が最も寒冷だったようで、海面が約140mも低くなり、図3-45のように浅い

内海は陸になりました。この時代の陸橋はシベリアからマンモス、ヘラジカ、ヒグマなどのマンモス動物群がサハリンから北海道に南下し、対馬陸橋を通じて中国から黄土動物群のオオツノシカなどが渡ってきました。これらの動物とともに人類も日本に渡ってきて、各地に石器を残しています。図3-46は最も寒冷だった時期の約1万8000年前の古環境図です。最寒冷期の2万年前の海水準は今より140mも低かったため、陸地が広がり、古東京川水系と古鬼怒川水系がはっきりした姿をあらわしました。この2大水系は、約8万年前に古東京湾が干上がってから後に、古東京湾地域を東と西に分断する形で地盤が徐々に高くなるにつれて流水の浸食によって刻み込まれてできたものです。古東京川の幹線流路は、東京の下町地域では、今の平地から80mも深いところまで確認され、河岸は急崖のまま沖積層に埋められています。古東京川の支流である古海老川では潮見町で40mの深さになっています。この時期には旧土器時代の人々がおもに20～30mの高さの台地の上に生活の痕跡を残しており、水を求めて湧水を探したり、川まで下りてきた可能性があります。

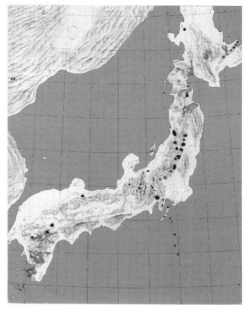

図3-45 古地理図〈同前〉

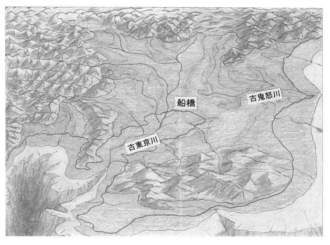

図3-46 古環境図〈同前〉

D：完新世（1万年前～現在）

　後氷期ともいいます。ウルム氷期後の温暖期であり、海面が上昇し（有楽町海進または縄文海進といいます）、6000年前の有楽町海進の極期には今よりも2～5mほど高くなりました（図3-47）。海が全国的に内陸まで侵入し、そこには海岸平野が作られました。

　関東平野では、南の東京湾から北へ古東京川を遡り、東の鹿島灘から古鬼怒川水系を遡り、70kmも奥まで川沿いの細長い入江のところが多かったようです（図3-48）。有楽町海進は、完新世になってから最も温暖な気候であったため、海水準上昇による地球規模の海進の一環と見られるものです。房総半島南部の沼サンゴ層がこの時期の地層であることから、浅海に

造礁サンゴが生息し、黒潮が海岸を洗い、今よりも多くカシ・シイなどの照葉樹が茂っていたと考えられます。

10. 縄文時代以後とまとめ

ローム層に残されている記録は、最上部のⅢ層（ソフトローム層）で縄文時代草創期です。それ以降は表土とⅢ層に挟まれたⅡ層のⅡｂ層（西の台遺跡）を新期テフラ層といい、7200年前のアカホヤ火山灰が含まれます。縄文時代早期以後は、ローム層を掘って作られた竪穴住居等の覆土に記録されます。陸上に残された堆積物の厚さは薄く、それぞれ断片的な記録になります。それに対して、低地に堆積した沖積層は長期間、連続して堆積しているので、約2万年間の海の環境変化の様子を詳細に知ることができます。

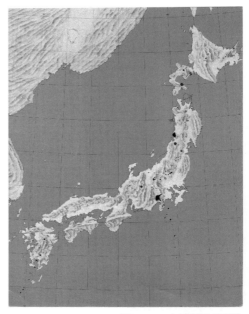

図3-47 古地理図〈同前〉

有楽町海進で内陸に70km奥まで海がひろがった後、海退期に入り現在の海面の高さに下がるまでの間に、図3-37に示したように小さな海退（小氷期）と海進（温暖期）の繰り返しがあったとされています。国際的には8200年前と4200年前の寒冷化をもとに、完新世は3区分さ

図3-48 古環境図〈同前〉

れています。一番新しい時代はメガラヤン期といい、現在も含まれます。メガラヤン期の中でも、古代後期小氷期（6〜7世紀）、中世の温暖期（9〜13世紀）、小氷期（14〜19世紀）といわれるような、寒冷期と温暖期の繰り返しがあったとされています。主に古文書などから導きだされたもので、沖積層からの化石の証拠が得られていないことから、図3-37では疑問符が付けられています。

船橋市の海岸線は、明治時代初期の地形図に江戸時代の干拓跡が見られるものの、それ以後は大規模な埋立てが行われる1950年代後半まであまり違わなかったと考えられます。おそらくメガラヤン期を通してほぼ同じであったでしょう。

大きく変化したのは第二次世界大戦後です。千葉県の東京湾沿岸の埋立てが、船橋競馬場〜浜町1丁目を中心に1950年に始まりました。その際の埋立土（沖積層）中からヤマトオサガニの化石が採集されています。1952年にその埋立地で、市の産業進展に期待をかけ、天然ガス井の試掘が行われました。温泉にも該当することから、1955年船橋ヘルスセンターがオープンしました。その後拡大した埋立地から市街地にかけて、船橋天然ガス田の開発が進みました。間もなくして地盤沈下の兆しが現れ始め、1960年代には地盤沈下は激しさを増し、その原因と対策に乗り出しました。ちょうど高度経済成長期の頃にあたります。1972年、天然ガスを含む鹹水（かんすい）の揚水全面禁止となり、それが致命的となり、1977年船橋ヘルスセンターは閉館しました。地盤沈下は大幅に減少し、その後地盤がわずかに上昇しました。

　地盤沈下の原因と対策で1971年に実施されたボーリング調査によって、基盤岩までの地下地質の情報がもたらされました。特に有孔虫化石によって層序の対比がなされ、関東平野の地下地質の千葉（葛南地区）を代表するものになっています。

　市内の土地開発にともなって遺跡の発掘調査が実施され、本書で紹介した5ヵ所の遺跡は1979年から2011年にかけて調査されました。これらの遺跡調査から、約3万5000年間のヒトの足跡を知ることができました。その間の環境の様子は、市内の低地で数多く実施されたボーリング調査で知ることができました。特に沖積層下の埋没段丘などの隠された地形の様子が明らかになりました。

　船橋市にヒトが棲みつき、土地を改変し、特に1950年代以降顕著になって現在に至っています。その中で地盤沈下、地震に伴う液状化などの災害に見舞われましたが、それによって地下の様子が詳細に判明したことも事実です。現在ではそれらの痕跡を見ることは難しく、また台地の地質を直接見学できるところは少なくなりました。本書で船橋市の地学的特徴を知っていただき、興味をもっていただければ、と願っています。

〈第Ⅰ部：図表の出典一覧〉

口絵Ⅰ
明治前期測量2万分の1フランス式彩色地図「船橋駅近傍」「西海神」（日本地図センター発行 1997年）
　　→口絵Ⅰ-1
5万分の1地形図「佐倉」「東京東北部」→口絵Ⅰ-2,Ⅰ-3,Ⅰ-4
国土地理院発行5万分の1地形図「佐倉」「東京東北部」「東京東南部」「千葉」→口絵Ⅰ-5
大日本帝國東部地質圖和文（地質調査所 1911年印刷・発行）→口絵Ⅰ-6
特殊地質図（20）東京湾とその周辺地域の地質：第2版（地質調査所発行1995年）→口絵Ⅰ-7
船橋市源七山遺跡―坪井地区埋蔵文化財調査報告書―（（財）千葉県教育振興財団文化財センター編集
　　2006年）→口絵Ⅰ-14,3-1,3-5,3-10

第1章
伊能大図（米国）彩色図（国土地理院所蔵　1801年測量）→1-3
富嶽三十六景「登戸浦」（葛飾北斎 1831-33年）船橋市西図書館→1-4
20万分の1地形圖幅「東京」（1886年）https://gbank.gsj.jp/ld/app/darc/#70000656/GeoMap_20_33_
　　tokyo_topomap_ja →1-7
日本地質学（神保小虎著 金港堂発行 1896年）→1-8
Der Mensch der Vorzeit（K.D.Adam, Urmensch-Museum発行 1984年）→1-9
地質調査所100年史（1982年）https://www.gsj.jp/data/gsj-history/history100y/100y_History_GSJ.pdf 1
　　-11
地質学雑誌 79巻 7号（日本地質学会 1973年）1-13
Jour.Coll.Sci.,Imp.Univ.Tokyo Univ.（東京帝国大学 1920,1922）→1-14
汎太平洋学術会議Guide-Book Excuesion C-6（Pan-Pacific Science Congress 1926）→1-15
小松古墳群1号墳（水道管敷設工事に伴う埋蔵文化財発掘調査）（羽生市教育委員会 2014年）→1-18

第2章
千葉県公害研究所研究報告 第Ⅰ巻（千葉県公害研究所 1972年）→2-1,2-4,2-6,2-26,2-27,2-36
同 第7巻（千葉県公害研究所 1977年）→口絵Ⅰ-9,2-30
同 第Ⅹ巻（千葉県公害研究所 1978年）→2-29
船橋の図（「房川船橋」「松戸金町船橋」）船橋市西図書館→2-3
アーバンクボタ No.18（久保田鉄工株式会社 1980年）→2-7
関東震災復旧測量記事（陸地測量部 1927年）→2-10
液状化―流動化現象について（千葉県環境研究センター 2013年）→2-16,2-18
地質学論集 第20号（日本地質学会 1981年）→2-20,2-24
新生代東北本州弧地質資料集（北村信編）第3巻―付録― 関東地方地質断面図（1986年）→2-23
東北大学理学部自然史標本館 開館記念絵葉書「The Age of the Earth」より「Scene 3.Radiation」、作：
　　根本潤（東北大学理学部自然史標本館 1995年）→2-31
地球科学 第46巻4号（地学団体研究会 1992年）→2-37
新・千葉県地学のガイド（コロナ社 1993年）→2-46
松戸市史上巻（改訂版）原始・古代・中世（松戸市教育委員会編 2015年）→2-48,3-37
地質学雑誌 第78巻3号（日本地質学会 1872年）→2-51,2-52
西の台（第2次）―船橋市西の台遺跡発掘調査報告書―（船橋市遺跡調査会編集 1985年）→ 2-56,2-57,
　　2-58

〈第Ⅰ部：図表の出典一覧〉

新時代の東京湾（運輸省第二港湾建設局 1997年）→2-64
自然科学と博物館 第18巻10-11号（国立科学博物館 1951年）→2-67
日本旧石器時代の研究（早稲田大学考古学研究室報告 第二冊 寧楽書房 1954年）→2-68,2-69
千葉県の地質環境と環境教育（談話会「千葉県の地質環境と環境教育」実行委員会 1998年）→2-70
江戸名所図絵 二十（長谷川雪旦画 東都書舗 1836年）→2-74

第3章
野尻湖ナウマンゾウ博物館：金子三蔵氏による復元図「去りゆくナウマンゾウ」→中扉
日本列島の旧石器時代遺跡―日本旧石器（先土器・岩宿）時代遺跡のデータベース―（日本旧石器学会 2010年）→表3-1,3-2
小室台遺跡（1）（船橋市教育委員会編集 2015年）→3-7,3-20
下郷後―船橋市下郷後遺跡発掘調査報告書―（船橋市教育委員会発行 1983年）→3-9,3-11,3-18
向遺跡（（財）船橋市文化・スポーツ公社埋蔵文化財センター編集 2001年）→3-8,3-21,3-24,3-27
千葉県の歴史 資料編 考古Ⅰ（旧石器・縄文時代）（（財）千葉県史料研究財団 2000年）→3-6,3-19,3-22
船橋市の遺跡（船橋市史資料（二））（船橋市史編さん委員会 1987年）→3-23
印旛の原始・古代―旧石器時代編―（（財）印旛郡市文化財センター 2004年）→3-25
子和清水遺跡・房地遺跡・一枚田遺跡（千葉市教育委員会・（財）千葉市文化財調査協会 1987年）→3-29
大和市史研究 第29号（大和市役所総務部総務課編 2003年）→3-30
「船橋の遺跡展」パンフレット（船橋市飛ノ台史跡公園博物館 2015年）→3-32,3-40
リーフレットシリーズ③大地をめぐる水―水環境と地質環境―（日本地質学会 2001年）→3-31
ちばの湧水めぐり（特定非営利活動法人水環境研究所編 2010年）崙書房出版→表3-2
飛ノ台史跡公園博物館紀要第9号（船橋市飛ノ台史跡公園博物館 2012年）→3-40
目で見る日本列島のおいたち（湊正雄監修 1973年）築地書館→3-42,3-44,3-46
地学教育 第40巻 第1号（日本地学教育学会 1987年）→3-43,3-45,3-47

〈第Ⅰ部：引用文献（ABC順）〉 著者 発行年『著書』・「掲載誌」

Adam,K.D. 1984『Der Mensch der Vorzeit』.
会田信行ほか 1992「地球科学」, 46.
会田信行・鈴木久仁博 1998「千葉県の地質環境と環境教育」, 1.
会田信行 2015『松戸市史上巻（改訂版）』.
青木直昭・馬場勝良 1973「地質学雑誌」, 79.
ブラウンス 1882『東京近傍地質編』. 理科会粋, 第4帙.
千葉県環境研究センター 2013 液状化－流動化現象について.
千葉県企画部企画課 1980 土地分類基本調査・5万分の1表層地質図－佐倉, 同 1985 東京東北部・東京東南部.
千葉県企画部 1991 10万分の1千葉県地質図（北部）－千葉県地下水理地質図.
千葉・大金沢活断層研究グループ 1999「地球科学」, 53.
地質調査所 1983 20万分の1地質図－千葉－, （1987）20万分の1地質図－東京－
地質調査所百年史編集委員会 1982『地質調査所百年史』.
遠藤邦彦 2017『改訂版日本の沖積層』. 冨山房インターナショナル.
遠藤邦彦ほか 1983「アーバンクボタ」, 21.
船橋地名研究会滝口昭二編 2014『滝口さんと船橋の地名を歩く』. 崙書房.
船橋市役所 1938 船橋市市勢要覧
Gohara Y. 1976「Pacific Geology」, 11.
橋本勝雄 1984『八千代市権現後遺跡』.
八田明夫ほか 1978「千葉県公害研究所研究報告」, 10.
茨城県郷土文化研究会 1977『長久保赤水（復刻）』.

石綿しげ子・安田 進 2012「Geo Consultant Annual Report」,7.
神保小虎 1896『日本地質学』.金湊堂書籍.
貝塚爽平 1987「地学雑誌」,96.
Kaizuka S.ほか 1977 「Quaternary Research」,8.
亀井節夫編著 1991『日本の長鼻類化石』.築地書館.
金子浩昌 1951「自然科学と博物館」,18.
加藤久佳ほか 2012「千葉中央博自然誌研究報告」,12.
加藤 茂 1984「水路部研究報告」,19.
風岡 修 2003「アーバンクボタ」,40.
河村善也 1991「愛知教育大学研究報告（自然科学）」,40.
菊地隆男 1972「地質学雑誌」,78.
小玉喜三郎ほか 1981「地質学論集」,20.
工藤雄一郎 2012『旧石器・縄文時代の環境文化史』.新泉社.
熊井久雄 1993『環境地質学からみた地球環境の諸問題』,東海大学出版会.
国府台高校生物部 1952 鴻陵生物,2.
栗島義明 2012「飛ノ台史跡公園博物館研究報告」,9.
前田四郎監修 1974『千葉県地学のガイド』,同 1993『新・千葉県地学のガイド』,コロナ社.
前田四郎ほか 1977「千葉県公害研究所研究報告」,7.
前田保夫 1980『縄文の海と森』.蒼樹書房.
槇山次郎 1930『小川記念論叢』.同 1931「Venus」,Ⅲ-1.
松島義章 1983「月刊海洋科学」,151.
道澤 明 1985 西の台（第2次）.同 2000『千葉県の歴史 資料編 考古Ⅰ』.
湊 正雄監修 1973『目でみる日本列島のおいたち』.築地書館.
三梨 昂 1986 新生代東北本州弧地質資料集（北村信編）3-付録-.
直良信夫 1954『早稲田大学考古学研究報告第二冊』.
奈良正和 1994「化石」,56.
農商務省地質調査所 1911 東部地質図和文
日本地質学会 2001 リーフレットシリーズ③大地をめぐる水-水環境と地質環境-.
日本旧石器学会 2010『日本列島の旧石器時代遺跡』,日本旧石器学会.

日本鉄道建設公団東京支社 1981『小金線地質図（新松戸-西船橋）』.
楡井 久ほか 1972「千葉県公害研究所研究報告」,1.
楡井 久ほか 1977 日本地質学会第84年学術大会講演要旨.
楡井 久 1980「アーバンクボタ」,18.
野口真利江ほか 2017『改訂版日本の沖積層』,冨山房インターナショナル.
大野一敏・大野敏夫 1986『東京湾で魚を追う』.草思社.
Pillans B.and Gibbard P. 2012『The Geologic Time Scale 2012』,Elsevier.
陸地測量部 1927 関東震災復旧測量記事.
佐竹健治ほか 1997 50万分の1活構造図-東京-（第2版）,地質調査所.
澤野 弘 1986 シンポジウム房総の先土器時代-AT降灰以前の石器群-,資料.
柴崎達雄 1971『地盤沈下-しのびよる災害』.三省堂新書94.
下総台地研究グループ 1984「地球科学」,38.
白井常之 1972「千葉県公害研究所研究報告」,1.
杉原重夫 1970「地理学評論」,43.同 2000『関東・伊豆小笠原（日本の地形4）』.
杉山雄一ほか 1997 50万分の1活構造図-東京-（第2版）説明書.地質調査所.
鈴木次郎・矢島國雄 1978『日本考古学を学ぶ1』.有斐閣.
鈴木 敏 1888『東京地質図説明書』.地質調査所.
角 清愛 1975『日本温泉・鉱泉一覧』.地質調査所.
特定非営利活動法人水環境研究所編 2010『ちばの湧水めぐり』.崙書房出版.
竹内正浩 2014『地形で読み解く鉄道路線』.JTBパブリッシング.
渡部景隆ほか 1987「地学教育」,40.
矢部長克 1898「地質学雑誌」,Ⅴ,同 1906「地質学雑誌」,13.
Yabe H.and Nomura S. 1926 『Pan-Pacific Science Congress Guide-Book Excursion C-6』.
矢島敏彦 1981「地質学論集」,20.
Yokoyama M. 1922 「Jour.Coll.Sci.Imp.Univ.Tokyo」,44.

第Ⅱ部
発掘調査された船橋市の縄文時代貝塚

飯山満東遺跡の貝層ブロック

口絵Ⅱ-1　取掛西貝塚（とりかけにし）：遺構・遺物

口絵Ⅱ-2　取掛西貝塚：遺構・遺物

貝層の発見状態〔上段〕：上方から見たヤマトシジミを主とする貝の堆積状態。ほぼ真上から見た貝層の露出面で、隅円方形の掘り込みの中にまとまって塊状に堆積していた。
竪穴内から発見された獣骨の配列状態〔下段〕：貝層下から弧状に配列された状態で発見された。口絵Ⅱ-3・Ⅱ-4はこの部分を拡大したものである。

口絵Ⅱ-3　取掛西貝塚：遺構・遺物

イノシシの集骨状態：イノシシの頭蓋骨4個を意図的に集めた状態と見ることができる。本貝塚を特徴づける発見である。

口絵Ⅱ-4 取掛西貝塚：遺構・遺物

シカの角の発見状態：イノシシ骨集中箇所の北側から、焼かれた痕のあるシカの骨が列状に発見された。イノシシ骨と同様、本貝塚を特徴づけるものである。

口絵Ⅱ-5　飛ノ台(とびのだい)貝塚：遺構

重なり合う炉穴の景観：このように隙間なく炉穴が重なり合うのは、足場付近を残して、損耗の著しい焚き口から炉床部分の構築物だけを新しく作り替えていったためだと思われる。

口絵Ⅱ-6　飛ノ台貝塚：遺構・遺物

上段は重なり合う炉穴。左の大きな窪みが焚き口にあたり、煙道の先に小穴が見られる。右側も同様に大きな窪みが焚き口で、右端に煙道の口が見られる。

下段の土器は、底部から口縁にかけて直線に広がる深鉢。口縁から主文様が見られ、口頸部には横方向の隆帯がある。竹管文を付し、器面の表裏には条痕文が付されている。

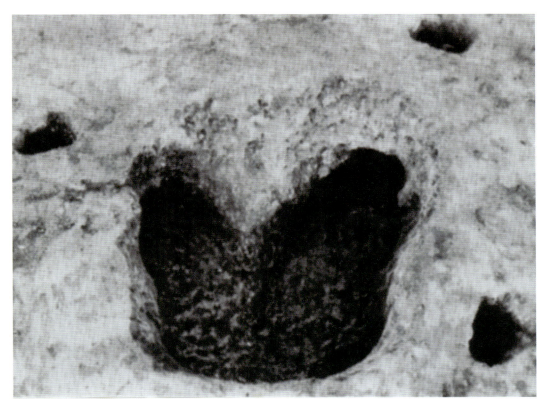

口絵Ⅱ-7　飯山満東(はざまひがし)遺跡：遺構

ピット群全景：複数のピット群が重複して検出された調査区では、その規模も把握できないほどの状況となっていた。つまり、この付近に集中して埋葬されたものと理解できる。出土遺物も、多数の浅鉢土器や装身具である玉類の大半が、ピット集中部から出土している。

口絵Ⅱ-8　飯山満東遺跡：遺構・遺物

上：飯山満東遺跡ピット群／下：出土石製装飾品

口絵Ⅱ-9　飯山満東遺跡：遺物

ピット内出土の浅鉢土器：出土した浅鉢土器の中でも、この２点には特徴的な加工が施されている。それは、口縁部に認められる径数mmの孔である。上段の土器は対照的な位置の４ヵ所に孔が穿たれ、下段の土器は連続的な穿孔により口縁を一周する。ともに焼成前に穿たれている。この種の孔を有する浅鉢土器は、使用に際して蓋を用いたものと推察できる。

口絵Ⅱ-10
出土層位と編年

住居址の調査では、複数の土器が高低差をもって出土することがある。その時に重要な点は土層の堆積状態で、それは時間差を示すことにつながる。貝層に廃棄された土器片も、出土層位によりその新旧が決定される。
〔左〕飛ノ台貝塚
〔下4点〕高根木戸遺跡

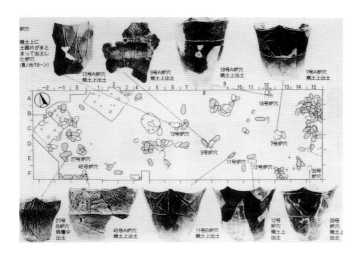

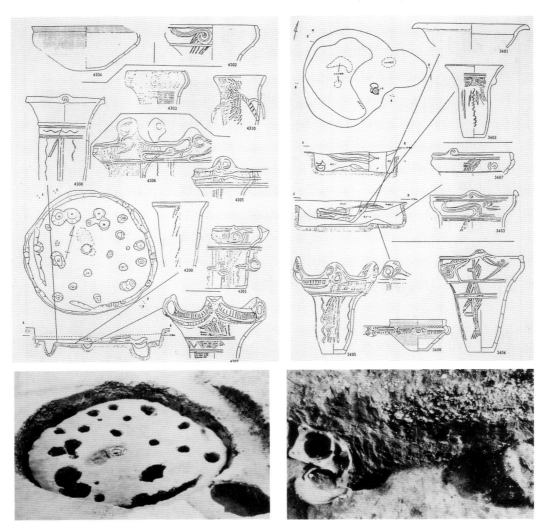

口絵Ⅱ-11 縄文時代早期の土器

型式名	縄文早期
井　草 大　丸 夏　島	1
稲荷台 　1 中野木新山	
大浦山 　2,3,4 取掛西	
平　坂　　花輪台Ⅰ 　　　　　　花輪台Ⅱ	2　3　4
三　戸 田戸下層 田戸上層	
子母口 　5,6,7 佐倉道南	5　6　7
野　島 　8,9 飛ノ台	
鵜ヶ島台 　10 飛ノ台	8
茅山下層	9　10
茅山上層	

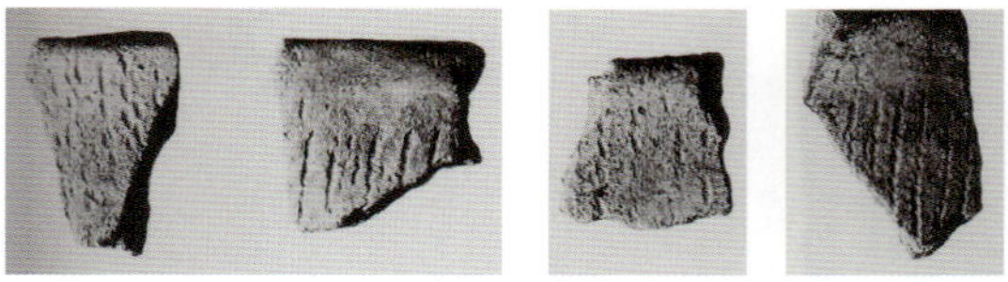

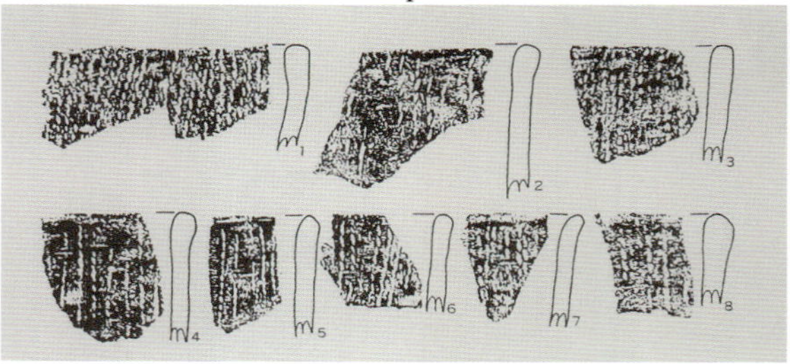

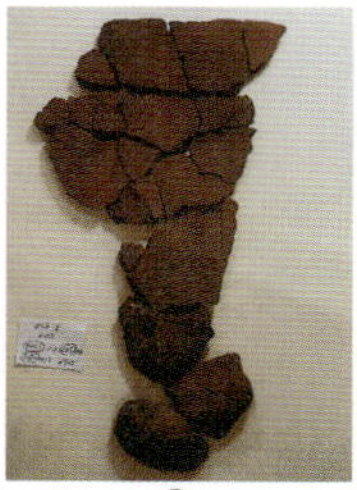

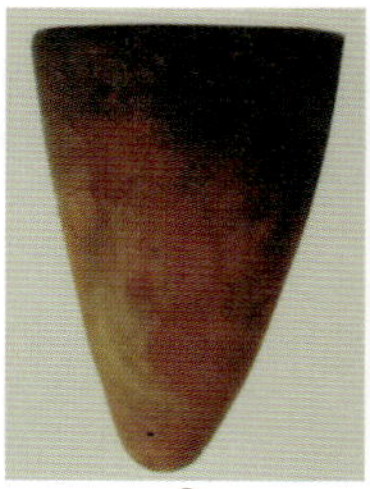

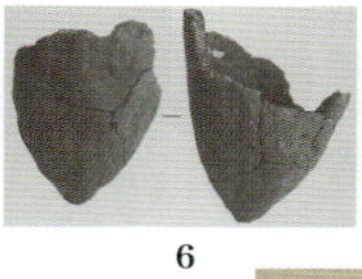

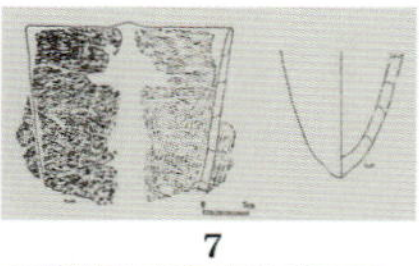

148

口絵Ⅱ-12 縄文時代前期の土器

型式名	縄文前期

花積下層

二ツ木

関　山

黒　浜　植　房

1 黒浜（古期）八栄北

2,3　（新期）飯山満東

諸磯a

水　子

4~7 飯山満東

8 諸磯a　古和田台

浮　島

9,10 浮島Ⅲ　古和田台

諸磯b

諸磯c

十三菩提　興　津

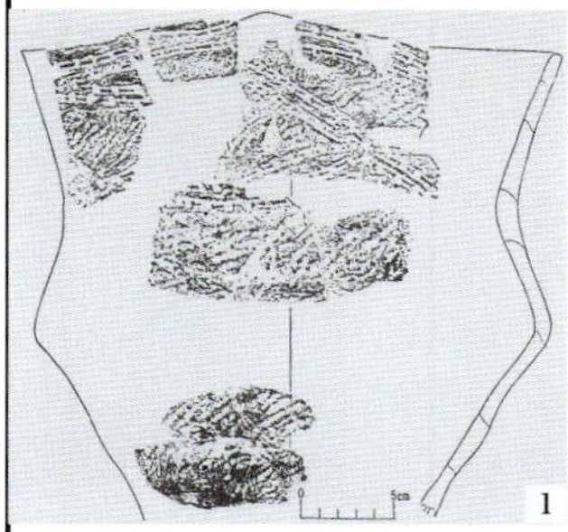
1

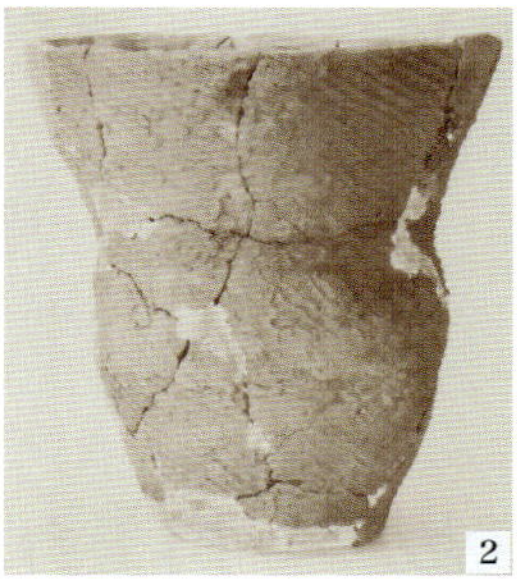
2

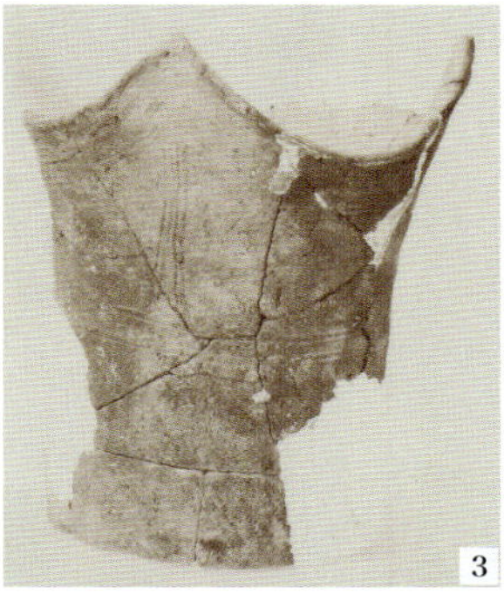
3

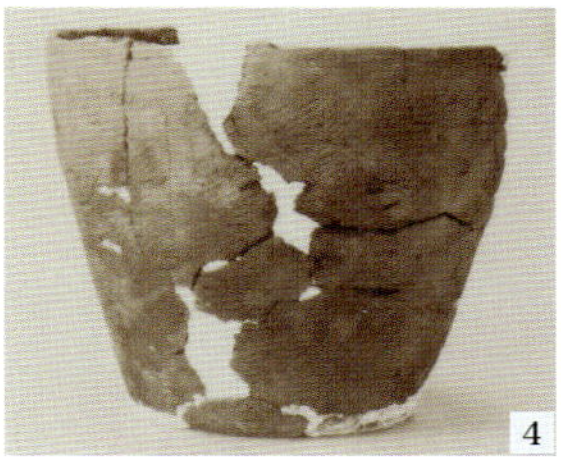
4

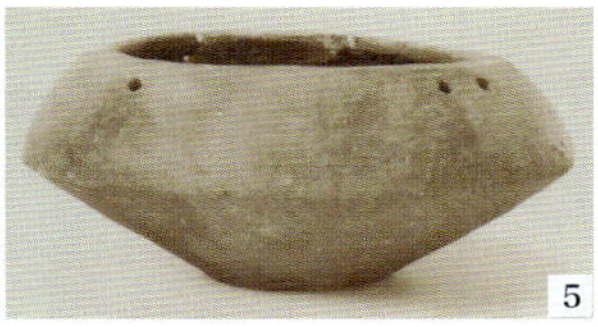
5

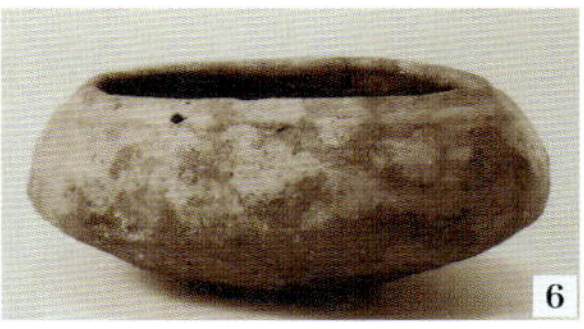
6

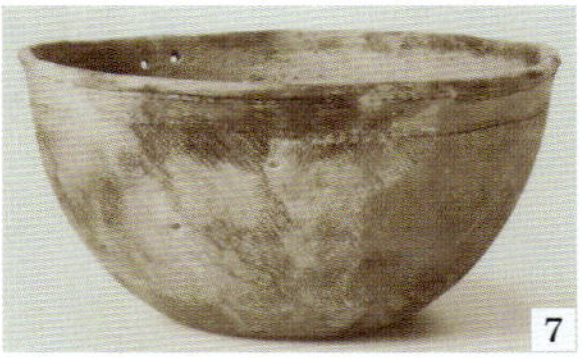
7

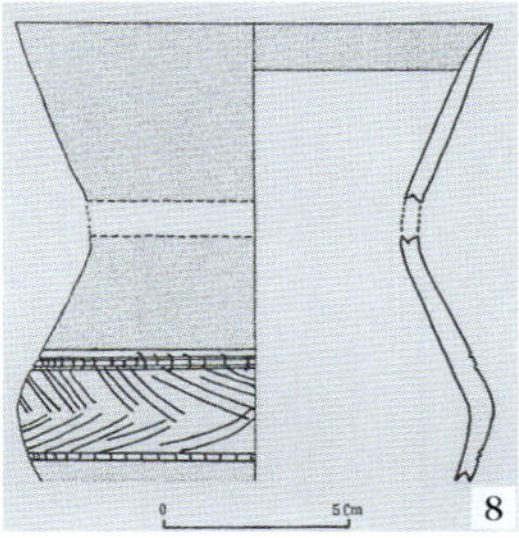
8

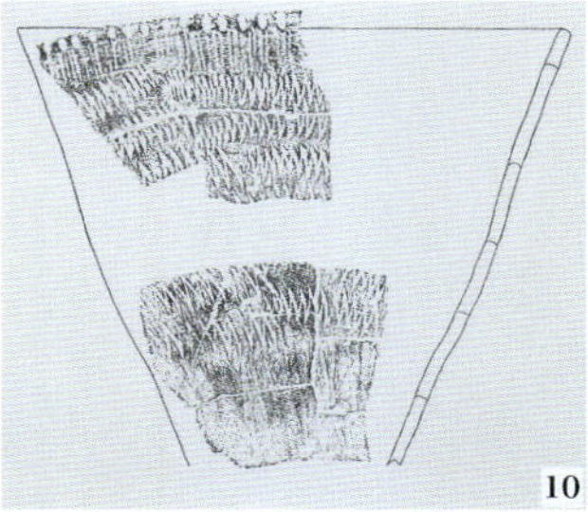
10

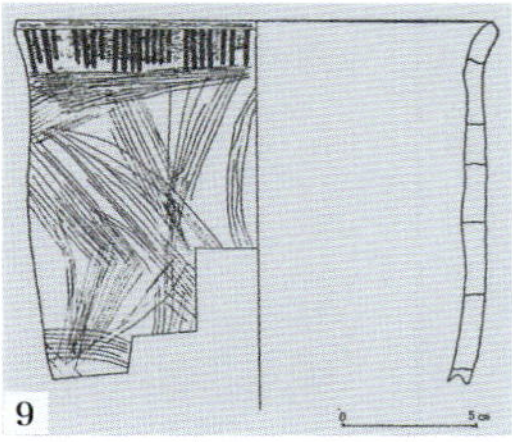
9

口絵Ⅱ-13 縄文時代中期の土器

型式名	縄文中期
五領ヶ台 下小野 1 下郷後	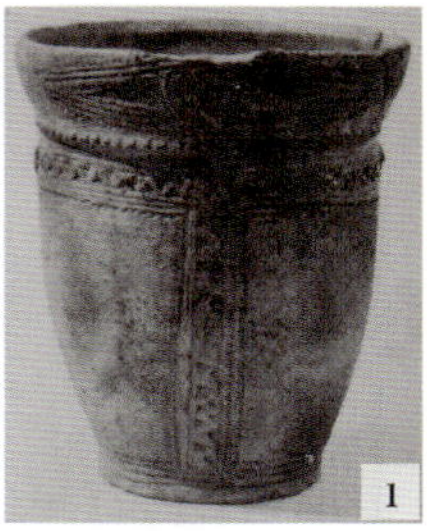 1 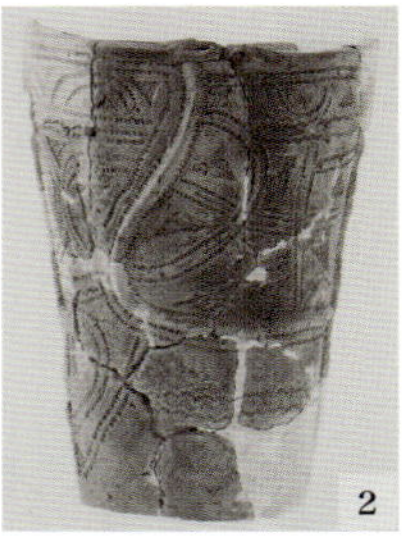 2
勝坂 **阿玉台Ⅰ** 2 高根木戸 3 高根木戸	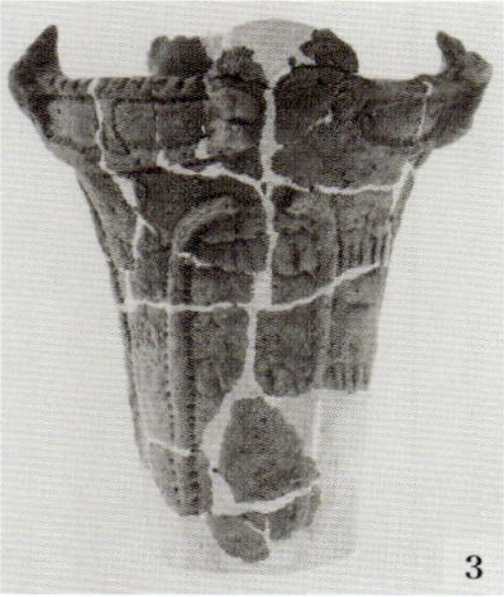 3 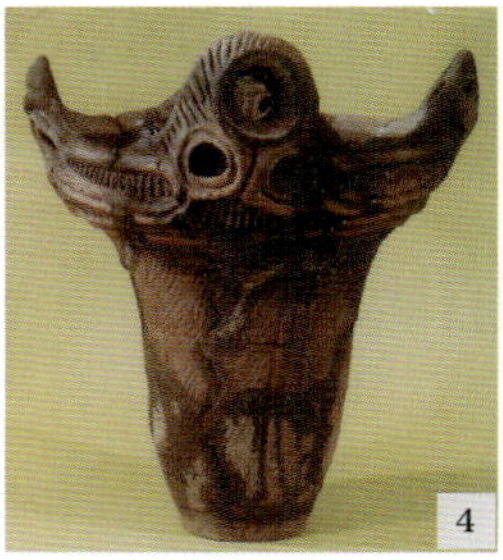 4
加曽利 **EⅠ** 4 高根木戸 5 高根木戸 6 海老ヶ作 7 海老ヶ作 **EⅡ** 8 海老ヶ作 9 海老ヶ作	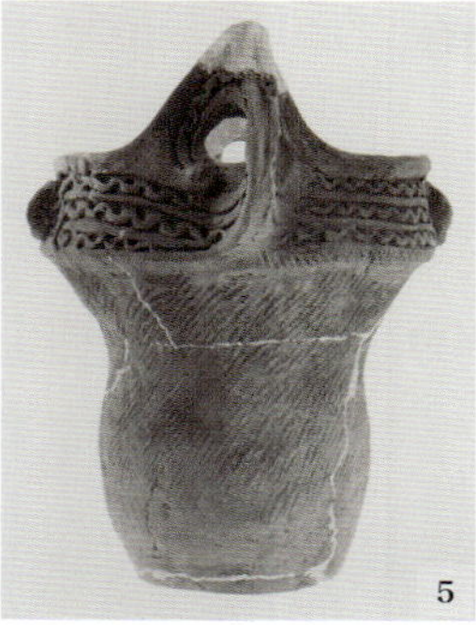 5 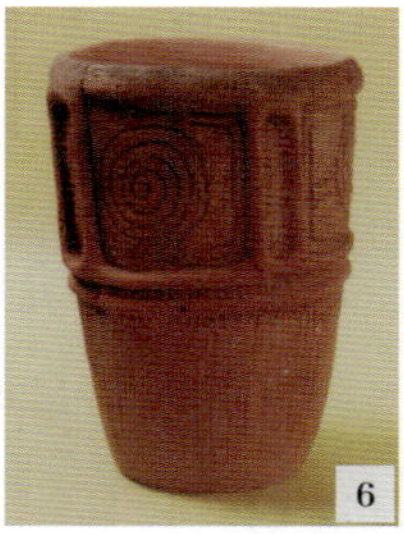 6 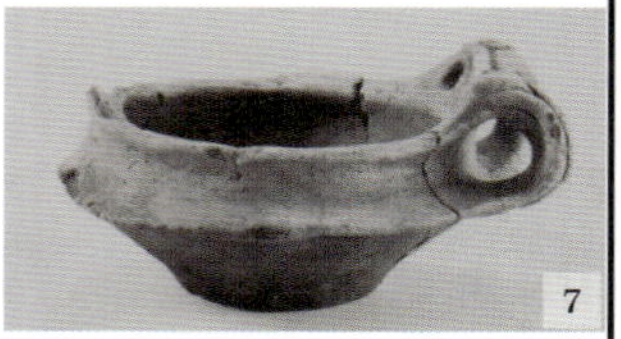 7
EⅢ **EⅣ**	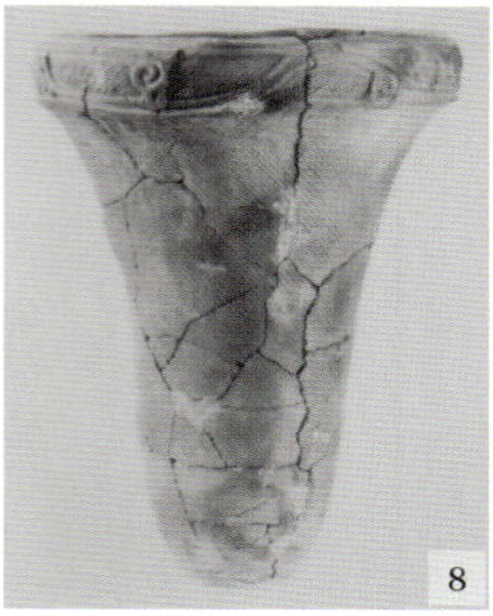 8 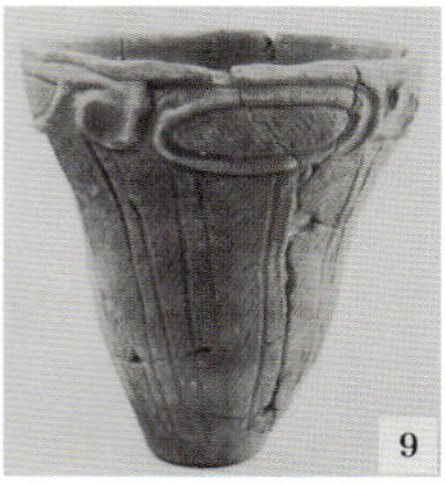 9

口絵Ⅱ-14 縄文時代後期の土器

型式名	縄文後期

称名寺

堀之内Ⅰ

堀之内Ⅱ

加曽利 BⅠ

加曽利 BⅡ

加曽利 BⅢ

曽谷

安行Ⅰ

安行Ⅱ

1 高根木戸北
2 古作
3 古作
4 宮本台
5 古作
6 金堀台
7 古作
8 金堀台
9 金堀台
10 金堀台

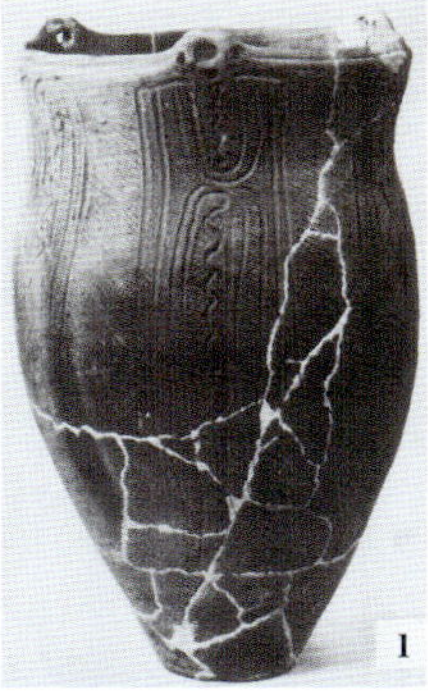
1

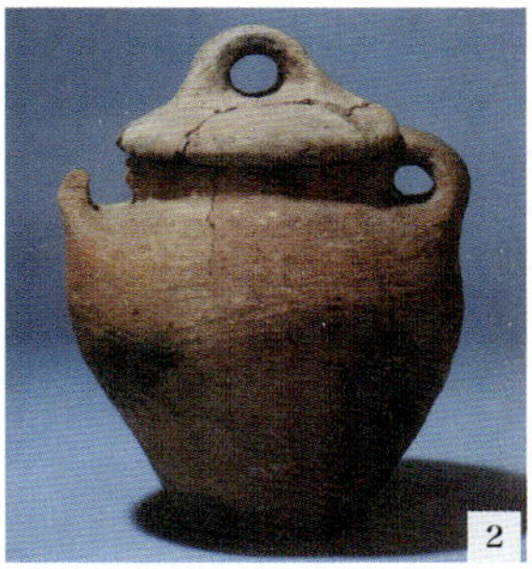
2

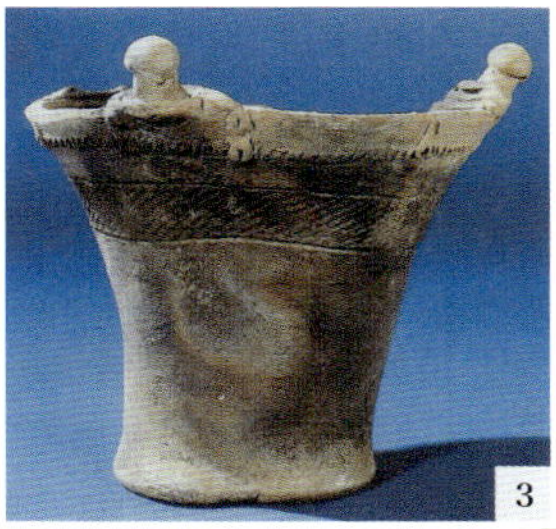
3

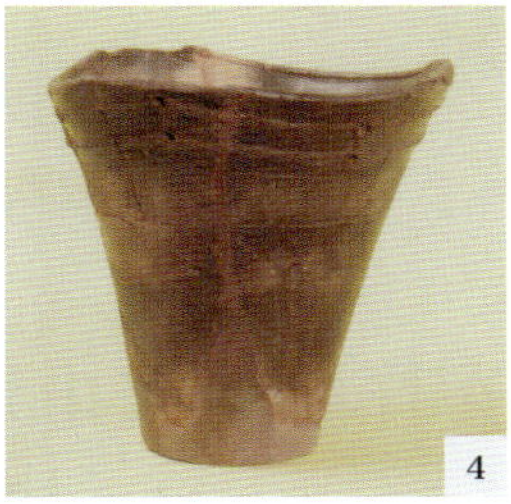
4

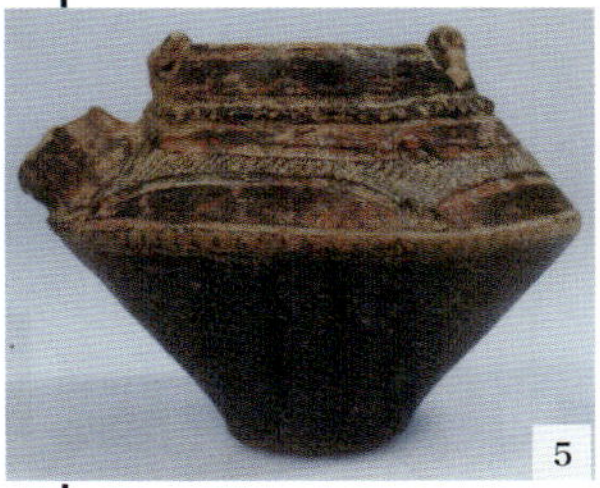
5

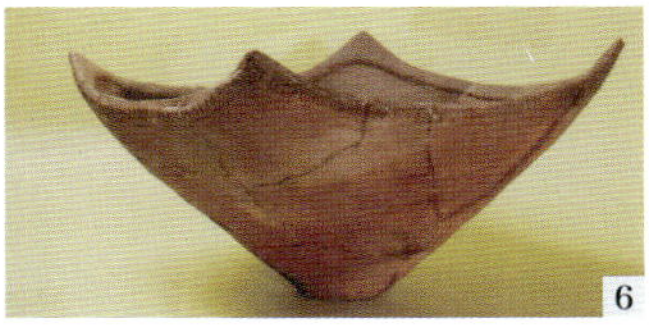
6

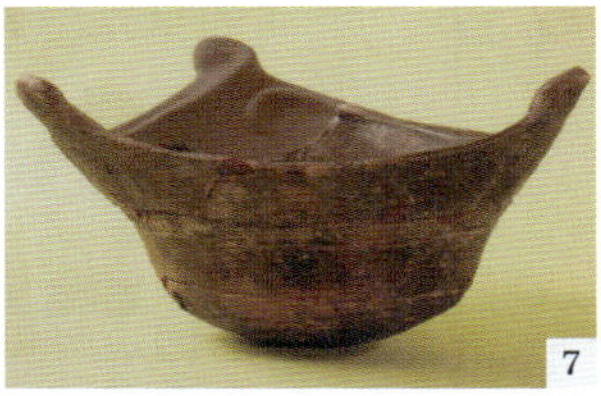
7

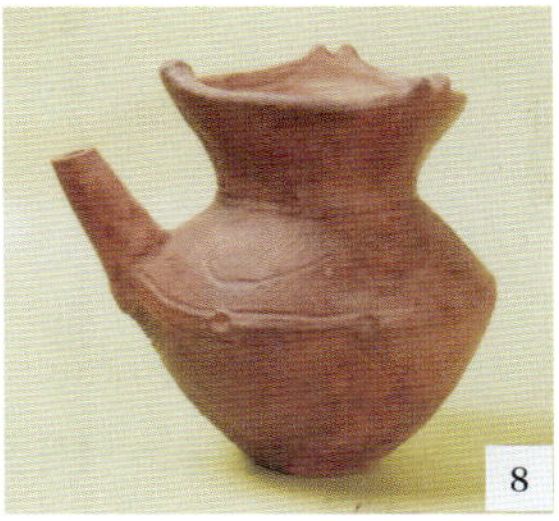
8

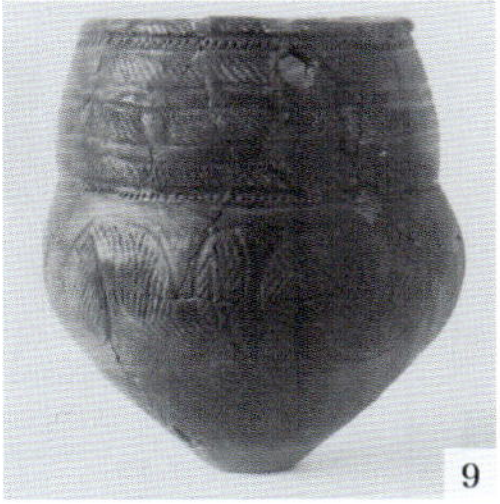
9

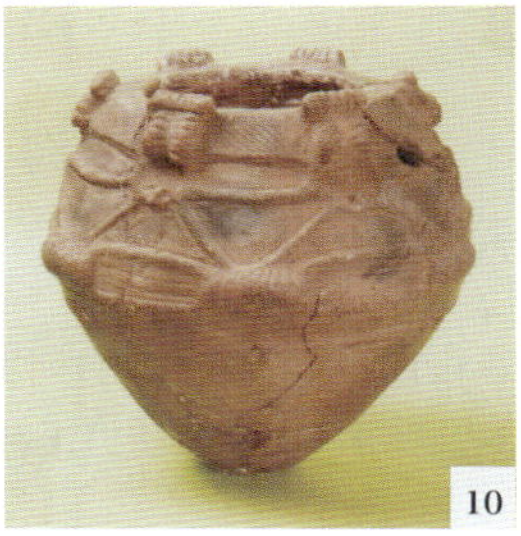
10

口絵Ⅱ-15 縄文時代晩期の土器

型式名	縄文晩期
安行Ⅲa 　　1 金堀台	 1
安行Ⅲb（姥山Ⅱ） 　　2 金堀台	 2
安行Ⅲc 　　前　浦 　　杉　田Ⅱ 　　千　網 　　荒　海 大洞系 3 古作　東京大学総合研究博物館 　　　所蔵 (山内清男氏寄贈)	 3

第1章 主要貝塚の調査概要

海老ヶ作貝塚

貝塚と私

　下野国から常陸国を経て太平洋に注ぐ那珂川の上流河川により侵食されて形成された段丘上の縄文時代の遺跡しか知らなかった私にとって、江戸川下流に注ぐ大小の河川によって侵食された舌状台地上に形成された貝塚集落の調査に参加できたことは、私の考古学研究におけるライフワークを見つけることとなった。

　私は高校生時代から、桑原武夫氏『一日一言』、中谷宇吉郎氏〈注1〉『科学と社会』、湊正雄氏・井尻正二氏『日本列島』、家永三郎氏〈注2〉『日本文化史』といった岩波新書の愛読者であった。一般的に貝塚はゴミ捨て場と考えられているが、家永三郎氏の『日本文化史』の中に、その意見とは異なる意味の記述があったことを今でも思い出す。当時、家永三郎氏は新潟大学で教鞭を執られていた。友人から貰い受けた日本史の教科書にその肩書があったように記憶している。私の使用していた教科書は笠原一男氏著によるものであった。

　縄文時代は数千年前に日本に生まれた文化で、人々は縄文土器を作り、石器・骨角器などを使用して狩猟・漁労の生活を営み、竪穴住居に居住し、死者は屈葬で葬ったというような内容であった。特に竪穴住居、屈葬がゴチック体になっていて、文章は縦書きであったことを今でも記憶している。他のところで触れるが、弥生時代の内容の中に桝形囲貝塚の籾痕のある土器が写真で掲載され、山内清男氏の名が書かれていたことをかすかに覚えている。

　前記の笠原一男氏には、縁あって親鸞の一生、一向一揆の研究など特講やゼミで講義を受けた。時を経て、私は東京教育大学（現在の筑波大学）で学ぶことになり、考古学を専攻することになった。ある時テレビを見ていると、NHK教育テレビ（現在のEテレ）の平安時代の絵巻物か何かの番組に家永三郎氏が出演しており、そのテロップに東京教育大学教授と出ていた。私の在学中の大学なので慌てて講義内容書を出し、日本史の項を見ると、家永三郎氏の講義が記されていた。自分の専攻と関連の地理学、地質学、鉱物学などの方を細かく見ていたことから、見落としていたのだ。

　東京教育大学は、学生の疑問に対していつでも質問に答えてくれる開放的大学であった。ふと、家永三郎氏の『日本文化史』の中の貝塚の意味について聞いてみようという考えが脳裏をかすめ、家永氏の講義の空き時間に研究室を訪れた。

　私は、『日本文化史』の愛読者である旨を話し、その中の貝塚についての先生の見解の教示を願い出た。家永氏は『日本文化史』を著した本音を聞かせてくれた。「私は教科書をだいぶ書いたが、文部省（現在の文部科学省）の検定というものがうるさく、思い切ったことが書けない。そこで、教科書では書けないことを少し思い切り書いたものですよ」との意見を述べられた。

　そして、「貝塚は壊れた土器や食べ物の残りを捨てたものでしょうが、その中あるいはその下から人骨が発見されている報告書を多数見て、単なるゴミ捨て場というだけでなく、再生などを願って形成されたものではなかったかと考えて書いたものです」と教示された。

家永氏は、「君たちのように疑問を持った学生が自由に気楽に意見交換ができるこの大学は、最高の学問所です」。そして最後に「このような学び舎にしたのは和歌森太郎氏〈注3〉ですよ」とつけ加えて話された。
　当時、私は松戸市の貝の花貝塚、船橋市の高根木戸遺跡（高郷貝塚）や宮本台貝塚の調査・整理報告書の作製などにかかわる以前であったことから、家永三郎氏の教示はマクロな考え方として調査に参加するに値した。

〈注1〉 中谷宇吉郎氏は中谷治宇二郎氏の兄であることを後に知った。中谷治宇二郎氏は考古学研究者であり、人類学教室に縁のある研究者なので氏の著書も買い求めた。高根木戸北遺跡調査を見ていた一女性が高橋熙氏宅を訪れ、中谷氏の新著を下さった。その際同席していた私が中谷氏との関係をたずねたところ、中谷氏兄弟の妹ですとのこと、この方は私の住んでいた（習志野台）アパートの近くに住んでいることもわかり、驚いた。私が中谷氏のファンであることを話すと、中谷氏の数々の話を聞かせてくれた。世間は広いようで狭いことを痛感した。

〈注2〉 家永三郎氏は、日本史教科書問題で自説を曲げず、東京教育大学を辞しても亡くなるまで文部省と対立していた。私も思想の異なることは別として、自分の説が正しいと考えれば最後まで継続する研究者の態度として必要なことを学んだ。

〈注3〉 和歌森太郎氏により、史学科の中に史学方法論科が開設された。専攻は民俗学専攻か考古学専攻に分かれる。私は和歌森氏から『魏志倭人伝』を基にしての邪馬台国位置論の講義を受けた。和歌森氏は歴史学・民俗学の第一人者であった。当時の史学科の講義内容や教授陣の中でも偉大な真の歴史学者であったことも書いておきたい。
　　和歌森氏は研究者の学歴・思想などは問題とせず、その研究者の研究業績、人物を考えて史学科を構成することに尽力した。史学方法論専攻の八幡一郎教授と現代史の家永三郎教授が同学科で教鞭を執るなどは、他の大学ではおそらく見られないことであったろう。他の教授陣もユニークなものであった。このようなことは和歌森氏以外には出来なかったと考えている。

船橋市の主要遺跡分布図

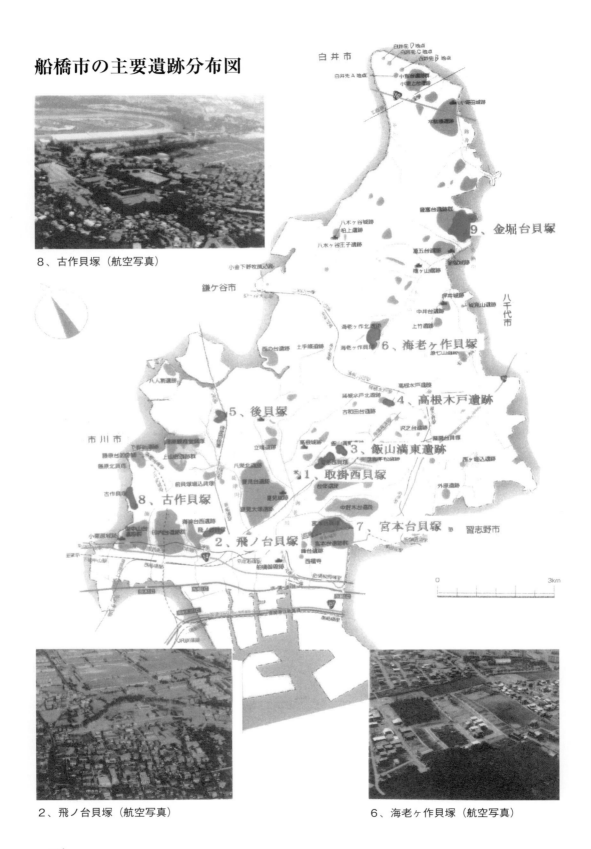

8、古作貝塚（航空写真）

2、飛ノ台貝塚（航空写真）

6、海老ヶ作貝塚（航空写真）

第Ⅱ部　第1章　主要貝塚の調査概要

6、海老ヶ作貝塚

7、宮本台貝塚

8、古作貝塚

9、金堀台貝塚

1、取掛西貝塚

2、飛ノ台貝塚

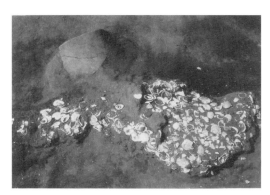
3、飯山満東遺跡

4、高根木戸遺跡

第Ⅱ部　第1章 主要貝塚の調査概要

1．取掛西貝塚

縄文時代早期前葉の集落址
1万年前の祭祀址が発見された
国の史跡に指定された貝塚

貝塚の堆積を保存するための科学的作業

深鉢土器

（尖底）

（平底）

第1図：遺跡

遺跡位置図

　取掛西貝塚は、船橋市飯山満町1丁目および米ケ先町に所在する。

　本遺跡は、東京湾に注ぐ海老川の支流である宮前川と飯山満川の浸食によって形成された台地西側の、南北650m東西1800mの範囲に広がる台地上に立地している。この台地上東には、縄文時代前期を中心とする飯山満東遺跡が位置している。

　取掛西貝塚の調査は、平成20年6月2日から7月31日まで、船橋市教育委員会の委託で大成エンジニアリング株式会社が行った。調査は、貝塚を覆うように国家公共座標を使用、40m方眼の大グリッドの中に4mの小グリッドを設定して行われた。その結果、縄文時代早期前半の竪穴住居址10個、土坑45個などの遺構が発見されている。遺物としては、これまで型式の設定はされていたがその内容が乏しかった大浦山式土器文化の内容を充実することができたことは、本貝塚調査の成果と言えよう。特に土器編年資料以上に評価された動物骨集中箇所の発見は、貴重な資料とされている。

　イノシシ、シカの骨を使用しての呪術的要素の資料の発見は、縄文人の精神生活を考える上で、貴重な資料を提供したと言えるのではなかろうか。

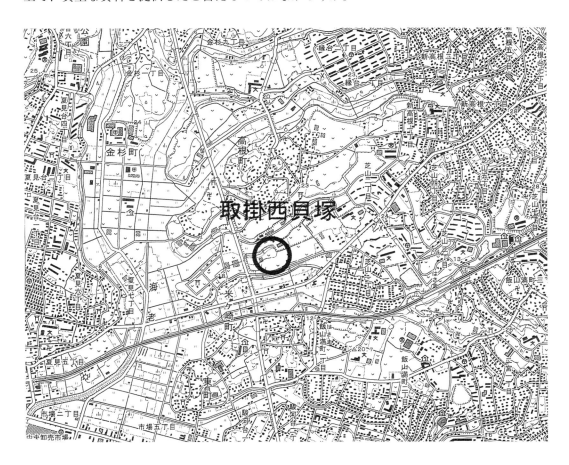

第2図：遺構

発見された遺構

遺構図及び上空からの景観

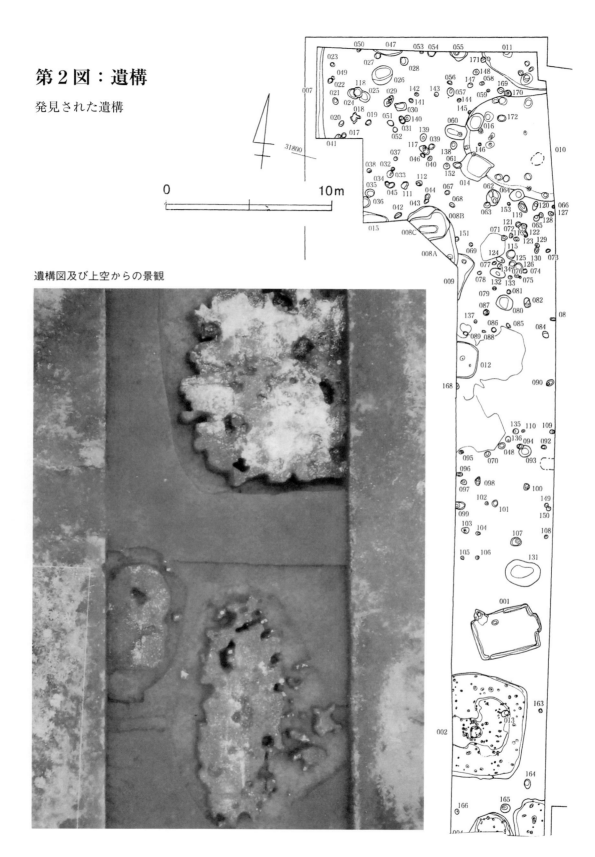

第3図：遺構

貝層の堆積状態と動物骨発見状態

　動物骨のうち獣類ではイノシシ、タヌキ、シカ、ウサギ、キツネ、アナグマ、サル、ムササビの骨が発見されている。

　特筆すべきは貝層最下部、貝層直下から発見されたイノシシの頭蓋骨12体分、シカの頭蓋骨3体分と角2本である。これらの動物骨は集中して弧状（幅1.5m、長さ3.5m）に分布していた。

第4図：遺構・遺物

　動物骨集中箇所の中央部にイノシシの頭蓋骨が4個まとまって置かれていた。その周囲に成獣、幼獣など多数の骨が意図的に集められている。また一部焼成された痕が認められ、何らかの儀式などが行われていたようだ。

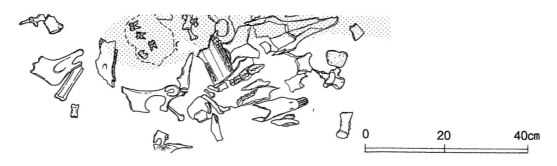

第5図：遺物

発見されたイノシシの頭骸骨
1：幼獣
2a・2b：若獣
3a・3b・4：成獣

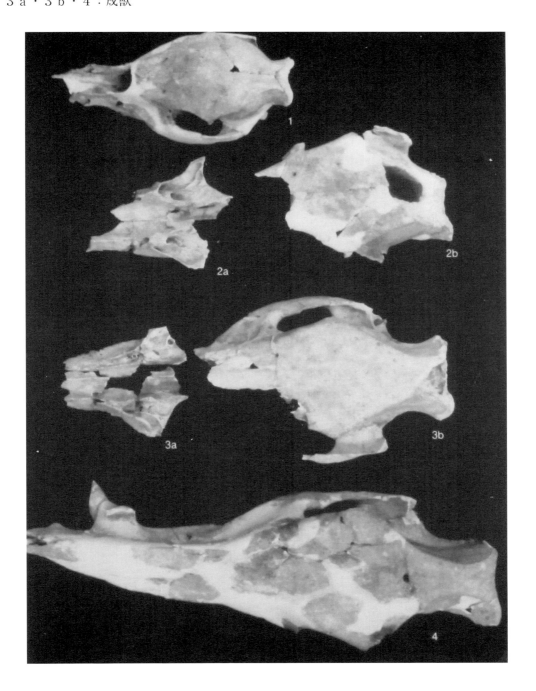

第6図：遺物

動物集中箇所のシカの角の発見状態

　動物集中箇所北側で、よく成育したシカの角と頭蓋骨が倒れた状態で発見された。これらはイノシシと同じく焼かれた痕が指摘されている。

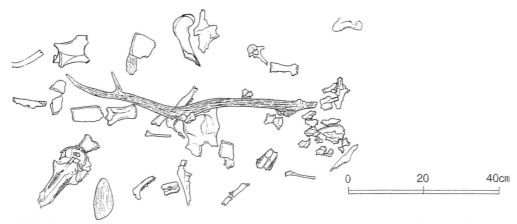

第7図：遺物

発見されたシカ骨

シカの頭蓋骨と角。角は焼成を受けている。

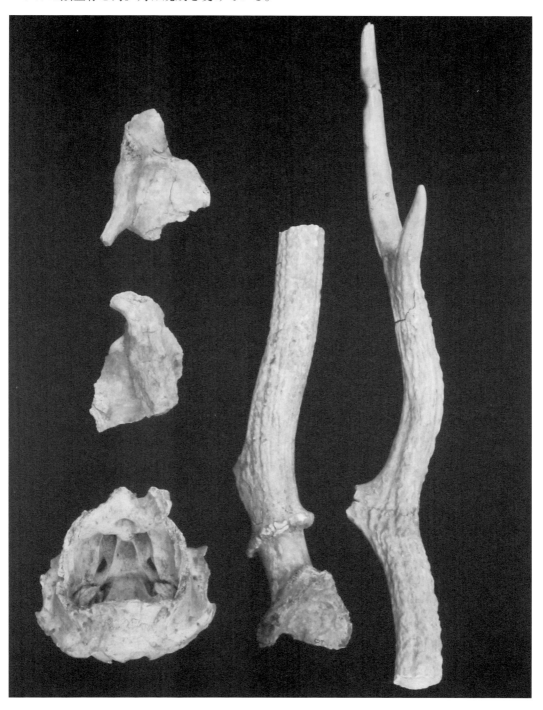

第 8 図：遺物

　土器は、破片や、まとまって形の知れるものなどがある。
　上段右の写真がまとまって発見されたものである。余分の土を洗い落とし、出土位置・層位を注記して、上段・中段のようにまとめ、接着する。その結果、下段の左寄りのように復元される。

第9図：遺物

　貝層の中から一定の長さに切断されたツメタガイが多数と、骨針と考えられるものが発見された。短いツメタガイはひもを通して腕輪、長い環状のものは首飾りとして使用されたことが想像できる。

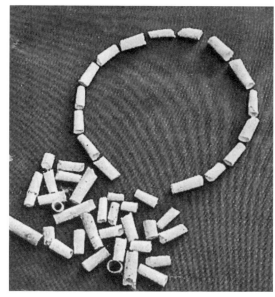
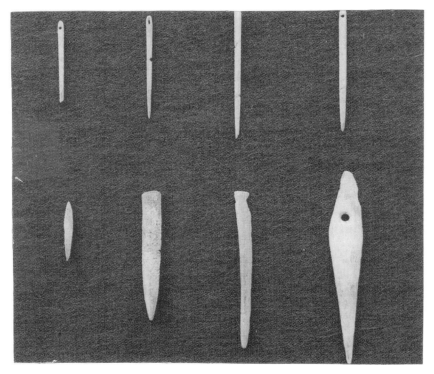

取掛西貝塚のまとめ

　本貝塚については、平成25年3月に船橋市教育委員会から、『取掛西貝塚（5）』として刊行されている自然遺物を中心とした報告書を参考にした。その後、令和3年2月に土器型式からも考える遺構の時期決定や、種々の遺物を記録する総括報告書が刊行された。本書を執筆する段階では、総括報告書に先立って博物館などで発表されている刊行物により資料を集めて本貝塚の概要を市民にプロパガンダするという観点から、公表されている写真などの一部を掲載することとした。今回紹介した資料については、船橋市教育委員会文化課、飛ノ台史跡公園博物館、船橋市文化財事務所の諸氏諸機関から提供を受けた。
　このデータから本貝塚の特色についてマクロに述べておきたい。本貝塚は、炭素年代測定法による分析から、8,485calB.C.～8,310calB.C.に含まれる。今から約1万年前の貝塚であり、船橋市では最古の貝塚と言える。
　ここで発見された第2号竪穴住居址に堆積していた貝層下から、動物骨遺存体がまとまって発見された。動物骨集中箇所からは、焼かれたイノシシ、シカが発見された。イノシシの集中箇所には、4個の頭蓋骨が人為的に配された状態で、またその周辺は焼けていた。シカの角も同様に焼かれたと考えられ、意図的に置かれたもので、全体が何らかの儀礼が行われた跡と推定されている。現在のところ、1万年前の儀礼の跡は日本最古の遺構であると言えるであろう。
　また、この竪穴を含めて多数の土器が出土している。その文様、器形などから縄文時代早期前葉の大浦山式に比定されている。これまでこの型式名は存在したが、この遺跡では大浦山式期の集落の一部が発見されていることから、東京湾北岸における標式的遺跡として貴重な資料と言えよう。
　土器のみならず、2000個を数えるツノガイ類の貝製品の出土も、本貝塚以降に見られる遺構のルーツと考えて良さそうである。今回調査の西に面する畑地への延長も考えられ、本報告書が令和3年2月に『取掛西貝塚総括報告書』として刊行されたが、これにより重要性が再認識される必要がある遺跡と言える。
　令和3年6月18日に開催された文化審議会文化財分科会で、取掛西貝塚を国の史跡に指定することが答申され、10月11日に官報に告示されて正式に決定した。船橋市内では初めての史跡の指定である。史跡に指定されたことで後世にまで保存されることになるのであるが、遺跡は保存されればそれでよいのではなく、これから市民のための学習の場となるなりして活用されていかなければならない。そのための十分な整備がこれからの課題となる。遺跡を広場として残すだけでなく、遺跡の概要が理解できるように、この遺跡で得られたさまざまな情報をこの場で見て取れるような整備のあり方が期待される。

2. 飛ノ台貝塚

縄文時代早期中葉から末に営まれた集落址
特に炉穴の多数の発見で
全国に知られている貝塚

設定したグリッドの発掘景観

重なり合う炉穴の景観

第1図：遺跡

遺跡位置図

　飛ノ台貝塚は、東京湾に注ぐ海老川によって浸食された西側小支谷の北側台地上に位置する。この台地上、東西350m南北60mの範囲が本貝塚である（第2図）。JR船橋駅の北西およそ1.3kmにあたる。本貝塚は杉原荘介氏により1932年（昭和7年）に発見され、試掘溝の発掘をした。その後1938年（昭和13年）、杉原氏を中心とする東京考古学会の調査で、考古学界で著名な貝塚の一つとして知られるに至った。

　杉原氏は「残灰を有する数個の凹所」は新発見の遺構と指摘し、その遺構を「炉穴」と命名した。この遺構の名称は現在でも使用されている。杉原氏は遺構の名称に次いで、その性格を解明しようと試みた。炉穴は「炉部と足場をもつ楕円形の窪みが本体」と「中に入って火を焚いたもの」であり、用途は尖底土器と関連させ「煮沸用の炉ではないか」という説を展開した。

　その後、これら杉原氏の研究は日本の考古学研究に多大な影響を与え、炉穴といえば飛ノ台貝塚が第一にあげられるようになった。1950年（昭和25年）、國學院大学考古学研究会によって住居址が発掘された。1970年代に入ると海神中学校の改築工事が始まり、1977～78年、第二次調査が大規模に行われた。その結果、住居址20個、多数の炉穴、貝層の堆積する地点が確認されている。さらに、1989年（平成元年）、公民館建設に伴う第三次調査、1990年、都市計画道路敷設に伴う第四次調査、1992～93年、第三次調査の本調査が行われ、その際、合葬墓が発見された。

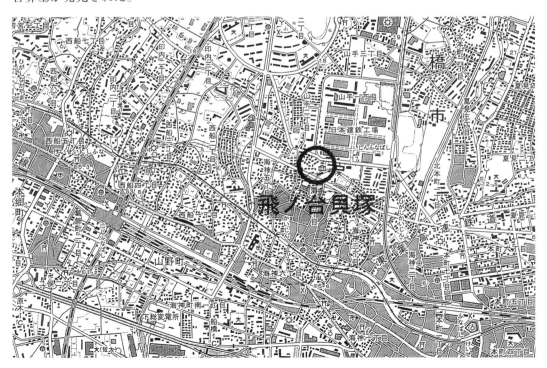

第2図：遺跡

航空写真（南方向から望む）と遺跡範囲（薄く囲った部分）

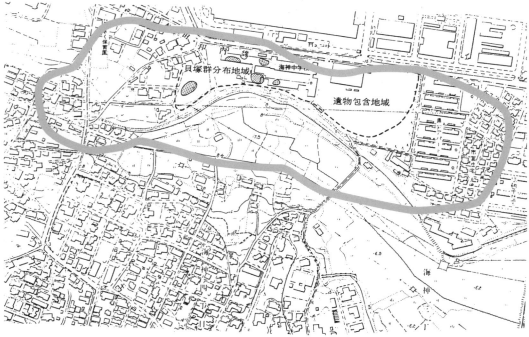

第3図：遺跡

調査前の貝塚の近景

南側の海神山から谷を介して貝塚のある台を望む。正面右寄りに海神中学校の鉄筋建物、遺跡はその下一帯に広がる。

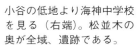

小谷の低地より海神中学校を見る（右端）。松並木の奥が全域、遺跡である。

奥が校庭、手前に鉄筋校舎下の遺跡、木造校舎のあった跡と続き、右のはずれが谷。

第4図：遺跡

発掘区設定図。上段は全景、下段は一区画を掘り下げた状態。

第Ⅱ部　第1章　主要貝塚の調査概要

第5図：遺構

土壙内発見の男女2体の合葬墓

　飛ノ台貝塚第三次発掘調査で、貝層の下から直径120cm短径60cmを測る土壙が発見された。長軸はほぼ南北方向である。土壙内から2体の人骨が発見され、1体の人骨は北頭位右側臥屈位、もう1体は北頭位左側臥屈位である。図の上が壮年期男性、下は思春期女性である。2体とも解剖学的自然位で、腕や脚部の状態から抱き合った状態で埋葬されたと考えられる。人骨を鑑定された森本岩太郎先生は、特異な埋葬例で、この埋葬については個々人の想像に任せると語った。

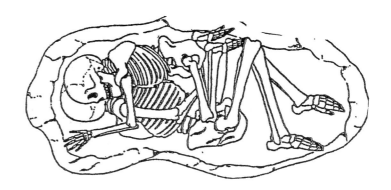

第6図：遺構

煙道の見られる炉穴

関東ローム層を深く掘り込み、その一端をくり抜いて煙道とした遺構が多数発見されている。一部の炉穴には、ほぼ完形の土器が発見されている例も見られる。

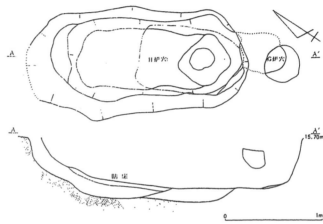
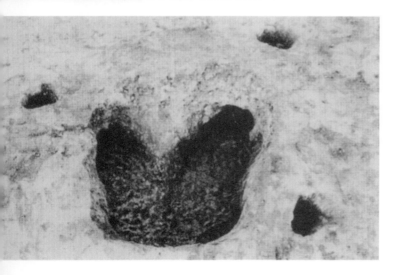
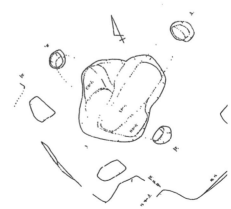

第7図：遺構

土器の出土している中央部の炉穴は、右側の平坦部を削平して新たに作られたものである。

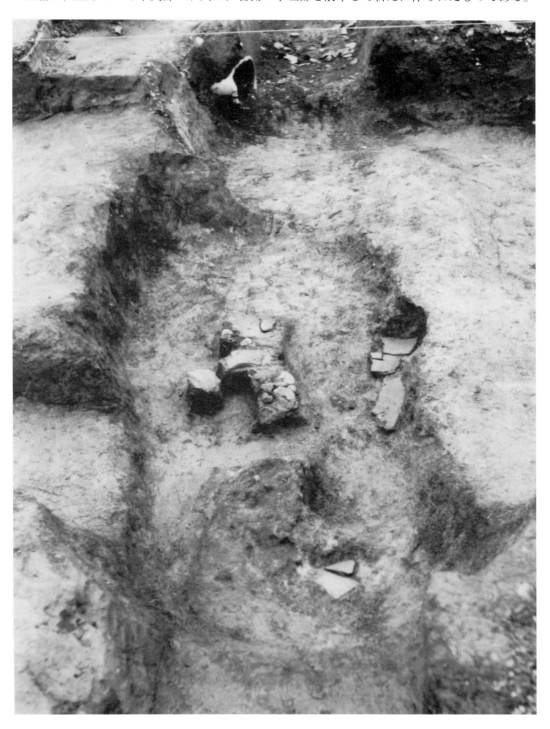

第8図：遺構

上段は、小竪穴内になべ底状に堆積した貝塚の断面図。
下段は、貝の堆積の一部を拡大。

第9図：遺物

出土土器

底部は尖底に近く、条痕文で器面を飾る。他に沈線文や竹管文などが見られる。

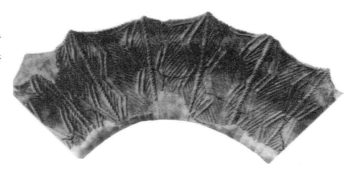

第10図：遺物

魚類・鳥類・獣類の遺骸

1 イシガニ類　　2・3 コウイカ　　4〜9 スズキ　　10・11 クロダイ　　12・13 マダイ
14 ウミガメ　　15〜19 キジ　　20〜23 ノウサギ

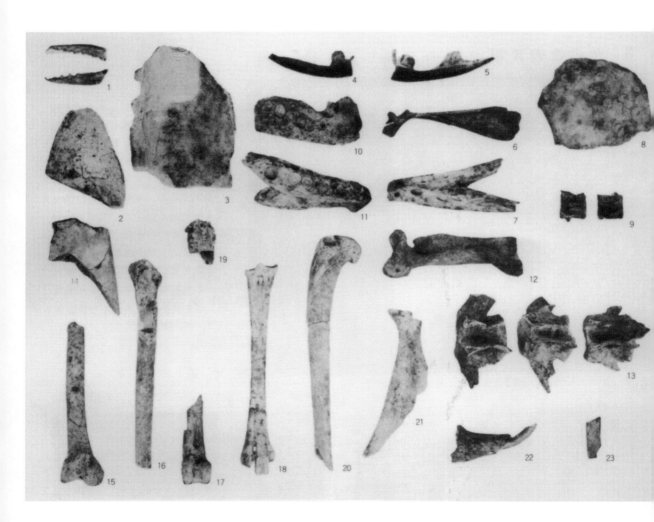

第11図:遺物

出土貝類

浅瀬で容易に採取できる貝が多い。

1 ハマグリ(最大級)　2 ハマグリ(標準)　3 カガミガイ　4 オキシジミガイ　5 シオフキガイ　6 イチョウシラトリ　7 ハイガイ(大形)　8 ハイガイ(標準)　9 マガキ　10 イタボガキ　11 マテガイ(外面)　12 マテガイ(内面)　13 ナミマガシワ(外面)　14 ナミマガシワ(内面)　15 イボウミニナ　16 イボウミニナ　17 カワアイ　18 イボニシ　19 アラレタマキビ　20 ツメタガイ　21 アカニシ

飛ノ台貝塚のまとめ

　飛ノ台貝塚は船橋市を代表する貝塚である。貝輪といえば古作貝塚、炉穴といえば飛ノ台貝塚と日本考古学史に名を残す貝塚である。

　本貝塚は、現在、昭和22年に開校された海神中学校にその大半の面積が利用されている。近年著しくなった校舎の建て替えや博物館の建築に伴って発掘調査が行われ、規模の大小はあるが発掘調査は5～6回を数える。

　その結果、炉穴、竪穴住居址などの遺構、縄文時代早期中葉から末葉にかけての土器、貝塚からは動物骨、魚骨など、多数の遺構、遺物が発見されている。それらを総計すると、竪穴住居址21軒、小竪穴4基、土壙1基が発見されている。

　そして、本貝塚の代表として紹介された炉穴は430個を数える。また貝塚は、私の分類によれば地点貝塚に分類できるが、その貝塚を構成する貝層の堆積は40箇所を越える。竪穴住居址の数に対して430基を越える数は、その規模のバランスが異様といえる。

　発掘面積の相違があるとしても、佐倉市上座遺跡、千葉市鳥込貝塚などと比較しても、飛ノ台貝塚の発見例は異状な数といえる。430基以上の炉穴の意味するところは、現在でも他に類例を見ない貝塚であるといえる。

　飛ノ台貝塚は、一部報告書と概報が発刊されている程度なので、本報告書が刊行された段階で再度考察したいと考えている。

　八幡一郎先生は、雑誌、考古学年報あるいは大学などの紀要で報告書とすることは、本報告にならないと指導された。私は、どのような体裁でも報告書は適格に刊行すべきとの教示により、必ず単行で報告することを心がけている。

　考古学雑誌、大学などの紀要はあくまでも論文を発表するもので、それを報告書とすることがないようにと指導を受けて、現在に至っている。いずれにしても、本報告書の発刊が望まれる。

3. 飯山満東遺跡

解明された前期の埋葬
集落址に隣接して発見された
村の墓地

調査中の航空写真

ピット内での土器出土状況

第1図：遺跡

遺跡位置図

　本遺跡は船橋市芝山1丁目に所在し、東葉高速鉄道「飯山満」駅から北西方向に約600mの地点に位置する。地形について見ると、海老川に注ぐ小河川によって形成された支谷の南側、標高24～25mの台地上に営まれた縄文時代前期を中心とした集落址である。

　調査は昭和49年2～8月にかけて集合住宅建設のため約18,000㎡が調査された。調査の結果は後述するように集落址と墓址が近接して検出され、当時としては大きな成果を得ることができた。

　なお、市内では同時代の遺跡として約2km西に八栄北遺跡が所在し、さらに北東1.5kmには前期終末期の遺構・遺物を出土した古和田台遺跡が知られている。

第2図：遺跡

遺跡の分布

　調査の結果、前期の住居址が29軒と中期の住居址4軒が検出された。また、住居址以外の遺構として200基を超えるピット群（墓域）が集落に隣接した狭い範囲で集中して発見されたことは大きな成果であった。ピット群からは玉類や石器と多量の浅鉢形土器が出土しており、その中に器面に赤彩（酸化鉄）の施されたきれいな土器もあった。

　その後、このようなピット群は白井市復山谷（ふくさんや）遺跡や四街道市木戸先（きどさき）遺跡、成田市南羽鳥中岬（みなみはどりなかごき）遺跡などで次々に発見されている。

　他に注目できる事例として、住居址内に廃棄されブロック状に残された貝が、数軒の住居址で確認された。これは当時の人々が丸木舟で海老川を下り、魚介類を捕獲し食糧としていたことを裏付けるものである。

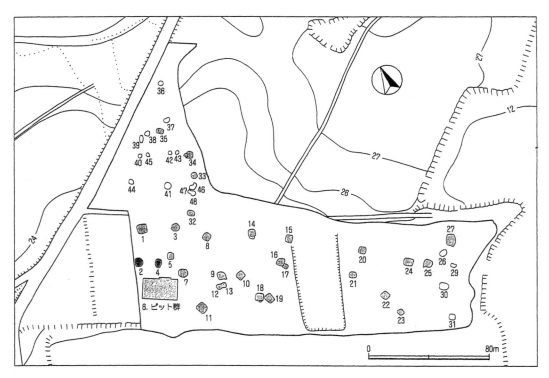

黒浜式期：1・3・5・7～25・27・32・33
諸磯式期：2・4
浮島式期：34・35
中期前半：26・29～31
時期不明：36～48

第3図：遺構

貝の捨てられた住居址

　調査された住居址の中央部には、東西に延びるような形で貝の堆積が認められた。いわば小規模な地点貝塚と見ることもできる。貝層の厚さは10～12cmであり、ハマグリを主体としてシオフキ、アサリ、ハイガイ、オキシジミ、ツメタガイ、マガキなどで構成されていた。この他に、貝塚の堆積は第4・18・20・22号の各住居址でも認められた。

第1号住居址（遺物出土状況）

同上（住居址中央部に投棄された貝類）

第4図：遺構

貝の捨てられた住居址

　ここで取り上げた第20号住居址での貝の堆積は前述の第1号住居址よりもさらに小規模であったが、3箇所でハマグリを主体とする貝ブロックが検出された。大きなものは長径1.1m、短径0.5mを計測し、約70cmの深さまで掘られた柱穴跡を囲むように貝の堆積が見られた。他の2箇所は径0.3～0.5mの小範囲であった。こうした食糧としての海産物は、地理的にも東京湾に求めていたものであろう。

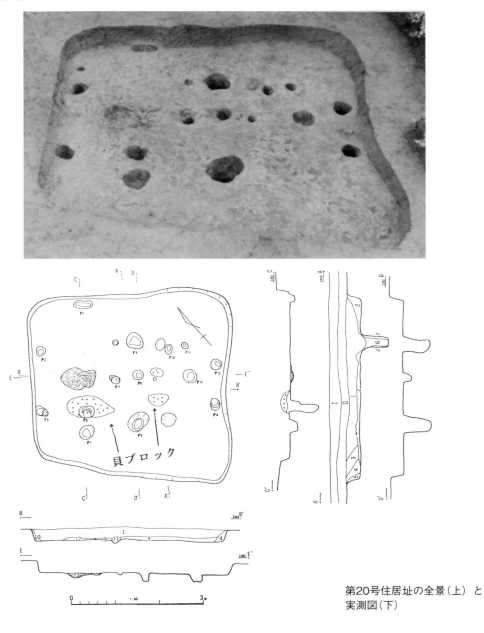

第20号住居址の全景（上）と実測図（下）

第5図：遺構

建て替えられた住居址

　縄文時代に見られる住居址の形状は、大きく方形と円形に分類できる。本遺跡の場合、前期に属する住居址のすべてが前者で、図示したようにその四隅がまるく整形（隅円方形）されていた。さらに図示した本住居址を注意して見ると、壁に接して見られる周溝の一部が二重となっている点と、炉址の痕跡が2箇所に認められた。この二点を考慮すると、住居は経年による劣化のため一部を拡張して建て替えられたことが、周溝の痕跡から理解できる。

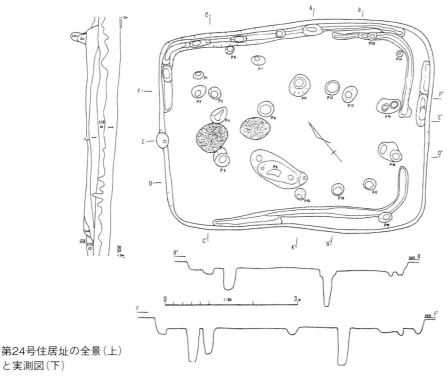

第24号住居址の全景（上）と実測図（下）

第6図：遺構

ピット群

　ピット群は図示したとおり、東西方向に25m×13mの範囲で200余基が検出された。出土品は、玉類・石器類とともに浅鉢形土器の完成品やそれに近いものが40余点、浅鉢形土器を意識して口縁部や底部を破砕した深鉢形土器が20余点出土している。なお、P59では唯一小石が多量に検出されている。こうした事例から、ピット群は明らかに墓址であり、集落との一体感を想起させる遺構と言えよう。

ピット群全体図

第7図：遺構・遺物

密集するピット群と浅鉢形土器の出土状況

　ピット群の集中部を注視すると、浅鉢形土器が上部から出土している。次ページの第8図に見られるように、土器は副葬品としてピット内部に設置されていたものである。にもかかわらず上部からの出土は、ピットの重複関係を想定させるものと考えられる。こうした事例から考えれば、集中部の上部から出土する一括品は、時期的には若干新しいタイプの土器と言えよう。

ピット群全景（ピットは西側に集中していた。写真左部）

ピット群西側集中部における土器（浅鉢）の出土状況

第8図：遺構・遺物

単独のピットと浅鉢形土器の出土状況

　単独で検出されたピットでは、その底部に口縁を上にして被葬者の脇に置かれたような姿で浅鉢形土器が出土している。こうした出土例から推測すると、土器は明らかに埋葬時に設置されたものと考えられる。とりわけP69やP90での出土例は、埋葬時の状態を再現しているかのようである。

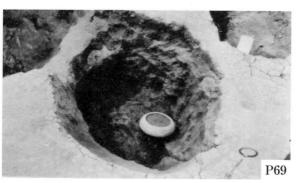
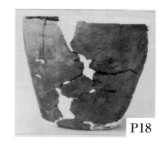
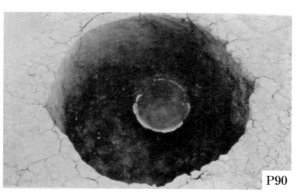

第9図：遺物

住居址出土土器

　ここでは、実測可能な一括品を複数出土した第4号・第8号・第25号の各住居址を取り上げてみた。出土土器の大半は黒浜式であり、土器の胎土には草木等の繊維が混入されているため、破砕面では繊維が炭化し黒色を呈している。器形は深鉢形で、器面を飾る文様は第8号・第25号住居址出土例のように縄文が多く見られる。一方、浅鉢形土器が一般化するのは第4号住居址出土例のように次の形式である諸磯a式土器となり、繊維の混入は見られない。ただ本例は、浅鉢形土器が住居址から出土した稀な例である。

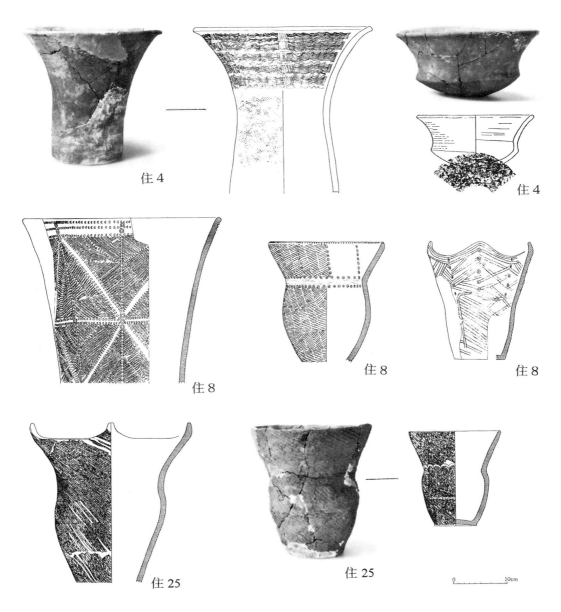

第10図：遺物

ピット群出土土器

　ピット群からは多数の土器類が出土し、とりわけ浅鉢形土器では様々な器形を認めることができた。その一例として、多彩な口縁部の変化に注目してみたい。一般的なタイプとしては口縁部は緩やかに外側へ反るように作られている。しかし、本遺跡の出土例では内側に湾曲するような仕上げも少なくない。こうした造りはこの時期の特徴として捉えることができるようである。また口縁部が穿孔される例もあり、P3出土品では口縁部を一周する。こうした多彩な造りの中にあって、特に注目できる表現として「赤彩」を施した例が2点に見られた。部分的に施されたものであったが、祭祀的な雰囲気を漂わせるものと言えよう。

　一方、図示は省略したが、ピット群から出土している深鉢形土器は完形品あるいはそれに近いものは皆無で、すべて浅鉢形土器を想定したように意識的に破砕したものと思われた。

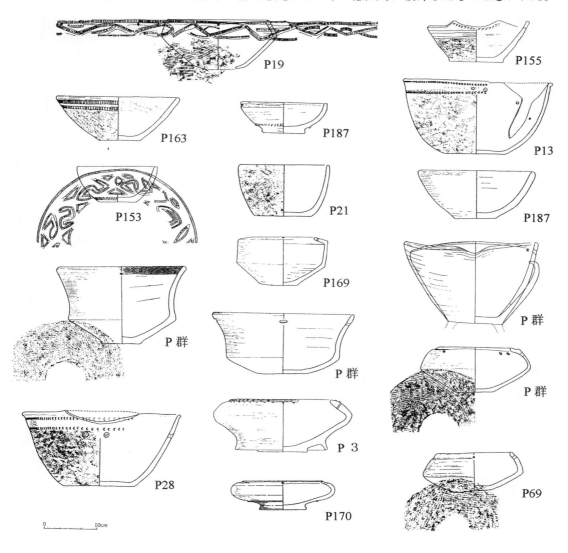

第11図：遺物

ピット群出土土器

　前述したように、ピット群では完形品あるいはほぼ完形品といった浅鉢形土器が多数出土した。しかし、量的には少ないものの欠損した深鉢形土器にも注目してみたい。これらは図示したように、浅鉢形土器とは遺存状態が明らかに異なり、小形品（P18・P169）を除いて完形品は皆無であった。この破損状態から推測すると、副葬品としての深鉢形土器は意識的に破砕するか、既に使用できない状態の土器を用いたものであろう。

　また、図示した土器群では5点に繊維混入が認められた。これは本遺跡における集落形成期と時期的に一致するものである。このことから、初期に営まれた埋葬では深鉢形土器を使用し、次の段階で浅鉢形土器へと移行していったものと考えられる。

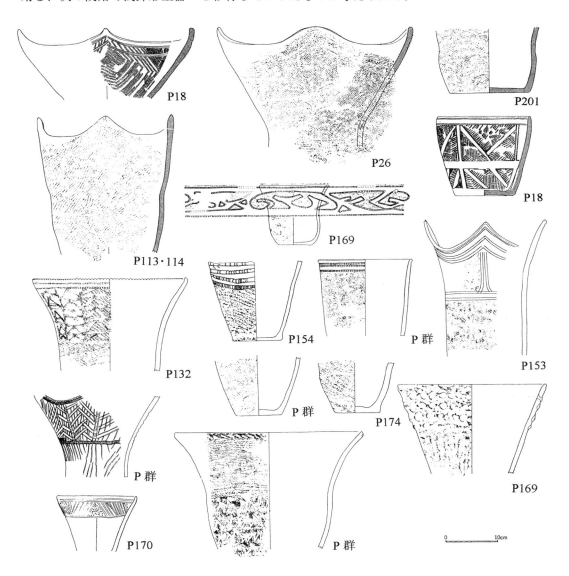

第12図：遺物

住居址と出土石器群

　土器以外の生活必需品である石器について触れておきたい。ここでは出土量の多かった磨製石斧（1〜9）、スクレイパー（10〜17）、石鏃（18〜35）を掲載した。この時代の磨製石斧は、縦長のいわゆる乳棒状石斧（2〜4、7・8）と呼称されるものがよく知られている。頭部の断面が円形に遺存する7・8はその典型である。さらに皮を剥いだり切断したりするスクレイパーも、バライティーに富んだものである。ただ、普遍的に見られる打製石斧の出土は僅少であった。

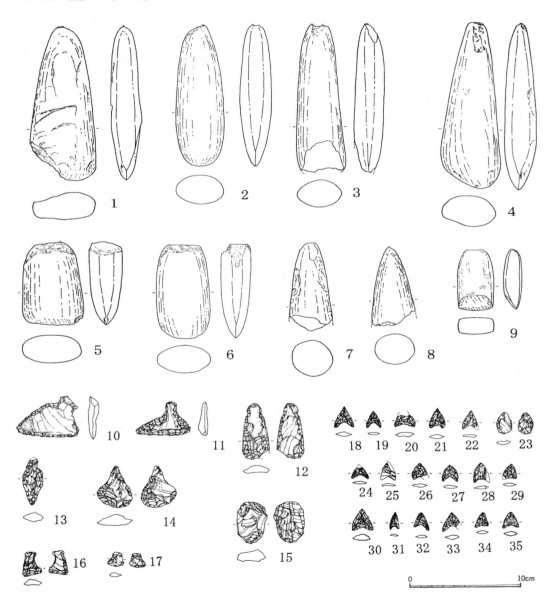

飯山満東遺跡のまとめ

　本稿のまとめとして、ここでは飯山満東遺跡の調査により得られた遺構や遺物などから、縄文時代前期後半にこの地で暮らしていた人々の生活や行動について考えてみたい。

　貝塚の形成　まず貝塚の形成という点から見ると、周辺域には本書でも取り上げている取掛西貝塚（早期）や高根木戸貝塚（中期）、宮本台貝塚（後期）などの著名な貝塚を伴う遺跡が報告されている。しかも、これらの貝塚は海老川左岸の支流域に営まれたもので、立地という点では本遺跡と共通している。しかし、本遺跡の調査結果から、廃棄された貝殻はすべて住居址内に残されたものであり、堆積量という点から見てもハマグリを主体としつつ、いずれも極めて小規模な貝ブロックによる構成であった。このような貝の堆積量から推測すれば、海産物により食生活を支えるというよりも、日々の暮らしの中で生じる食糧の不足分を補うといった程度のものであったと考えられる。

　貝の種類と採取地　本遺跡で暮らした人々による貝の採取は、遺跡の立地から考えると、丸木舟を利用して海老川を下り東京湾に出ていったものと思われる。なお潮の干満を考えると、その行動は現在と変わらず、午前中の引き潮時に海を目指す。それから貝を採取し始め、上げ潮時を見越して帰途につくといった行動が推測できる。また採取する貝類は、二枚貝が中心だったようだ。残された貝ブロックから理解できる。貝の種類を見ると、主体はハマグリで他にアサリ、マガキ、ハイガイ、わずかにオキシジミ、オキアサリ、シオフキなどが存在する。巻貝ではツメタガイ、アカニシ、キサゴなどが若干ながら確認できる。こうした採取貝類の構成は、市内に所在する他の貝塚とほとんど変わらないようである。やはり、現代でも食されているハマグリやアサリは縄文時代から好んで食べられていたのであろう。

　住居址と炉址　次に、住居址内に設置された炉址についての所見を述べてみたい。

　本遺跡において検出された縄文前期に属する住居址の合計数は29軒を数えた。一般的に、炉址の設置は1軒の住居址につき1箇所が基本と言える。しかし本遺跡の場合、住居址内に設置された炉址が複数存在していることがしばしば認められた。そこで炉址の設置という点にも注目してみたい。

　調査により確認された1軒の炉址設置数を見ると、炉址が3箇所・4軒、同じく2箇所・8軒、1箇所・16軒となった。また、炉址の痕跡を確認できなかったものが1軒となっている。つまり、複数の炉址を検出した住居址は12軒を数え、その割合は40％を超えることになる。このような複数炉址の痕跡は、おそらく長期間にわたる居住や間取りの変更などの要因が生じたためにその位置を変えたものと考えられる。このことから、本遺跡で暮らし始めた前期後半の人々、とりわけ黒浜式土器を使用していた人々は、比較的長期間にわたり同一の住居址で暮らしていたものと推測できる。

　ピット群と遺物　ここではピット群、あるいはその周辺から出土した土器群と石器群について考えてみたい。ピット群とその周辺から出土した遺物の多くは、日常的に広く使用され

ていた土器類（深鉢形土器）であり、浅鉢形土器は数量的に見ればむしろ少ないものであった。ただ、深鉢形土器の場合、意識的に破損したものと考えられ、あたかも生前での使用を想起させる土器となろう。ところが、浅鉢形土器について見ると大きく破砕されたものは認められず、大半が完成品、あるいはそれに近い状態で出土している。つまり、浅鉢形土器は生前においても明らかに大切に扱われてきたものと推測できる。赤色顔料の塗布された土器などは、そのことをよく物語るものと言えよう。ここに、浅鉢形土器と深鉢形土器の双方に対する取り扱いの相違点を認めることができる。この傾向は次の中期になると一層顕著な形となって現れる。具体的には、浅鉢形土器はさらに大型化して住居址内で発見されるようになる。後述する中期の海老ヶ作貝塚や高根木戸貝塚でも住居址から出土しており、祭祀的な色彩を強く感じさせる土器に変化する。

一方、土器以外の遺物として石器も少なからず遺構内外から出土している。特に磨製石斧類は、この時期に限って緑色片岩を多用して全体をきれいに研磨する。とりわけスクレイパー類では、精緻な剝離によって仕上げられている。ここでは取り上げなかったが、他に磨石や叩き石、石皿、軽石などの生活に結びつく石器類も多数出土している。こうした石器群も後述する装身具などと同様、ピットから出土しているものについては個人的な所有物であったことは十分考えられる。

被葬者と副葬品　これまでは土器中心に述べてきたが、最後に被葬者にまつわる副葬品としての装身具について触れておきたい。装身具は合計で6点（口絵参照）が出土している。いずれもピット内から出土したものであり、すべてが穿孔されている。縄文時代前期の副葬品としては稀有な出土例と言えよう。これらの装身具に使用された石材は、加工しやすい滑石や砂岩の他に蛇紋岩なども認められている。また図示できなかったが、欠損品で土製の玦状耳飾りも1点出土している。

これまで述べてきたように、本遺跡で多数出土した浅鉢形土器をはじめ、きれいに加工された石器群、とりわけ装身具などの石製品はピット内から出土しており、埋葬された故人との関連で捉えることが妥当となろう。こうした事例を現代に置き換えれば、着飾る現代人が身に着ける装身具などと相通じるところがあり、古くから伝わる装身具との結びつきが垣間見られるようである。

なお、文末ではあるが、本遺跡から出土した資料的にも貴重な浅鉢形土器は、その後に文化庁の買い上げとなり、現在は佐倉市に所在する国立歴史民俗博物館に所蔵されていることを付記しておきたい。

〈参考文献〉
野村幸希他1975『飯山満東遺跡』（財）千葉県都市公社
古内 茂1985「浅鉢形土器出現の背景―飯山満東遺跡を中心として―」『研究紀要10』（財）千葉県文化財センター
清藤一順2000「飯山満東遺跡」『千葉県の歴史』資料編 考古1　千葉県

4. 高根木戸遺跡

縄文時代中期の馬蹄形集落の全貌を明らかにした遺跡

発掘風景

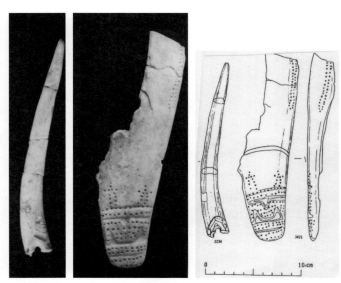

刺突文の配された装身具

第1図：遺跡

遺跡位置図

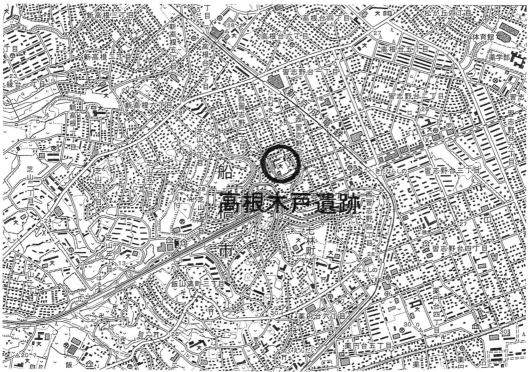

第2図：遺跡

遺跡近景（東部水田より望む）

　高根木戸遺跡は海老川水系の一つ、飯山満川によって開析された典型的な舌状台地に位置する。標高は27〜30mを測る。その位置は新京成「高根木戸」駅の南0.5kmで、現在船橋市立高郷小学校となっている。

　発掘調査は、昭和42年7〜9月まで行われた。調査期間中は半日雨が降っただけで、気候に恵まれ、舌状台地のほぼ全体を発掘した。

　その結果、竪穴住居址72軒、小竪穴130基を調査し、縄文時代中期の集落の全貌を明らかにした。貝層の堆積は少なかったが、人骨8体、3頭の犬の埋葬が発見された。

　遺物として土器は、阿玉台（おたま）・勝坂式〜加曽利EⅢ式まで多数出土した。石器は石鏃（せきぞく）、打製・磨製の石斧（せきふ）、叩石、石皿、軽石製品なども多数発見された。台地中央部と考えられる範囲も精査したが、2〜3の小竪穴が発見されただけで、祭祀、呪術に関する遺構・遺物の発見は全くなかった。

北東側谷面から望む。右側の台地上が遺跡。昭和38年頃。

第3図：遺跡

グリッド設定による発掘区（上）と調査区全景（下）

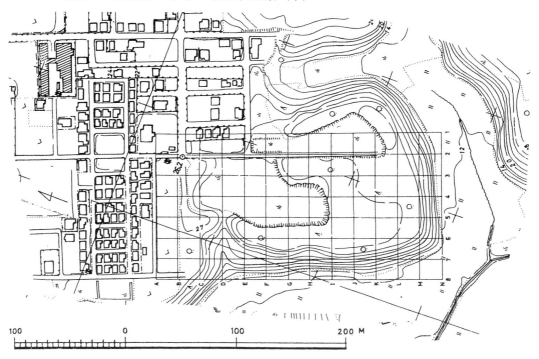

第4図：遺構

重なり合う小竪穴と竪穴住居址

　竪穴住居址は単体で発見されるものもあるが、小竪穴あるいは住居の重なり合いで発見されるものが多い。このような場合、土器の型式あるいはローム層を張った状態など詳細に検討して新旧を判断している。

第5図：遺構

溝の周る竪穴住居址全景

　関東ローム層を掘り窪めた竪穴住居址は70軒ほど発見された。削土によって破壊された部分にも同様な分布が存在したと考えると、この舌状台地にはおそらく100軒を数える竪穴住居址が分布していたことが推測されるが、これらは同時期の数ではなく、土器の型式からすると、同時期に集落を構成していたのは5〜6軒と考えられる。

　竪穴住居址は5〜6mの径で、円、楕円、隅円方形の平面形が見られた。本図の住居址は壁下に溝の周る構造で、大きく深い小穴を柱穴と考えると4〜8本柱と多種にわたる。土器から見て縄文時代中期中葉の頃の構築と考えられる。

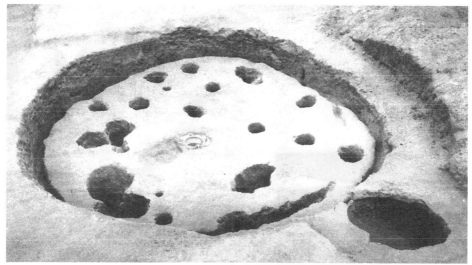

第6図：遺構

竪穴住居址の炉

　竪穴住居址の中央やや北の位置から発見された炉は、床面を掘り窪めた地床炉、土器片を埋め込んだ土器片囲み炉、土器の上半分や下半分を埋め込んだ土器埋込炉、河原石を配列した石囲み炉などが見られた。

第27号炉址

第31号炉址

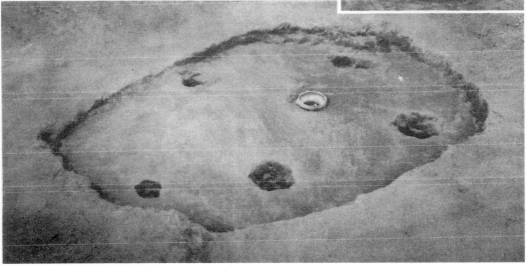

第71号住居址全景と炉址

第7図：遺構・遺物

埋葬人骨発見状態

　小竪穴底面直上から解剖学的自然位の人骨が発見された。葬法は伸展葬である。人骨は男性で熟年または老年期と考えられる。身長は157cmくらいで、同じ層で大型深鉢土器も発見されている。

第8図：遺構・遺物

埋葬人骨（写真上）と埋納された土器（写真下）

　小竪穴北壁下底面で仰臥屈葬の人骨が発見された。南壁下床面には、ほぼ完形の土器が6個発掘されている。発見面は人骨と同じ底面であることから、一緒に埋納されたものと考えられる。男性人骨で身長160cmと推測されている。なお、高根木戸遺跡で発見された人骨8体（男性6体、女性2体）は成人期以後であった。1体の人骨の上腕骨に生前に石鏃(せきぞく)を打ち込まれたと思われる人骨があった。これは注目すべき事例と言える。いずれの人骨にも抜歯の痕跡はなかったと報告されている。

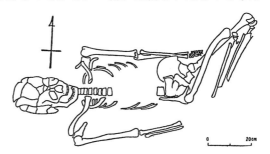

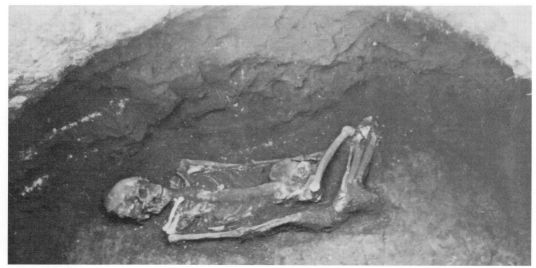

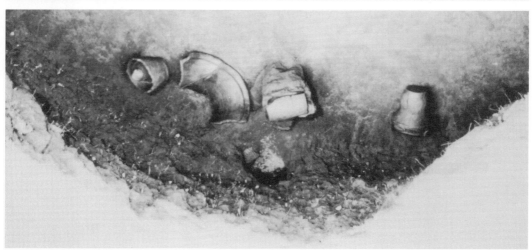

第9図：遺構・遺物

竪穴住居址に見る土器発見状態

　竪穴住居址内の小竪穴覆土、床面、貝層などから多数の土器が出土した。横倒れ、押しつぶされた状態で発見されたもの、土器の内部に土の詰まったものも多数あった。上部に貝層が堆積していたならば、その小竪穴からは人骨の発見があったかも知れない。

第10図：遺構・遺物

竪穴住居址内の貝の堆積状態と土器の発見

　貝層は竪穴住居址や小竪穴内から発見された。貝層は点在し小規模であった。構成する貝の種類は少なく、隣接する市川市の貝塚とは異なる。貝層を構成する貝殻は、中小のものが多数であった。貝はハマグリ、マガキ、シオフキ、オキアサリ、イボキサゴなどから構成されたが、ハマグリを主体とする貝層が多かった。

　獣骨としてはイノシシ、ニホンジカ、クマが見られ、魚骨はクロダイが見られた。

第11図：遺物

人骨の頭蓋骨と孔の認められる上腕骨

　発見された人骨は貝塚が小規模であったため、8体の発見であった。成人男性6体、女性2体である。注目すべきは1体の上腕骨に孔が認められたことである。増殖が認められることから生前に石鏃などによってあけられたものと考えられる。

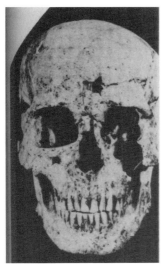
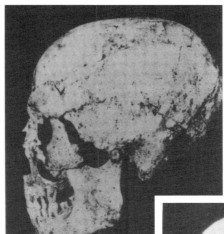

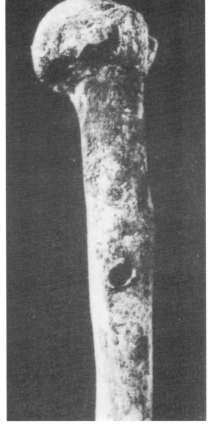

第12図：遺物

深鉢土器

　口縁上に立体把手が4個配されたキャリパー形の深鉢土器。下の写真は、縄文中期の阿玉台式(1)、加曽利E1式（2～4）に比定される。

1

2

3

4

第13図：遺物

貝製品・骨角製品

貝輪、刺突具の他に沈線と小孔の文様がある骨製品が発見された。完全な形ではないが、イルカまたはクジラの骨を使用したと考えられる。腰飾りなどに用いられたと推測される。

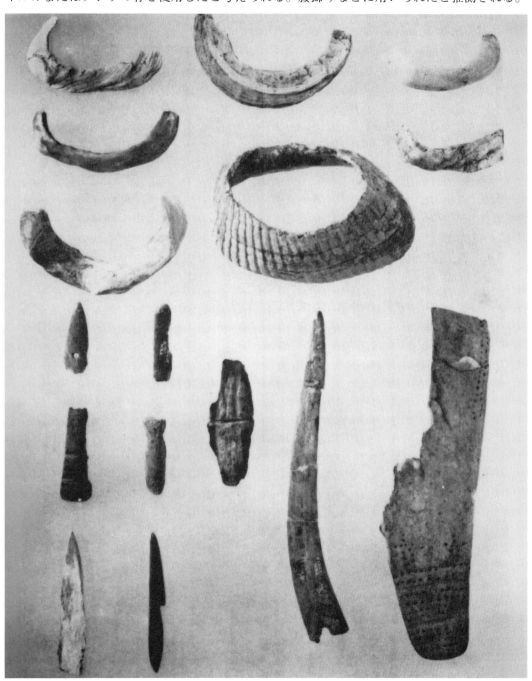

高根木戸遺跡のまとめ

　高根木戸遺跡の報告書が刊行されてから半世紀の年月が経った。
　当時は松戸市貝の花貝塚それに高根木戸遺跡の発掘結果には遺構・遺物を含めて新発見は大きくとりあげられた。しかし半世紀の間には、周辺地域において貝の花・高根木戸で特徴的な事実は同種の発見があいついで、次第に色あせることとなった。それは戦後、弥生時代の静岡県登呂遺跡が発掘され遺構などが復原され考古学を研究する人々は見学に行き大ブームであった。しかしその後、類似の遺跡が多数発見された結果徐々に色あせてきたのと同様であろう。
　さて高根木戸遺跡であるが、縄文時代中期の加曽利E式期の単純遺跡で、集落址研究にとっては色あせず特色の一つに挙げられよう。また小竪穴から土器と同時期の人骨の発見例は小竪穴を再利用したものと考えられるが、人骨の発見はないが完全な形の土器が横倒しの状態で発見される小竪穴は土壙と考えてよいのではないかという見解に至る契機となったものとして高根木戸遺跡の主張できる発見事実と言える。
　また3体の犬が人骨と同様竪穴住居内で発見され、これは高根木戸遺跡の特徴的発見であり、現時点においても人間と家犬の対等の地位の証明として主張できる。
　高郷台地の縁辺に居住して始まった人々が、徐々にではあるが台地中央部に向かって集落を営んでいった結果、巨視的見地から環状の最終形態をとるに至った事実は今後も評価されてよいものと考えている。この指摘については、東京大学文学部長になった藤本強先輩から「おい岡崎、縄文時代の集落址研究には一級品だぞ」と言われたことがつい最近のように思い出される。

5. 後貝塚

阿玉台式土器が一括出土した貝塚

後貝塚出土の主要土器

  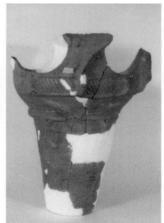

主要出土土器

第1図：遺跡

遺跡位置図

　後貝塚が初めて学会誌に紹介されたのは1893年であった。この段階で後貝塚の名称が出ていることは、八木奘三郎氏より以前に「後貝塚」と名付けた人がいたことが推測される。八木奘三郎氏は貝塚を紹介し遺跡のスケッチを載せていたが、貝層は認められなかったようだ。その後、この遺跡は1942年、1943年と2回、日本大学考古学研究会が調査を行った。

　この頃、八幡一郎先生は日本大学の講師であったのに後貝塚の調査にかかわらなかったのは何故かという疑問をもたれる研究者はいるが、以前に私は、八幡一郎先生との話の中で当時は大陸の調査におもむき、その後シベリアで抑留されていた時期と一致することから、参加できなかったことは当然と考えた。1942年、1943年の調査時は太平洋戦争中であり、その時期に縄文時代の貝塚調査が行われたのは何故か、再び疑問視されることではなかろうか。

　この後貝塚については、寺内隆夫氏の研究した結果が「竹石建二先生、沢田大多郎先生古稀論文集」に発表されている。

　この後貝塚の調査の目的についてである。1942年、1943年に調査が行われたと考えているが、この頃は太平洋戦争の戦時で、日本の誕生を語るのに皇国史観が全盛の時期である。八幡、山内先生らと共に縄文文化を研究していた酒詰仲男先生は、論文、報告書に酒詰仲男の名では都合が悪いと考え土岐仲男というペンネームを使った時期である。そのような時代に縄文時代の貝塚を調査したことは大変なことで、発掘調査時期が誤りでないとしたら、この後貝塚の調査の目的についてはさらなる調査が必要である。いずれにしても寺内隆夫氏の本報告が待たれるところである。ここでは現在日本大学文理学部史学資料室に保管されている土器を紹介し、後貝塚の一部に触れておきたい。

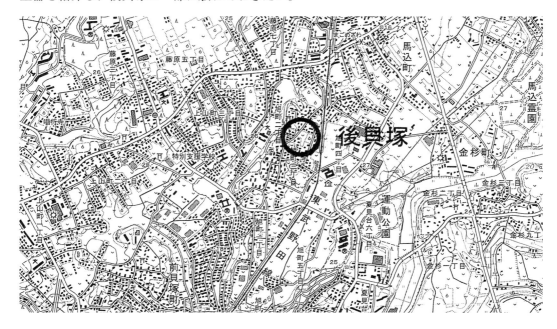

第2図：遺物

4号住居址出土土器

　上段の土器は輪積部分に半月状連続文を地文とし、口縁にはやや弯曲した凹面板状把手を配する。口縁部は隆帯による枠状文をつけ、その下方で結んだような垂下隆文が施される。下段の土器は正面と側面を写したものである。口縁上に大形の耳状把手1個と3個の山状突起を配し、頸部には一条の隆帯文が見られる深鉢土器である。

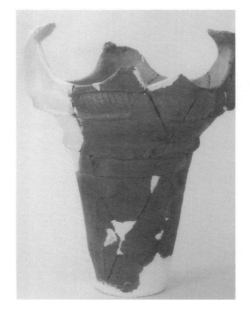

第3図：遺物

4号住居址出土土器

　右の土器は口縁上に4個の突起を配し、突起間を枠上の隆帯で結ぶ。枠の中は斜方向に連続爪形文が施される。また頸部には一条の隆帯が周る深鉢土器である。左の土器は枠状隆帯文が口縁から頸部、さらに胴部全体を埋める。枠の中では曲線が施されている。

第4図：遺物

1号住居址出土土器

　上段の土器は立体把手を口縁に配し、隆帯文が口縁から頸部に集中する深鉢土器である。下段左の土器は頸部に3条の隆起文とその下には渦巻文が配され、文様に刺突が加わるくびれの小さな甕形土器である。下段右は深鉢土器で口縁から頸部にかけて貼付文と隆帯文が配され、隆帯には刺突文が見られる。

　これらの土器には器表面全体に縦方向の擦痕が見られる。これは勝坂式や阿玉台式土器の名残で、形式的には加曽利E1式に移行する段階と考えられる。

後貝塚のまとめ

　船橋市の遺跡を編集するにあたって、発掘調査が行われ報告書の刊行されている遺跡の大部分を踏査した。また、調査は行われているが報告書や論文などで紹介されている遺跡についても、できる限り踏査を試みた。その際、前貝塚（塚田貝塚）を訪れた。地名表に載っている後貝塚も見ておこうとしたが、残念ながら遺跡を確認できなかった。

　後貝塚の内容を知ったのは、出土品を紹介した文献によったことによる。本町発見の土師器、須恵器とともに後貝塚で発見された縄文中期の土器が後貝塚出土の遺物であった。1号竪穴、4号竪穴、5号竪穴出土の土器の中で、4号竪穴出土の一括土器に目がとまった。縄文時代阿玉台式土器であった。これらの土器は高根木戸遺跡、海老ヶ作貝塚の始期の土器であったが、遺構としての発見ではなかった。

　後貝塚の記載の中で4号竪穴出土資料とされていることから、竪穴住居址でまとまって出土したことが推測される。土器型式研究の上でも貴重な資料と言える。

　本書で後貝塚を紹介するにあたり、考古学研究者の古内茂氏と遺跡地名の関係ある書物を持ち後貝塚へ再訪したが、残念ながら何の手がかりも得ることはなかった。

　後貝塚は旭町2丁目～3丁目台地縁辺部の規模で、それほど大きくはなく、宅地造成などによって壊滅した貝塚ではなかろうかという結論に至った。

異なる出土遺跡の類似の土器

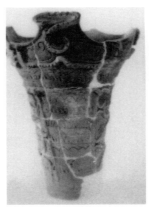

阿玉台式土器
左：高根木戸遺跡出土
右：後貝塚出土

加曽利E式土器
左：海老ヶ作貝塚出土
右：高根木戸遺跡出土

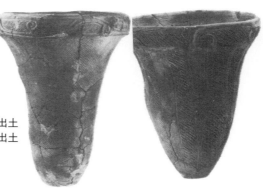

加曽利E式土器
左：海老ヶ作貝塚出土
右：高根木戸遺跡出土

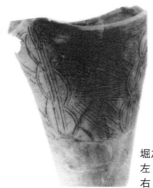

堀之内式土器
左：宮本台貝塚出土
右：堀之内貝塚出土

6. 海老ヶ作貝塚

船橋の貝塚の中で最大規模の環状を呈する縄文中期の貝塚

発掘風景

胴部から口縁に蛇身を配した丸鉢

第1図：遺跡

遺跡位置図

　海老ヶ作貝塚は印旛・手賀沼に注ぐ桑納川(かんのうがわ)水系の一支谷の最奥部北側台地上（船橋市大穴町）に位置する。印旛・手賀沼周辺の考古学調査の一つとして昭和35年に実施された、早稲田大学・金子浩昌先生の試掘溝の調査が始まりである。その後、団地造成工事の事前調査として、昭和44年から45年にかけて試掘溝および一部分の発掘が行われた。

　また南側に隣接する畑地の造成工事に伴い、昭和48年に第二次調査が行われた。さらに平成に入り、船橋市教育委員会により第三次・第四次と遺跡確認調査が行われた。

第2図：遺跡

貝層分布図

貝層は▲の周囲を囲んだところに見られる。

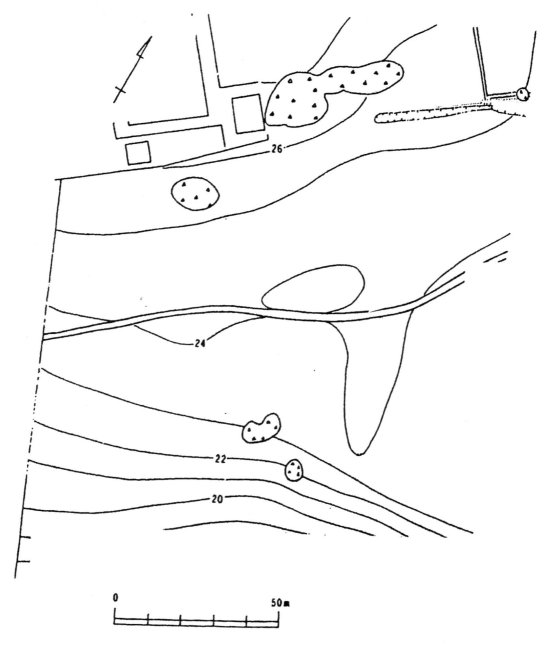

第3図：遺跡

海老ヶ作貝塚の近景（昭和39年頃）

向かいの台地より海老ヶ作貝塚を望む

水田南より遺跡を望む

水田東より遺跡を望む

第4図：遺跡

第二次調査の発掘風景

北西方向より貝塚を望む

第一次調査地点から第四次調査地点（■部分）を地図に記したもの

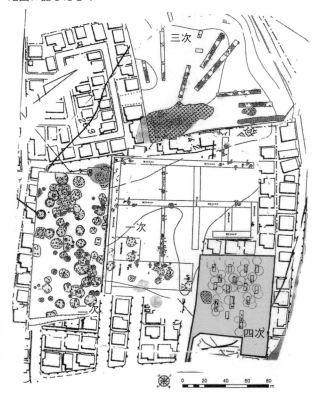

第5図：遺構

竪穴住居址全景

　竪穴住居址の平面形は円形、楕円形が多く、隅円方形、方形は少なかった。主柱穴と考えられる小穴の配置から、五本柱、六本柱の住居が考えられる。中央あるいはやや北側に寄って炉が設けられている。床面を掘り窪めた炉が多いが、第7図に見られるような炉があった。石囲い炉は一例の発見であった。壁直下に溝を周らすものもあった。

第2号住居址と第4号住居址（下）：第二次調査

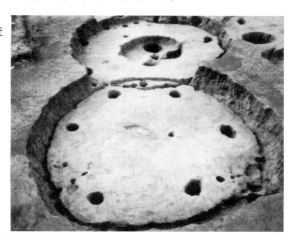

第14号住居址と炉址（左）：第一次調査

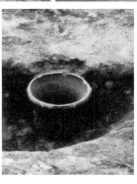 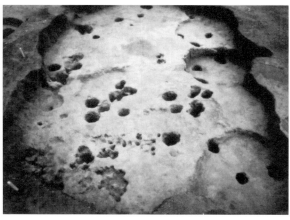

第4号住居址と第5号住居址（上）：
第二次調査

第6図：遺構

特殊な竪穴住居址

　第二次調査で発見された特殊竪穴である。この竪穴は長軸7m短軸6mを測る隅円方形の平面形である。周囲にローム面を残し、内側に外形と同様な平面形の掘り込みが認められる2段構造である。柱穴と思われる小穴6個が発見されたが、4個は規則的配置となっている。遺構の重なり合いと考えられたが、堆積土の観察から一個の竪穴と認識されている。この遺構の一段目の床を精査したが、炉は発見されなかった。このような遺構は、以前ベッド状遺構と呼ばれたものと同遺構と考えられる。佐原市磯花遺跡で2例発掘したことがある。時期は海老ヶ作貝塚と同じ縄文中期前葉頃であった。

第7図：遺構・遺物

土器や石で囲まれた炉址

　竪穴住居址のほぼ中央から幾分北に寄った床から炉は発見される。床面を掘り窪めた地床炉が多く見られるが、土器の破片で炉の縁とする土器片囲み炉、土器の上半分または下半分を埋め込んで作った土器埋め込み炉も縄文時代中期の遺構によく見られる。土器の埋め込み炉は多数発見されている。

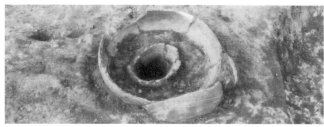

第8図：遺構・遺物

各種の袋状土壙

　口径2〜3mで口径より底径が大きい袋状土壙が多数発見されている。その多くは袋状を呈することから袋状土壙またはフラスコ状小竪穴と呼称している。単体で発見されるものあるいは他の遺構と重なり合うものとがある。

　中央に小穴のあるものもわずかだが見られる。この竪穴から多数の土器が発見されている。完全な土器が発見されている小竪穴は人骨の発見は見られないが、高根木戸遺跡の類似のものは土壙として使用されたかも知れない。

第9図：遺構・遺物

小竪穴内出土の一括土器

小竪穴の底面から、横倒しで押し潰されたような状態で出土した土器。

第10図：遺物

深鉢形土器

　頸部がくびれ、胴は筒状の深鉢形土器である。口縁から頸部胴部下半部には断面三角の隆帯と、それに沿って付けられた刺突文が器表面をうめる。縄文中期後葉の土器である。

第11図：遺物

深鉢形土器

貼付文に並行して、刺突文が付されている。縄文中期中頃に比定されるものである。

第12図：遺物

深鉢形土器

　頸部から底部にかけては沈線文と縄文が施文され、口辺にふくらみを持つキャリパー形の器形が見られる。縄文中期加曽利Ｅ１式の古手と思われる土器群である。一時中峠式などと呼称された土器である。

第13図：遺物
石鏃・石錐

　最下段の右側4点は石錐と考えられる。その他は石鏃となる。石鏃の中には先端部や脚部が欠損したものもある。石材には黒曜石やチャートが多く用いられている。

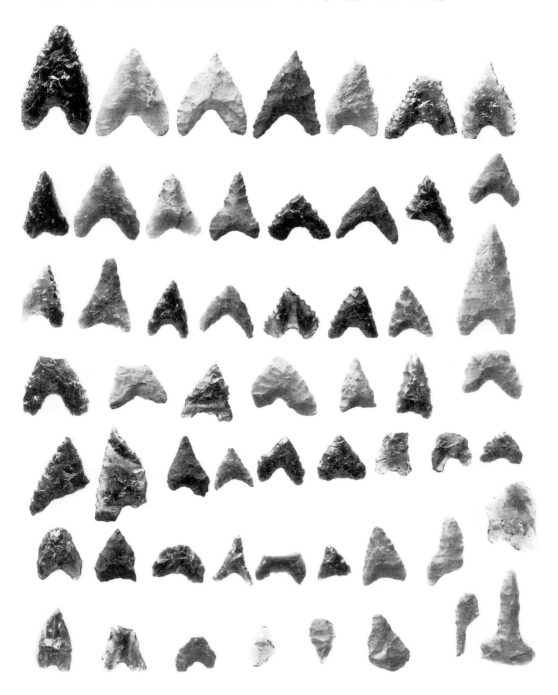

第14図：遺物

打製石斧(せきふ)

　打製石斧は磨製石斧と同様に出土数が多く、長軸の中央部にくびれを入れた分銅形のもの、短冊形のものが多い。いわゆる鍬形を呈するような大形のものは見られなかった。

第15図：遺物

磨製石斧（写真上）と軽石製品（写真下）

　石器の中で磨製石斧の出土も多数あり、細身の短冊形のもの、かんなの刃形のものもある。やや大形の磨製石斧もある。輝石安山岩製の軽石を磨製石斧形に作り、上部に一口孔をうがっている。浮子としての利用に供されたものであろうか。

海老ヶ作貝塚のまとめ

　1．位置　海老ヶ作貝塚は印旛・手賀沼に注ぐ桑納川水系の一支谷の最奥部北側台地上（船橋市大穴町）に位置する。

　2．調査史　印旛・手賀沼の考古学調査の一つとして昭和35年早稲田大学、金子浩昌先生の試掘溝の調査がはじまりである。その後、団地造成工事の事前調査として昭和44年から45年にかけて試掘溝および一部分の発掘が行われた。第一次調査地域の南側に隣接する畑地の造成工事に伴い、昭和48年に第二次調査が行われた。さらに、船橋市の遺跡確認調査が平成に入り第三次・第四次調査と二度行われた。

　第一次〜第四次をそれぞれの調査から定義づけると、第一次・第二次調査は、ほぼ造成地予定地内を発掘したことにより全面発掘区と名付け、第三次・第四次調査は遺構・遺物の様相を確かめる試掘調査と区分することができる。

　3．発掘された遺構・遺物　金子浩昌先生は試掘溝の北側部分から貝が多数、そして貝層を形成する下層から竪穴住居址が発見され貝塚であることを証明された。また第一次調査・第二次調査の全面発掘区からは、竪穴住居址が80個以上発見された。炉をもたない住居とは異なると考えられる大小の竪穴は100個を数える。これらの遺構の中から完全な形や大形破片の土器が多数出土している。出土土器は縄文時代中期の勝坂式・阿玉台式・加曽利EⅠ式・Ⅱ式・Ⅲ式に編年される。それらの土器とともに石鏃・石斧・叩石・石皿などの石器も多数出土している。数は少ないが有孔鍔付土器、それに胴部に蛇をモチーフとした土器、器台など特徴的なものも発見されている。

　4．考察　第一次調査の試掘溝、全面調査の一部、さらに第二次調査の全面発掘区から発見された遺構、第三次調査の遺跡・遺構の確認、それに第四次調査前における遺構の発見状況などを地形図におとして総合すると、海老ヶ作貝塚は東西200m南北180m規模の大集落遺跡と見ることができる。地形的に見ると東に開口部をもつ貝塚と想定できよう。

　海老ヶ作貝塚の全貌は上記した如くであるが、周辺に存在する遺跡との比較などをここで試みたい。高郷小学校建設に先駆け一夏で台地を調査し多大な成果を得た高根木戸遺跡と比較すると、海老ヶ作貝塚の規模は、それをはるかにしのぐ遺跡であることが指摘できる。第一次・第二次調査の団長として指揮をとられた八幡一郎先生は、海老ヶ作貝塚の規模は未知数であるが、国指定史跡の市川市姥山貝塚にその全貌は劣らないであろうと私達に語った。八幡先生は日本で初めて竪穴住居址が発掘された姥山貝塚を知る第一人者と言える。

　海老ヶ作貝塚は馬蹄形集落に貝層を埋存する大規模遺跡であることが判明した。しかし残念ながら第一次・第二次調査以前の開発により、その南から東にかけての部分が壊滅した。一方、金子浩昌先生の調査地点を含む貝塚の埋存部分を含めた西側から北側部分は、運動広場などの利用に供され現状保存されていることが明らかになった。

　今後は、この貝層が埋存する西側遺跡部分を如何に保存する対策を講じるかが重要なテー

マとなること必定である。貝層を大部分含む地点が市有地であることが確かめられた。この市有地を含む西側部分の遺跡を現状保存することが行政当局・考古学者に課せられた命題である。両者の今後の努力が失われた部分を含めた海老ヶ作貝塚が、後に船橋市を代表する遺跡として格が上がることを理想として残したい。なお、船橋市における古作貝塚、高根木戸遺跡は全国的に知られていることを付記しておきたい。

7. 宮本台貝塚

同時に15人の縄文人を埋葬した小竪穴の発見された後期を中心とする貝塚

畑に貝殻が広がる様子

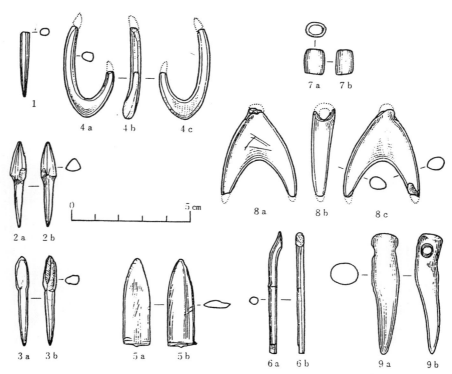

出土骨角器：1＝骨針／2・8＝角製鏃／3＝骨製鏃／4＝角製釣針／5・6＝骨製品／7＝管状骨製品／9＝有孔V字型鹿角製品

第1図：遺跡位置図

南方上方から宮本台貝塚を望む

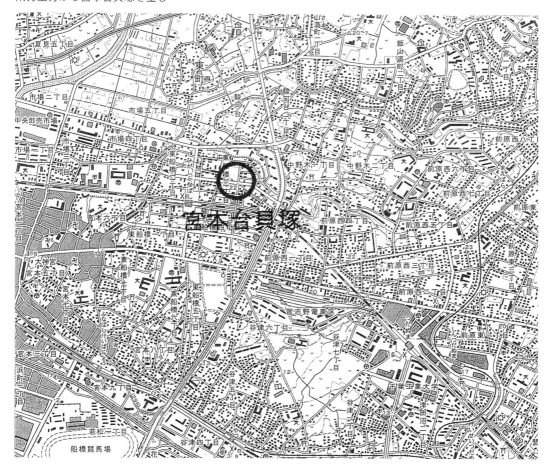

第2図：調査の記録

　本遺跡は、船橋市宮本町6丁目に所在する。遺跡の立地する地区が区画整理計画地に含まれ、1969年から市施工により事業が行われることとなったが、本遺跡については、その範囲等が明らかでなく、区画整理工事によりどの部分が影響を受けるかを確認する必要があった。このため、1968年8月下旬に予備調査として周辺の地形測量、ボーリングピット設定による探査を行った。その結果、径1～5mと比較的小規模の貝層が、東西約200m・南北約130mの範囲に点在し、縄文時代後期に属する土器片のほか、土師器片、陶器片等も認められた。この結果を受けて、区画整理計画の中で貝塚の分布の濃密な西側部分は公園として10,000m²が保存されることとなった。

　本遺跡の調査は、幅6mの道路敷設部分延712m、面積4,270m²を対象として実施された。そのため、きわめて部分的な調査に終わったことは否めない。結果としては、当初に予定した道路敷以外に若干の部分を拡張し、追加調査することができた。その結果5軒の竪穴住居址と30余基の小竪穴遺構、30体の埋葬人骨を検出したほか多数の遺物が出土した。特に人骨が多く検出されたことは、遺跡のあり方を考える上で重要であり、また15体の人骨をまとめて埋葬した土壙の検出は貴重な発見であった。

　遺跡としては、全体のごく一部の調査のみであり、復原的に考察するには困難な点が多い。幸い遺跡の中心と思われる部分は公園として保存されているが、遺跡の保存と整備計画等は依然として十分に検討すべき課題である。

遺跡より東を望む（昭和44年頃）

第3図：遺構

重なり合う竪穴住居址と土壙

　貝層は竪穴住居址に凹レンズ状に堆積したり、小竪穴内にも発見されたりしている。貝層は、ハマグリ、オキアサリ、キサゴが主体で他にマガキ、シオフキなどで構成されている。魚骨はタイやフグの類が目立って発見されている。

　獣骨では、シカ、イノシシが多数を占めているが、鳥類もわずかに出土している。また貝層の中から、完形に近い土器片も多数発見されている。溝にも貝層の堆積が見られる。壁が明確で炉址があると共に、幅20〜30cmの柱穴の配置から、竪穴住居址は5軒発見された。他に柱の配置、焼土灰の堆積が見られるものを精査すれば、さらに2〜3軒の住居の存在があるかも知れない。

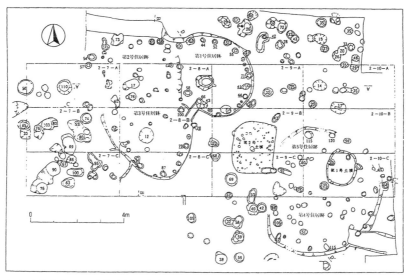

縄文時代後期の竪穴住居址が何軒も発見されている。

第４図：遺構

発見された小竪穴

　口径１～３ｍの直径を測る小竪穴は試掘溝の中に点在するが、断面は垂直壁のものと袋状を呈するものが見られる。これらの小竪穴から出土した人骨は少なかった。

第5図：遺構

発見された大小の溝

　ローム面で横倒し状態で発見された土器は、堀之内Ⅰ式土器である。貝層の堆積状態に攪乱の跡もないことから、同じ頃に作られた土器や溝と考えられる。試掘溝内の調査ではその一部が発見されただけなので、用途は不明である。

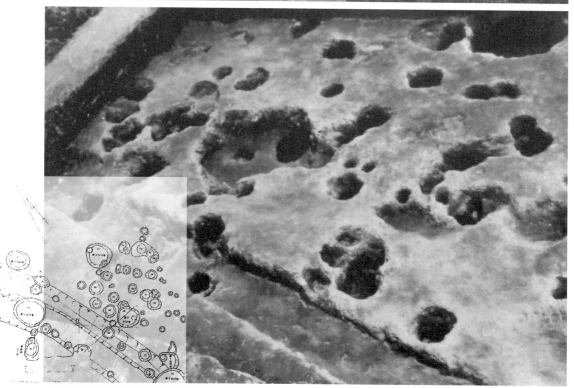

第6図：遺構

隅円長方形内多数人骨発見状態

　第2号、第5号竪穴住居址の柱穴の配置から住居址の存在を考え、炉址の発見を目的に精査した際、ハードローム面とはやや異なる部分が見つかった。

　この軟ローム面を10cmほど掘り下げると長径2.37m・短径1.85mの隅円長方形の遺構が発見され、第2号小竪穴としたが、人骨が発見されたので第2号土壙と変更した。注意深く掘り下げると土壙内はほぼ全体に人骨の一部と考えられるものが拡がった。

　小片保氏、森本岩太郎氏等の指導を受けさらに掘り下げると、15体の埋葬人骨が発見されるに至った。埋葬人骨は土壙壁に頭部、中央部に向かって放射状の埋葬形態が判明した。実測後取り上げると、最終的に15体を数えた。

　構成は成人男性6体、成人女性4体、子供3体、他に保存状態が悪く性別が判別できないもの2体、計15体であった。

第 7 図：遺構

多数埋葬人骨発掘の過程

上段：頭骨を除いた部分の調査／下段：最終段階で頭蓋骨を取り上げる寸前の状態

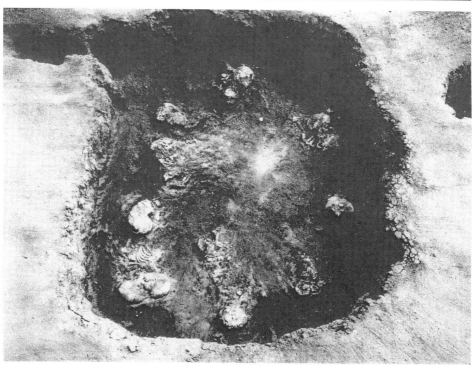

第8図：遺構

再葬の埋葬人骨

　これまでは解剖学的自然位の見られる人骨であったが、本土壙内の人骨はまとまって発見され、再葬骨と考えられる。

第Ⅱ部　第1章　主要貝塚の調査概要

第9図：遺物

抜歯痕の認められる人骨

　頭蓋骨は半分欠損するが上顎下顎骨は残存しており、精査の結果、抜歯痕の認められた人骨である。

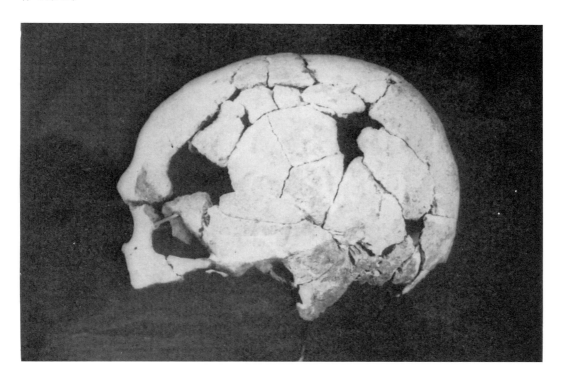

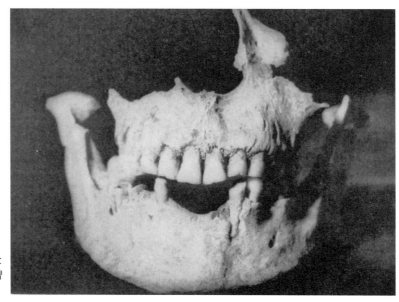

第106号人骨頭蓋顔面観
注）下顎左右第1切歯および下顎右第2切歯は、風習による抜歯の疑いあり。

第10図：遺物

出土深鉢土器

　貝層の堆積が見られた溝の上部で発見された筒状深鉢土器で、地文の縄文の上に縦に沈線で区画された中に半円状の文様が配されている。縄文時代後期前葉の堀之内式土器の一典型と見られる。

ほかにもたくさんの深鉢土器が発掘されている。

第11図：遺物

出土把手付注口土器

　把手の対面に一部注口部を残すが、大部分は欠損している。張った胴部から口頸にかけて半弧状沈線文が配されている。縄文時代後期前葉の土器と考えられる。

第12図：遺物

骨角器とシカの角

　骨角器として針、骨鏃、装飾品などが出土している。他に最下段のシカ角に加工途次の痕跡が見られる。図中のａ、ｂは同一物を２面（５と９以外は表と裏）から撮ったもの。

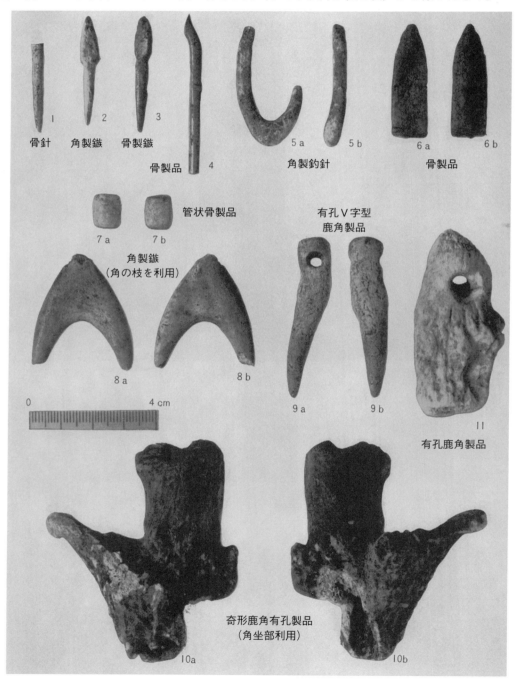

宮本台貝塚のまとめ

　宮本台貝塚は対象面積が広範囲であることから、全面調査を4ヵ月ほどの期間でするのが無理であることは明白であった。そこで八幡一郎先生を中心に、市教育委員会の担当者、西野元氏、私などが数回、調査対象に関する会議を開き検討を重ねた結果、貝塚を詳細に踏査した資料をもとに一部を保存し、その他の部分を調査する方針が最良ではないかとの結論に達した。その内容は、貝の散布が密でボーリングでも貝層が認められた部分は保存することにし、その他の対象地区には試掘溝を設定して、遺構の分布を確認する案であった。市の教育委員会の尽力で、貝が密な部分は公園として保存することになった。

　現在の宮本町北公園が、保存されている部分である。試掘溝は第2図に見られる設定で行われた。試掘溝の大部分は土器片がわずかに発見される程度で遺構の確認はなかったが、西側部分に貝層が発見されたことから、地権者の許可を得て、貝層の範囲と遺構の確認を目的に拡張区を設定し調査を行った。

　その結果、縄文時代後期の集落の一部と多数の埋葬人骨、土器、骨角器などの遺物が発見された。その中で本貝塚を特色づける発見は、一土壙内に解剖学的自然位をとる15体の多数埋葬骨の発見であった。埋葬された人骨については種々の論文等で、14体、13体などと発表されたものがあるが、発掘現場で取り上げる際に人類学者の小片保先生がかぞえた数は、15体であった。

　その際、小片保先生は同時期に埋葬しているという。私も同意見をとっている。15体を同時に埋葬したことについては、小片保先生は中毒死説、あるいは何らかの流行病による死因が考えられると語った。私は当時の人々の自然依存の生活を考えると、フグを食した中毒死、または毒キノコを食した結果によるのではないかと考えている。いずれにしても、このような多数同時埋葬の例は少ないことから、宮本台貝塚調査の成果の一つとしてあげることができる。

　遺構として竪穴住居址、小竪穴などが拡張区から発見された。竪穴住居址は壁が浅く地床炉、柱穴の配置などを図面におこした結果5軒が明確になった。小竪穴は他の貝塚と同様袋状断面のもので、中には貝の堆積の認められるものが見られた。

　本貝塚では、1～3mの幅の浅い溝が発見された。部分調査であったため、その使用は明らかにできなかった。溝中にはプライマリー（手つかず）の貝層が詰まっていた。排水あるいは集落を守る目的として同時期の他の遺跡を注視して調べる必要があると思う。竪穴住居址、小竪穴、溝の上部に堆積していた貝層は、北西方向に延続することが確認できた。この貝層がさらに北西に延びると予測すると、保存地域につながることが考えられる。

宮本台貝塚集団墓の実測状況

8. 古作貝塚

多数の埋葬法、
装飾品を身に着けた人骨等
貴重な資料が発見された
後・晩期の貝塚

古作貝塚で発掘された人骨の実測風景

縄文時代後期前葉の土器

第1図：遺跡

航空写真（北西上空より望む）
　○印の地点が遺跡の中心で、左上部が競馬場である。

第2図：遺跡

遺跡位置図

　古作貝塚は船橋市古作町47番地を中心とする貝塚である。京成本線・東中山駅北北東約1.1kmに位置する。昭和2～3年にかけて中央競馬会中山競馬場の建設、それに付随する施設により地形が大きく変化し、現在ではスタジアム北側県道に隣接する地および厩舎の存在する地に貝殻が散布する地点があることが、貝塚の存在を知る手がかりとなっている。

　古作貝塚は昭和3年、工事中に貝層下から蓋付土器が発見され、当時東京帝国大学人類学教室の八幡一郎先生が調査に携わり、土器の中から52個の貝輪が埋納されていたことを発表した。この貝輪が埋納された二つの土器は、他に類例を見なかったことから学界で話題となり、古作貝塚は学史に残るほど著名となった。しかし、その後は記録に残る調査もないまま半世紀が過ぎた。昭和50年代に入ると、施設の老朽化による建て替えで発掘調査が企図され、第一次、第二次確認調査、第三次調査が行われた。

　当初、昭和3年の工事などで遺跡は残存しないと考えられてきたが、上層部は破壊を受けていたものの下層部には貝層が残っており、遺構・遺物が多数発見された。

　その結果は以下の図版などで説明するが、貝層が残存していたことから数々の新発見となるに至った。貝輪を装着した人骨の発見は昭和3年の貝輪と同種であったこと、母子合葬と思われる子供を抱いた女性骨の発見、それに一竪穴から多数の解剖学的自然位をとらない人骨、首飾りを装着した人骨の発見など多くの成果が得られた。

第Ⅱ部　第1章　主要貝塚の調査概要

第3図：遺跡

調査区設定図

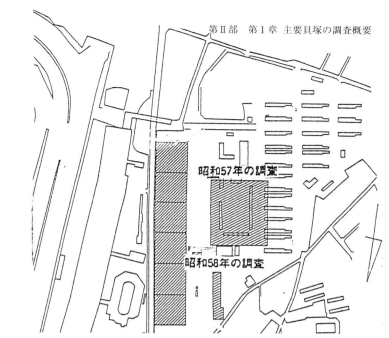

第4図：遺構

母子合葬墓

　右側臥伸展葬の腕と足の間に子供が抱かれている。森本岩太郎氏は子供は4、5歳、腕に子供を抱いている女性は年齢は20代後半期と思われるが、母子合葬と考えられるとの見解であった。ローム面での発見であったが、おそらく浅い堀込に埋葬されたと考えられる。当時の人々の精神生活を知る上で貴重な資料である。

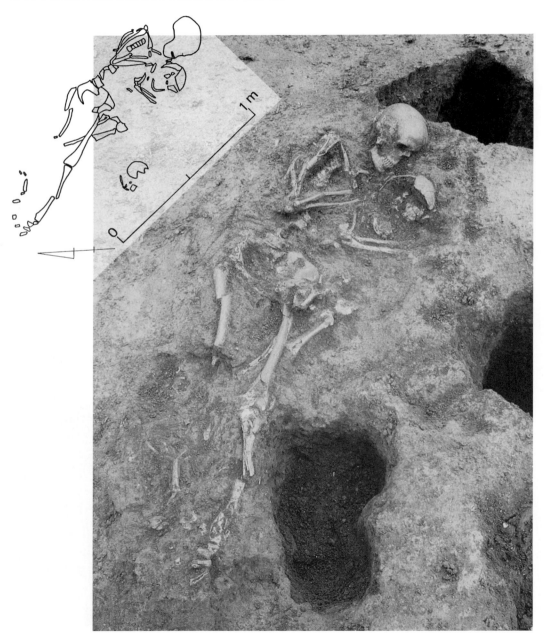

第5図：遺構

埋葬人骨

長楕円形の小竪穴内から、頸部に垂飾の装身具が出土し、横臥屈葬の人骨が発見された。

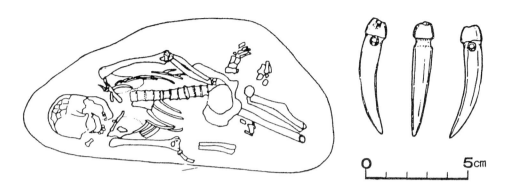

第6図：遺構

埋葬

　右上腕骨に貝輪を装着していた。離れて発見された貝輪は、左腕に装着されていたのだろうか。

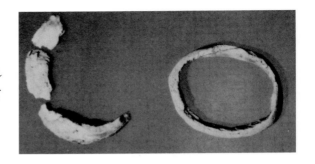

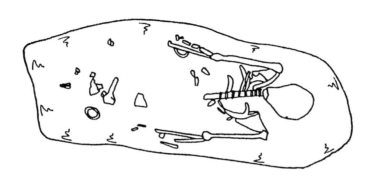

第7図：遺構

埋葬人骨

　甕や深鉢土器に幼児骨を入れて埋葬する方法も見られた。北関東から東北地方にかけて底部に孔をあけた土器が発見されるが、同様な葬法に使用されたものと考えられる。

第8図：遺構

埋葬人骨

　1.8m×1.3mの不整楕円形の土壙には、解剖学的自然位をとらない成人男性9体、成人女性3体、幼児2体の計14体が埋葬されていた。発掘の際、頭蓋骨が14個発見され、その後その他の部位を聖マリアンナ医科大学で精査した結果、同数体であった。この葬法は宮本台貝塚でも発見されており、縄文時代後期に用いられた葬法と考えられる。

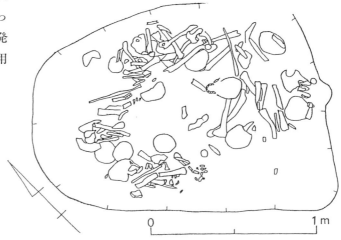

第9図：遺物

抜歯の認められた人骨

　抜歯（第1・第2小臼歯）の風習による痕跡の残る人骨が、数体発見された。古作貝塚の抜歯は女性に認められている。

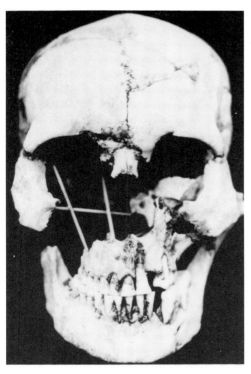
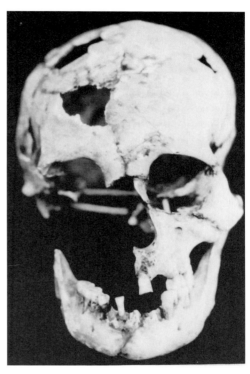
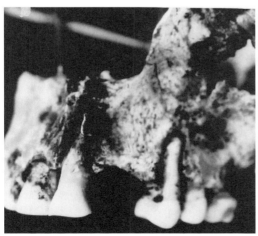
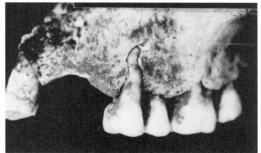

第10図：遺物

出土土器と貝輪

　下段の土器はやや細身で上段の土器より小形である。写真全体から見て、この下段の土器の蓋は本来この土器のものかどうか疑わしい。納入されていた貝輪は19個で、サルボウ18個とベンケイガイ１個という内訳である。

　これらの蓋付土器は文様などは見られないが、焼成などを見ると縄文時代後期前葉の土器の範疇に入ると考えられる。

第11図：遺物

出土土器

　発見された貝層は大部分が後世の攪乱を受けていた。だが、軟ローム面上層の一部に攪乱を受けなかった貝層が見られた。完形土器、骨角貝製品などはこの層から発見された。図示した土器は、下段の土器を復元した注口土器である。

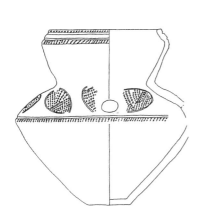

第12図：遺物

出土骨角製品と貝製品

　骨角製品としては刺突具、孔のあるものは垂飾、貝製品として貝刃・貝輪が発見されている。

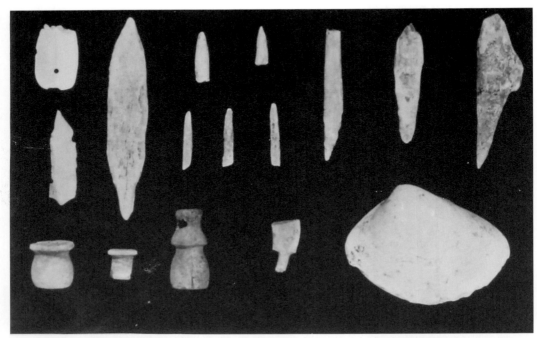

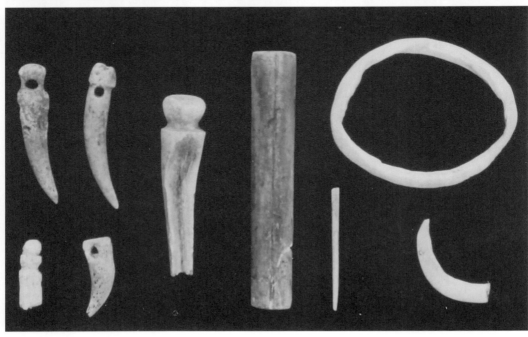

第13図：遺物

貝類

　上段の貝は、1・2 ハイガイ、3・4 マガキ、5 ハマグリ、6・11 アサリ、7・8・14 オキシジミ、9・10 オキアサリ、12・13 シオフキ、15 オオノガイ、16 ミルクイ

　下段の貝は、1・2 アカニシ、3 バイガイ、4 ウミニナ、5 イボニシ、6・7 ツメタガイ、8・9・10 イボキサゴ

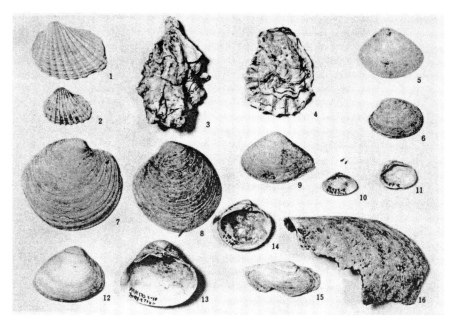

第14図：遺物

獣類、魚類、鳥類

　1〜3 サメ、4 トビエイ、5〜11 マダイ、12〜17 クロダイ、18 ヘダイ、19〜24 スズキ、25 ウミガメ、26〜29 ハクチョウ、30 カモ、31 キジ、32・33・36〜38 イルカ、34・35 クジラ

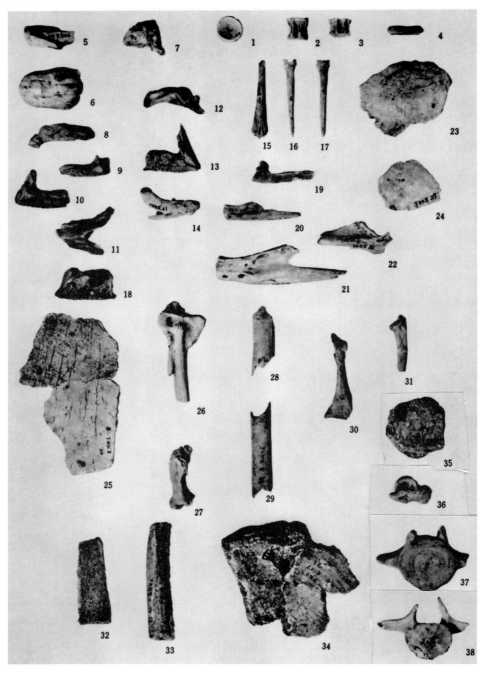

古作貝塚のまとめ

　古作貝塚を馬蹄形、あるいは列点状貝塚に分類することは現在まったく不可能である。それはすでに述べたように昭和2～3年にかけて中央競馬会中山競馬場のメインスタジアム、それに付随する厩舎などの施設建設に伴って、大規模の破壊を被ったからである。

　私たちは全面調査の第一次調査から確認調査で得た結果をもとに、貝塚の復原を試みた。その結果、南側半分には貝層の発見はなかった。しかし北側部分から、破壊された貝層下の一部に遺構・遺物をほぼプライマリーの状態で発見することができた。また、ケヤキ並木と県道の間には良好な貝層の堆積することを知り得た。パドック敷設の調査では、3分の2ほどの破壊を受けているものの、下層からプライマリーの貝層、その下から多数の人骨を発見することができ、貝塚を知る上で貴重な成果を得た。そして並木の北側部分からパドック部分は、貝層の分布などから古作貝塚の中心部の一部ではないかとの推測を可能とした。

　私は、昭和3年に八幡一郎先生の調査した蓋付土器の発見は、この貝層群の南側部分と推定した。貝輪を装着した人骨の発見、蓋の部分と考えられる土器が多数発見されたことなどから調査地点の解明の手助けになったと思う。前にも述べたように、残存した貝の薄層の下からは多数の人骨が発見された。

　その一つは母子合葬墓である。軟ローム上面にて横臥の状態で腕の中に子供を抱いた状態の人骨については、人類学者の森本岩太郎先生の教えによれば、母親と考えられる人骨は幾分年を経ているが、ほぼ母子合葬墓と認めてよかろうとのことであった。後に飛ノ台貝塚でも年齢差のある男女の合葬墓が発見されているが、縄文人の精神生活を考えるうえで貴重な資料と言える。また多数の埋葬例が調査されているが、貝輪を装着した人骨、垂飾の発見されている人骨は少なく、何らかの格差があつたことが指摘できる。

　縄文人の埋葬を屈葬位と考えると、意外にも伸屈葬が多い傾向も指摘できる。埋葬では解剖学的自然位をとらない事実も述べなければならない。当初2～3体の人骨が小竪穴内から発見されたが、解剖学的自然位をとらない埋葬であった。

　これは一つの土壙内から14個体の多数人骨が発見された事例のことであり、掘り下げると頭蓋骨の上に大腿骨や腰部がのった状態であった。森本先生は解剖学的自然位をとらない埋葬であると述べた。おそらく他にあったものを一ヵ所にまとめて埋めたものであろうとの認識を示した。その後の研究の結果、男9人、女3人、不明2名の14体に分類された。森本先生は14体の頭蓋骨に対し、腕、大腿骨、腰骨の個体数が合致することを教示された。この土壙内には明確に14体が埋葬されたことになる。

　縄文時代後期にこのような埋葬法が存在することになり、解剖学的自然位の一次葬に対し再葬が行われたことを証明したわけである。小片保先生からは茨城県中妻(なかづま)貝塚の90体を越える再葬墓に対して、鳥葬などの風習があったのではないかと教示を受けた。古作貝塚では貝輪の納入された蓋付土器2個体と51個を数える貝輪が発見されており、考古学界では著名な

貝塚であった。

　昭和3年に八幡一郎先生が調査され報告していることも周知の如くである。ところが半世紀後、発見されていた貝輪と同種のものを装着した人骨を発掘して、使用されている事実を証明した私が八幡一郎先生の弟子であったことは、何か因縁を感じないわけにはいかなかった。また、古作貝塚で発見された横臥屈葬の人骨の首に当たる位置で、骨製垂飾が発見されたことは、特別意味をもつ人物の存在を考える材料になるかも知れない。

　人骨研究中、2体の人骨の頭蓋骨に抜歯の痕跡が認められた。宮本台貝塚では1個体に抜歯の痕跡があった。縄文後期の人骨に抜歯の認められるものがあり、当時の風習の一例と考えられる。しかし発見された人骨数に対しての割合は少なく、特殊な風習であると考えられる。抜歯の際にはトリカブトや彼岸花などを利用して痛みを和らげながら行ったのではないかと推測する。いずれにしても、この風習は何らかの地位にある人物の成人儀式ではないかと推定される。

　墓制では他に小児骨を埋納した、いわゆる土器棺が2個発見されている。いずれも土器型式から見ると、縄文後期初頭の称名寺式に比定されるものである。

　貝層は、金子浩昌先生に調査研究を依頼して行った。貝は、鹹水産のものが多く純鹹貝塚と考えてよかろう。動物骨としてはニホンシカ、イノシシが多く、他に小動物が多数発見されている。本貝塚においては、他の時期と同様の石器の出土を見たが、中でも石皿が多数発見されていることに注目したい。植物にも食料の依存が多かったことを考えることができる。

　古作貝塚はこれまでの調査から考えると、第一次調査の北側部分、確認調査部分、パドック施設の部分に貝層の堆積が多く、この部分が貝塚の中心部の一部と考えて良かろう。付近の地表における貝殻の散布を調べると、市川市と接する西側部分に散布が認められる。さらなる調査が必要である。

　最後に本貝塚の時期であるが、他の発掘作業中に発見された土器は、称名寺式から安行Ⅲc式土器が認められる。この事実から縄文後期から晩期にかけて営まれた遺跡と考えられる。そして盛期は堀之内式土器期から加曽利B式土器期と想定される。

　いずれにしても、2個の貝輪納入の蓋付土器の発見で終わろうとした貝塚であるとともに撹乱、破壊を受けてしまったと考えられていた貝塚が、まだ残存していたという事実を記録調査として保存することができた意義は大きい。

第Ⅱ部　第1章 主要貝塚の調査概要

9. 金堀台貝塚

祭祀に彩られた精神生活の一面を物語る

試掘溝による遺構調査景観

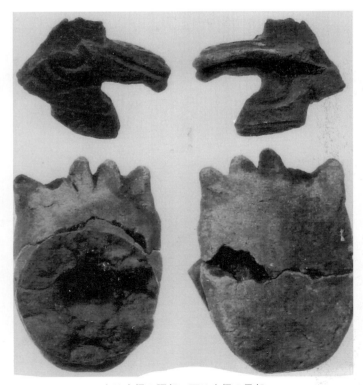

上は土偶の胴部、下は土偶の足部

第1図：遺跡

遺跡位置図

　本貝塚は、船橋市豊富町1307番地（字桑橘台）を中心とした地域に位置する（第1図）。調査は、昭和33年3月～4月に行われた。発見された遺構は長径7m、短径5.7mの楕円形状の竪穴住居址1軒であった（第4図）。

　出土土器から見て、縄文後期中葉から晩期にかけての時期と考えられる（第5～9図）。その後、貝塚の北の一部が削平され多数の遺物が出土した。

　大形土偶の足、頭部等の土製品が発見された（第7図）。その他、石鏃や石斧の他に硬玉製勾玉、朱彩の石棒等が採取されている（第7・8図）。縄文時代後期から晩期にかけての重要な遺跡と言える。

　この金堀台貝塚を記載する前に再度、平成28年8月下旬、古内茂氏と県市の遺跡分布図によって踏査を試みたが、貝殻や土器片を採集した畑地は建設用資材置き場となり、鉄骨等が乱立していて畑地はほとんど見られなかった。

　上記の以前に削平された場所は果樹園となっており、そこだけ当時の景観を見出すことができた程度である。従って、ここで紹介する資料は貝塚を知る唯一のものと考えられ、貴重度は更に増すものと考えざるを得ない。

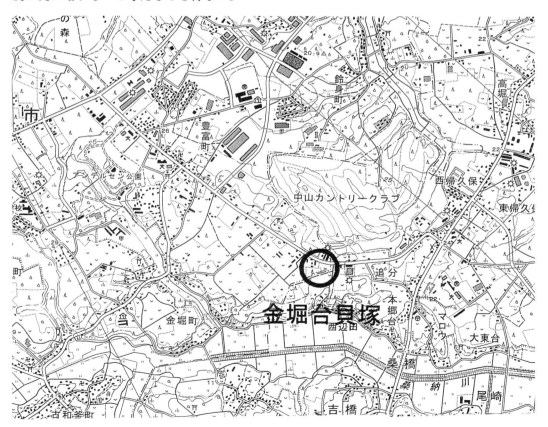

第 2 図：遺跡

遺跡近景（昭和44年頃）

1．遺跡近景（北西方から望む）

2．遺跡近景（北方から望む）

3．遺跡近景（北西方から望む）

第3図：遺構・遺物

貝の堆積断面と出土土器

　地表から表土層、褐色土層、黒褐色土層、暗褐色土層でローム面に達する層序で地表からローム面までは90cm、貝層は地表下30〜45cmにかけての部分である。

　貝層はオキアサリを主体としヤマトシジミ、ハマグリ、シオフキの順に多く、他にオキシジミ、アサリ、カガミガイ、バカガイ、バイがわずかに発見された。貝層中からは加曽利BⅢ式、暗褐色土層から堀之内式土器が発見されている。

　土器はほぼ完形の注口土器で、出土状態からこの土器の底面が住居の床面と考えられる。

第4図：遺構

竪穴住居址全景

　竪穴住居址は、炉の位置と壁から判断して長軸7m・短軸5.7mの竪穴住居となろう。しかし北部分に焼土が発見されたこと、柱穴と溝の様相から2～3度の建て替え、あるいは竪穴住居の重なり合ったことも推測できる。これらの遺構は土器型式から推し測るに縄文後期中葉から末にかけての居住地と考えられる。

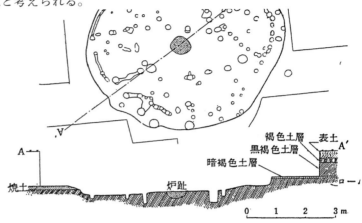

第5図：遺物

出土土器

　口縁は波状を呈し小突起が付されている。胴部は一条の沈線文が配された磨消縄文で埋まる加曽利B式新段階の注口土器である。

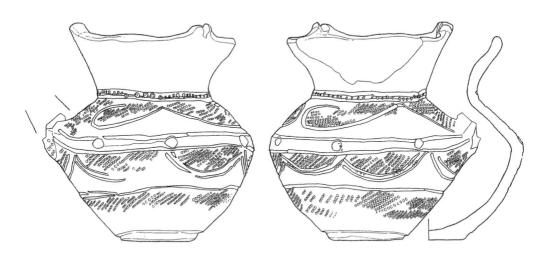

第6図：遺物

出土土器

右：口縁と胴部に貼り付け文を付し、その間を隆起文が幾何学的に配される。安行Ⅱ式に比定される甕形土器である。

左：浅い切り込みによる8個の小突起の見られる波状口縁の配された深鉢土器である。胴上半部は沈線による幾何学的磨消縄文が器表に配されている。頸部にあたる部分には三叉文が見られる。その特徴から縄文晩期前葉の安行Ⅲa式に比定できる。

右：5個の切り込みにより波状口縁とし、頂部に小突起を配す。胴部は磨消縄文が配され、ところどころに貼り付け文が見られ、安行Ⅲb式（姥山Ⅱ式）に比定される。

第7図：遺物

土製品

　削土中に発見された土製品である。上段右端の遺物は翡翠の原始勾玉である。下から2段目左の土偶の足は中空で、相当大きな土偶と考えられる。

第8図：遺物

石製品

削土中に発見された石製品である。下段右から2個目の石棒は、発見されたとき赤色彩が認められた。

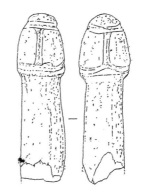

金堀台貝塚のまとめ

　金堀台貝塚は印旛沼に注ぐ神崎川に形成された標高23～24mの小支谷の谷頭台地上に位置している。新京成・二和向台駅の東およそ4.7km、北総開発鉄道・小室駅から南3.5kmに位置する（第1図）。
　この台地周辺はゴルフ場、県道に沿って工場資材置き場が点在するが、その間の畑地、山林等に囲まれた環境に位置している。
　私達がこの地を訪れたとき、果樹園を開くべく山林を伐採、整地している場所で、多数の遺物を採集した地点は北辺の一角と考えられる（第2図）。
　この地の中央部と考えられる地点が、船橋市史編纂の調査として1958年3月28日から4月5日にかけて、武田宗久氏を中心に発掘調査が行われた場所である。その結果、貝殻の散布する下から竪穴住居址が1軒発見された（第4図））。武田宗久氏の報告によれば、地表30～40cmに貝層が堆積しており、その層からは加曽利BⅢ式土器、その下層から堀之内式土器が発見されたと記録されている。
　貝層はオキアサリ34.08％、ヤマトシジミ29.85％、ハマグリ14.77％、シオフキ4％、その他にオキシジミ、アサリ、カガミガイ、バカガイ、アカニシ、ツメタガイ、バイから構成されていたと分析している。
　土器は堀之内式から安行Ⅲa式まで（第5・6図）、他に石槍、勾玉、土偶、土製耳飾、骨角器などが出土したと報じている。遺構として調査された竪穴住居址は平面楕円形で、長軸7m・短軸5.7mを測る。
　竪穴の壁は浅く15cmほどである。炉は地床炉でその周囲には多数の柱穴、それに断続的な溝が発見されている（第4図）。
　溝は竪穴住居址の溝ではなく、重なり合いや建て替えの痕跡と考えることもできる。土器の出土割合から考察すると始期は堀之内式期で、盛期は加曽利B式期、そして安行Ⅲa以降に廃棄されたと推測できる。
　さて貝塚は既に工場、資材置き場の下になっていることから全体を推測することは不可能であるが、果樹園に開墾された部分には貝の発見はなかったことから、スポット貝塚と考えて良かろう。
　調査の貝から見ると、本貝塚は印旛沼よりも東京湾北岸と関連の貝塚と指摘できよう。遺物として、土器では盛期に作られたと思われる四角鉢は、他の遺跡では出土例が少ないということが特徴と考えられる。また採集遺物の中の翡翠は原始勾玉、土偶は中空土偶と推し測ることができる（第7図）。
　いずれにしても、今後、残りの遺跡を船橋市内では数少ない後晩期遺跡として注視する必要があることを指摘しておきたい。

縄文早期の土偶
（小室上台遺跡出土）

縄文後晩期の土偶
（金堀台遺跡）

縄文中期の土器に付く顔面装飾
（海老ヶ作貝塚）

縄文後晩期の土偶
（金堀台遺跡）

第2章 各貝塚出土土器の編年

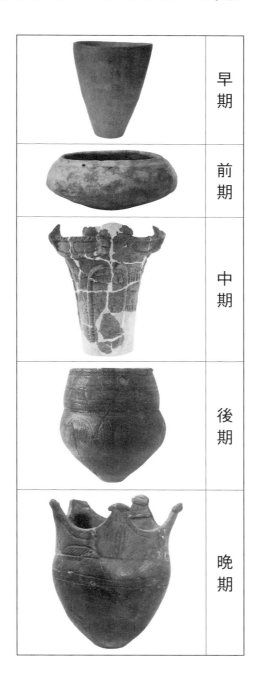

土器の器形

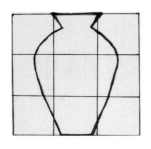

甕
胴部の方の部分が大きく張って頸部のくびれが深く入り、口縁部の小さい土器を甕として分類した。中期の土器に見られる。

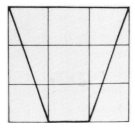

深鉢
底径より口縁が広く胴長の土器を深鉢とした。胴長筒状の形で頸部から口縁に広がりをもつものなど、早期から晩期まで一番多い器種と言える。

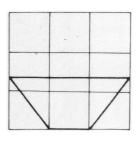

浅鉢
底径に比べて口径が大きく、底部と口縁が直線を呈する浅い土器である。

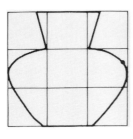

壺
胴部に比べて小型の筒あるいはやや広がりの頸部を付した器種である。後期から晩期に見られる。

埦（わん）
底径に比べてやや広い口径を持つ湾曲した器高の低い土器である。胴部の湾曲が少なく直線状の土器は「坏（つき）」と呼んでいる。

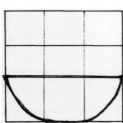

底部は大半が平底である。早期には底のとがった尖底の土器が見られる。これは底から胴部にかけての部位を埋め込み、炉に使用したことが考えられる。

尖底土器　　平底土器

縄文土器の編年

(1) 貝塚と縄文土器の編年

　貝塚は、一般的には縄文時代の人々によって食べられた魚貝類や動物の骨、あるいは壊れた土器・石器などが捨てられた場所と考えられてきた。だが、明治時代中頃から大正・昭和初期にかけて、東京帝国大学（現在の東京大学）理学部人類学教室の研究者は貝層の中から発見される人骨に注目し、人骨だけを採取して研究室に持ち帰った。この頃は人種論の討議が活発であり、縄文時代の人骨は研究を進展させるためには必須の資料となっていた。そのため、地理的にも好条件下にあった東京湾北東部域の下総台地では、貝塚が多数発見されていたこともあり、研究用の人骨収集を目的とした貝塚の調査が次々に実施されていった。

　そうした中、千葉市の加曽利貝塚は大正11年に測量調査、同13年には学史に残る調査が地点別に実施された。この時、B地点の貝層から出土した土器（B式）のさらに下層からE地点出土土器（E式）と同様な土器が出土し、新旧の関係が認識される。その結果、B地点の貝層中から出土した土器を「加曽利B式」、貝層下から出土した土器を「加曽利E式」と呼称することとなった。

　その後、大正15年に市川市の姥山貝塚が調査された。この発掘調査に参加していた八幡一郎氏らが、貝層下から土器などが発見されたためさらに堆積土を掘り下げていくと、硬いローム層へと移行した。そのローム層面を追っていくと段差（壁面と床面）が生じており、平面が円形の竪穴住居址であることが判明した。一方、貝層を詳しく観察すると、数枚の層序に分離することができた。そこで同一層序から出土した土器を持ち帰り、各層ごとに並べてみると、器形・文様などに相違点のあることがわかった。こうした点を注視した八幡一郎氏、山内清男氏、甲野勇氏らは、この事例を土器の新旧を判別し編年する手掛かりとした。こうした事例を重ねることにより、縄文土器の編年研究は急速に発展することとなる。

　このように関東、とりわけ東京湾を中心とした縄文土器の編年については、複数の研究者による編年表が提示されてきたが、本書では、山内清男氏による編年を基本として、船橋市内における縄文土器の編年と解説を試みることにする。

　縄文時代はかつて五期に分類されていた。井草・大丸式が最も古く、茅山上層式までが早期、花積下層式から十三菩提・興津式までが前期、五領ヶ台・下小野式から加曽利EⅣ式までを中期、称名寺式から安行Ⅱ式までを後期、安行Ⅲa式から荒海式までを晩期とする五期であった。だが、1960年代頃から井草・大丸式などの型式よりもさらに古い時期の土器が発見され、それらは草創期と位置づけられて現在では六期に分類されている。

(2) 船橋市における縄文土器の編年

〔**草創期**〕新しく設定された草創期は、放射性炭素年代測定法によると1万5000～1万2000年前とされている。当時の気候は今よりも寒冷であり、海岸線は現在より28～30mぐらい低

いと考えられている。つまり、東京湾に接する沿岸部で暮らしていた当時の人々の痕跡を発見することは、ほぼ不可能と言える。こうした気候の変化による海岸線の後退については、前章でも触れているところである。

　市内について見ると、北東の台地部では関東ローム層に覆われた平坦な台地が広がり、縄文時代の遺跡が多数確認されている。ただ、当該期についての事例は報告されていない。

　近隣の例を挙げると、最近の開発事業に伴い発掘調査された地国穴台遺跡（印西市）では、この時期に見られる各種石器と隆起線文土器と呼称される一群の土器が立川ローム層の最上部（ソフトローム）から出土している。出土土器の総数は298点と多いが、大形の破片でも長さは3～4cm前後の大きさであった。そのため全体の器形を窺い知ることはできないものの、底部近くの破片から丸底を呈した小形の深鉢であったものと推測される。また出土した破片を観察すると、器厚は口縁部でも5mm前後と薄手であり、器高も20～25cm程度と思われる。文様について見ると、口縁部直下に幅5mm前後の粘土紐が横方向に一周するよう貼付されており、その表面には半円形の工具や爪形による刻み目が施されている。図示することはできないが、下総台地で発見された貴重な資料となっている。同様な事例が林跡遺跡（鎌ヶ谷市）でも確認され、少量ながら隆起線文土器の小片が発見されている。

　こうした周辺域での出土例を考慮すれば、市内でも草創期の遺跡は早晩発見されるものと考えられる。

　〔早期〕次の早期（1万2000～7000年前）に移行すると、草創期と比較し明らかに遺跡数が増加する。しかし、遺構や遺物について見ると初期の段階では総じて住居址などは確認できず、居住の痕跡を示す土器片と少数の石器が出土して遺跡と認定されることが少なくない。このことから、当時の人々は大きな集落を形成することなく、小集団で食糧を求めて下総台地を転々とするような暮らしをしていたと推測される。気候も寒冷な時代が過ぎ去り次第に温暖化へと向かい、自然環境も変化していったものと推測される。

　さらに時代が下って早期も後半期になると、気候は一層温暖となり、屋外に炉（炉穴）を設けて煮炊きをするような生活へと大きく変化する。この炉穴址は、関東地方に限らず広範囲に認められている。しかも、その痕跡が幾重にも重複して発見されるところから、同一地点で長期間にわたって使用されていたものと考えられる。つまり、炉穴群の検出は当時の集落として認定できるものと言える。このように早期後半の一時期ではあるが、炉穴の普及は温暖化という気候変動と結びつくものとして捉えられる。

　一方、こうした環境の変化は、海沿いに暮らす人々には魚介類という海の幸をもたらすことになる。特に温暖化の指標とも言えるハイガイは生息域を広げ、ハマグリ、アサリとともに貝類の大量採取を可能とした。こうして、食糧基盤を確保した人々の集落は拡大へと向かい、その結果として飛ノ台貝塚のような大集落形成へと発展していくこととなる。

　次に土器群について見ると、土器の形や器面に施された文様と施文具、あるいは土器製作の素材となる粘土（胎土）などによって大きく四グループに分類することができる。初期の縄文・撚糸文土器グループ、次の無文土器グループ、さらに沈線文土器グループ、最後の条

痕文土器グループへと受け継がれる。これらのグループには、最初に調査され土器の特徴が認識された遺跡から、その遺跡名を付した型式名が設定されることになる。

　縄文・撚糸文土器はさらに井草式→大丸式→夏島式→稲荷台式→大浦山式・花輪台式へと細分される。この時期の土器は、底部が丸底に近く砲弾のような形を呈したものが主体となる。器面の文様は撚った繊維（原体）を直に器面に転がす「縄文」や原体を棒状の工具に巻きつけて器面に転がす「撚糸文」などによって飾られる。こうして器面全体に施文された土器群も次第にその施文は簡素化されるようになり、最後の段階で登場した土器群が取掛西貝塚で出土した大浦山式土器となる。

　他にこの時期の関連遺跡を市内に求めると、中野木町に所在する中野木新町遺跡・新山遺跡を始めとして二和町に所在する西の台遺跡、小室町の白井先Ａ地点遺跡、同Ｄ地点遺跡や上台遺跡、飯山満町に所在する飯山満東遺跡・上ホシ遺跡、前原町の佐倉道南遺跡などでその痕跡が認められる。さらに、小室上台遺跡で出土した土偶も貴重な一例となろう。土偶は頭部を欠損するものの組立式となっており、撚糸文期の特徴がよく表現されている。

　次に、無文土器では花輪台式の一部や平坂式といった土器群がこれに該当する。この種の土器群を出土する遺跡は総じて少なく、市内で確認された遺跡としては先述した取掛西貝塚と西の台遺跡をあげることができる。その特徴が無文という点から、存続期間は概して短かったことが出土量の少なさからも推測できる。器形などについて見ると、底部はやや丸みをもつ尖底が一般的となるが、取掛西貝塚で出土している無文土器（東山式）は尖底と平底の２種類が存在するようである。

　さらに、次の段階では沈線文系の三戸式→田戸下層式→田戸上層式へと変遷する。市内では、前述した西の台遺跡で三戸式の大形片が出土している。土器の底部はＶ字形を呈した典型的な尖底土器となる。器面を飾る文様は沈線により描かれ、他に貝殻による施文も見られる。田戸上層式に移行すると胎土には微量の繊維混入が認められ、次世代への変化を想起させるような作りとなる。

　早期の最後は条痕文土器となる。時系列的には子母口式→野島式→鵜ガ島台式→茅山下層式→茅山上層式へと変遷する。この時期に見られる土器の特徴は、口縁部が波状に作られ、底部は子母口式や野島式では丸底・尖底（砲弾）が多く、鵜ガ島台式以降は平底へと変化する。文様を見ると、初期には縄文原体を器面に押しつけるだけの絡条体圧痕文が特徴的であり、次いで細い粘土紐を貼付する微隆起線文、沈線により表現される鋸歯文や竹管による刺突文・沈線文などで構成される。さらに茅山式になると、ハイガイの背面で土器の内外面を整形し、貝殻の腹縁を器面に押しつける文様も認められる。また、土器製作に用いる粘土にも大きな特徴が見られる。とりわけ野島式以降の土器群には胎土に少なからず草木などの繊維が混入され、茅山下層式から茅山上層式に至っては小枝状の植物片まで混入されている。このような繊維混入の目的は解明されていないが、気候の温暖化が継続する前期前半まで存続している。

　このような条痕文土器を出土する市内の主な遺跡としては、佐倉道南遺跡と飛ノ台貝塚が

著名である。佐倉道南遺跡では子母口式土器を出土し、4軒の住居址と4基の炉穴の他に小竪穴が21基検出され、当該期の貴重な集落遺跡として知られている。さらに飛ノ台貝塚は学史的にも有名な貝塚で、野島式から茅山下層式を中心とした住居址や多数の炉穴群が発見されている。こうした多数の遺構検出は、長期間にわたって集落が展開していたことを裏付けるものとなろう。

　〔前期〕前期（7000～5500年前）に移行すると幾つかの点で大きな変化が認められる。その一つとして、早期に見られた炉穴は姿を消し、炉址は再び住居址内に設けられるようになる。集落も県内各地で確認され、当時の生活は八栄北遺跡や飯山満東遺跡などの調査により集落の構成や墓制の一面が解明されてきた。

　気候について取り上げると、初期の段階では温暖な状態が継続していたが、終末期に向かって少しずつ寒冷化へと変わっていった。このことを裏付けるかのように、貝塚で確認される採取貝類は早期に多く見られたハイガイが減少し、ハマグリとアサリが主体を占めるようになる。

　こうした中で土器群にも新たな要素が加わる。利根川下流域を中心とした地域では黒浜式と並行して施文工具や文様が若干異なる植房式が出現し、その後は諸磯式に対して浮島式が霞ヶ浦周辺を含めて独自の小文化圏を形成する。この小文化圏は諸磯式文化圏に包み込まれるような状況の中に存在し、県内では広域に2型式の土器群が混在して出土する。なお、諸磯式と浮島式について見ると、船橋市周辺域では西の台遺跡や古和田台遺跡出土土器から、浮島式土器のほうが優位に立っていたようである。

　さらに注目できる事例として、飯山満東遺跡のピットから出土した浅鉢土器をあげることができる。これらの中には赤彩（ベンガラ・酸化鉄）されたものもある。その後の調査により各地で発見されることとなった。いずれもピットから出土しており、埋葬との関連で捉えることができる。このことにより前期後半において浅鉢土器が一つの器種として縄文人の暮らしの中に定着していったものであろう。

　一方、深鉢土器について見ると、その一部には口縁部に獣面を表現したもの（獣面把手）を取り付けたものが見られる。こうした出土例は県内でもしばしば確認されており、呪術などの精神的な面では浅鉢土器とともに諸磯式文化に依拠していたものと考えられる。

　次に土器群を時系列的に羅列すると、花積下層式→関山式→黒浜式（植房式）→諸磯式（浮島式・興津式）→十三菩提式へと変遷する。ここでも土器群の構成や施文具、胎土といった一連の土器製作に変化が見られる。

　初期の段階にあたる花積下層式から関山式にかけての土器群は、早期後半の貝殻施文から脱却し縄文を中心とした文様になる。とりわけ関山式では、撚りの異なる2種の撚糸を使用した羽状縄文や複雑な撚りを掛けた縄文原体の組み合わせにより、多彩な縄文を生み出している。また、胎土への繊維混入は継続して認められるものの、黒浜式（植房式）の終焉とともに胎土から繊維は消える。

　この時期の遺跡としては、飯山満東遺跡や八栄北遺跡の集落址をあげることができる。他

に市内では10ヵ所ほどの遺跡が確認されているため、遺跡数としては確実に増加の傾向にあったと言える。施文と施文具について見ると、黒浜式の段階では関山式からの強い影響を受け、器面は縄文で飾ることが概して多い。一方、浮島文化圏の成立に先立ち、利根川下流域から房総北部域では植房式土器が成立している。断片的な資料のため掲載できなかったが、半截竹管による文様描写が特徴的な土器群として存在していた。

　前期も後葉に入ると、諸磯式（a式～c式）と浮島式（Ⅰ式～Ⅲ式～興津式）の時代となる。前述したように、明らかに異なる二つの土器群が同一地域において混在した状態で成立していた時代である。図示した古和田台遺跡出土の浮島式土器には、縄文施文を見ることはできない。西の台遺跡などでも同様であった。また、諸磯式では深鉢とは明らかに器形の異なる浅鉢が出現し、その用途の一端が埋葬であったことが飯山満東遺跡の調査によって解明できたことは大きな成果と言える。そして前期後半以降から、浅鉢は土器群を構成する一器種としての位置を占めるようになるが、一般的な集落址での出土は少ない。

　その後、諸磯式土器は十三菩提式へと移行し、浮島式土器は興津式へと引き継がれる。ただ終末期での両者は遺跡数の減少やその規模が縮小化する傾向にあり、時間的には諸磯・浮島期と比較して、その期間は短期間で終了したものと考えられる。とりわけ十三菩提式土器は断片的な出土となる点からも、終末期では浮島・興津式土器群が支配的な位置を占めていたことが古和田台遺跡の調査結果により理解できる。

〔中期〕縄文時代も中期（5500～4500年前）に入ると、前期末では低調であった人々の活動も、貝塚の形成とともに各地で活発な動向が認められる。その中心となった東京湾岸では、阿玉台式から加曽利E式の時期に大規模な貝塚や整然と環状に配置された住居址群が出現し、大きな集落が形成されるようになる。千葉市に見られる加曽利貝塚はその代表例と言えよう。こうした傾向は市内でも確認されている。高根木戸遺跡や海老ヶ作貝塚では多数の住居址が発見され、そこには貝殻を捨てた痕跡が確認されている。

　さらに住居址の掘削深度に焦点を当てると、この時期に見られる住居址の大半は関東ローム最上層の立川ローム層を深く掘り込んで構築されている。反面、その深さが幸いし、遺構・遺物が後世の耕作などによる破壊を免れ、良好な保存状態で発見される。また、当時の気候という点を推測すると、竪穴住居址の深さや貝塚に見られるハイガイの消滅など、前期後葉から寒冷化が徐々に進んでいったものと考えられる。だが、寒い時期の到来は海辺に暮らす人々に幸運をもたらすこともある。つまり寒冷化は海岸線の後退をもたらし、東京湾岸での貝類採取可能地を拡大していったと思われる。こうした気候の変化も大規模貝塚形成の一因となったことは否定できまい。

　また、前期後半に器種として定着した浅鉢土器は大型化して、口径では深鉢土器を凌ぐようになる。高根木戸遺跡や海老ヶ作貝塚でも良好な浅鉢土器が住居址や小竪穴から出土している。埋葬人骨に伴って出土した例は見られないが、とりわけ小竪穴から出土した浅鉢土器には注意する必要があろう。前述した飯山満東遺跡の例から埋葬との関連も考慮されるところである。赤彩された浅鉢土器も両遺跡で複数個体が出土している。これらは、日常什器と

して使用されたというよりも祭祀などの儀礼的な行為の中で用いられたものであろうし、赤彩という共通点も興味深い。

次に、土器群の変遷について触れてみたい。土器型式の変遷を大きく捉えると、五領ヶ台式・下小野式→阿玉台式・勝坂式→加曽利E式へと移り変わる。

五領ヶ台式では口縁部が波状のものや把手などが見られる。文様には細線文や三角形を押しつけたような三角印刻文、半截竹管による平行線・沈線などで飾られる。胴部では縦方向の縄文や竹管の組み合わせなどにより文様を描出する。口絵Ⅱ-13に示した下郷後遺跡の例は把手部を欠損するが、頸部と胴部に粘土紐を鋸歯状に添附した小型の深鉢土器で、縄文の施文は認められない。一方、同時期に利根川下流域を中心に分布する下小野式は口縁が平縁で、器面全体が縄文による施文で覆われるものが多い。

次に勝坂式と阿玉台式がほぼ同時期に出現する。下総一帯では阿玉台式が主体的な位置を占める。両形式に共通して言えることは、口縁部に飾りが集中し大きな把手が対面する2～4ヵ所に付けられる。このように特徴的な把手は次の加曽利E式の初期まで存続しており、類例は高根木戸遺跡や海老ヶ作貝塚でも散見できる。器面に施される文様では、勝坂式は口縁部や頸部で半截竹管などを用いて爪形文や沈線文・区画文など多彩な装飾を施し、胴部では縄文が施文されることが多い。一方、阿玉台式では粘土紐を貼付して楕円形・三角形などの文様を構成したり、連続的に工具を刺突し器面を飾る（角押文）方法などが見られる。また縄文施文は終末期になって漸く採用される。また、この阿玉台式土器は胎土に雲母を混入して焼成することにより雲母を金色に変色させ土器面を一層きらびやかに飾る。この時期の遺跡として、高根木戸遺跡や源七山遺跡では小規模ながらも集落の形成が確認されている。

後半期は加曽利E式となり、型式的にはさらに四期に細分される。古期となる加曽利EⅠ式のタイプには口縁部に把手などの前段階の名残が見られる。その後、口縁部の作りは平縁が一般的となり全体的に落ち着いた感じの作りとなる。ここでの象徴的な文様は、口縁部に見られる渦巻文となる。粘土紐で括られた楕円文や胴部に垂下する沈線も加曽利EⅡ式の典型的な例である。

この時期は中期の中でも興隆を極めた時期で、高根木戸遺跡や海老ヶ作貝塚で大きな集落が形成されるようになる。さらに最近の調査では、新山東遺跡や中野木台遺跡などでも同様な集落址が報告されている。

〔後期〕縄文時代も後期（4500～3300年前）に移行すると、中期同様に再び大規模な貝塚が各地に形成されるようになる。市川市の堀之内貝塚などはその好例と言えよう。前出の加曽利貝塚と同様に、遺跡名が型式としても採用されている貝塚である。当時の気候を推測すると、中期と比較してみても大きな差はなかったものの、一時的な海進も想定されていることから温暖化した時期もあったらしい。貝塚に残された貝類もハマグリ、アサリなどが主体となりほぼ中期と同様な貝類で構成されているが、宮本台貝塚では若干ながらハイガイの出土も認められる。

また、この時代には住居址の建て方にも変化の兆しが認められる。その一つとして住居の

出入り口部分を屋外に向かって作り出す住居址（柄鏡形住居）が中期末から見られるようになる。小室町に所在した池谷津遺跡では4軒の住居址が検出され、その内の1軒では北東方向に出入り口の痕跡が認められた。方形に掘り込まれた炉址には中央部に焼土が堆積しており、長期の居住が想定された。出土土器は安行Ⅰ～Ⅱ式が主体を占めていたため、住居址の時期は後期終末となろう。

　さらに、最近の調査で耳目を集めた事例に千葉市大膳野南貝塚がある。時期は前半の堀之内式土器を出土する集落址で、住居址内に設置された炉址周辺の床面では清潔さを保つためか、焼成後粉末化した貝殻を漆喰状に加工して床面に敷き詰めていた。その上で生活していたようであり、ここで暮らした当時の人々は衛生的な一面も持ち合わせていたとも思われる。これも海からの恩恵と言えよう。

　次に土器群の推移に触れると、称名寺式→堀之内式→加曽利B式→曽谷式→安行式へと継承される。称名寺式の特徴は器肉が厚く、概観は頑強な感じを受ける作りと言える。口縁部は平縁が主体で波状のタイプも見られる。文様は器面に縄文を施し、太い沈線で囲み、枠外の縄文を消し去る（磨消縄文）手法を用いている。沈線で囲んだ部分を縄文ではなく棒状工具で刺突したものもある。

　次の堀之内式になると、高根木戸北貝塚出土品のように縄文と沈線を組み合わせて器面を飾る深鉢土器が一般的である。その後、口縁部の内側に沈線を巡らしたり、器面に磨きを加えたりもしており（精製土器）、煮沸などに使用する粗製土器と比較すると器面での差異は一目瞭然となる。古作貝塚で出土したような蓋付土器（図2）が普及するのもこの時期で、千葉市木戸作貝塚では蓋状の土製品が8点も出土している。

　加曽利B式に移行すると、精製土器にはさらに磨きが加えられ、用途に応じて形状の異なる土器が製作されるようになる。文様は縄文と沈線の組み合わせを基本とし、深鉢土器では波状口縁や斜行する沈線が目立ち、比較的丁寧に製作されたものは半精製土器と呼ばれている。曽谷式土器も加曽利B式と同様に多様な器形が知られている。金堀台貝塚出土の深鉢は典型的な曽谷式で、口縁部下に見られる横方向の縄文や胴部を上下に躍動する帯縄文が特徴的である。この胴部に見られる帯縄文は次の安行式にも受け継がれる。

　安行式土器では帯縄文が継続して用いられ、口縁部には瘤状の粘土塊が貼付される。後半期になると、金堀台遺跡例のように口縁部から胴上半部にかけて貼付した粘土塊に刻み目を入れたり、粘土紐による隆帯結合点を「∞」の字状に表現したりして器面を飾る。

　〔晩期〕縄文時代の終末を迎える晩期（3300～2800年前）は、前述した後期よりも遺跡数は極端に減少し貝塚の規模も縮小する。とりわけ採取される貝類は、河川の汽水域に生息するヤマトシジミが主体となる。それまで採取されていたハマグリやアサリなどは明らかに減少している。ヤマトシジミは汽水域に生息しているため、容易に採取できるという利点もある。この採取傾向について見ると、早期前半の貝塚にも見られるところから、一時的には寒冷期とも呼べる時期が存在していたものと推測できる。いずれにしても、遺跡数の減少は人々の活動が停滞した結果と言える。

その後に到来する稲作の伝播という点を考慮すると、晩期前半はやや寒冷で、後半期に入ると温暖化へと向かい、九州に伝播した稲作が関西・関東から東北へと拡大していったものと考えたい。稲はもともと温暖な地で栽培されてきたものであり、これは一時的な寒冷期の終焉と捉えることもできよう。こうした気候の変動は、当時の人々の精神面にも影響を及ぼしたものであろう。

　土器以外の遺物として、後期後葉から出現する土偶や、晩期に多い土版といった土製品や、石剣・石棒・独鈷石などの石製品が出現する。いずれも晩期の精神生活の中で生み出されたもので、こうした多彩な遺物が見られるのも当該期の特徴と言える。

　土器の変遷について見ると、前述した帯縄文系（安行Ⅰ・Ⅱ式）の後継として安行Ⅲa式が成立する。その後、安行Ⅲb式、安行Ⅲc式へと受け継がれる。文様は縄文を地文として三叉文・入組文などで構成される。器形について見ると、深鉢土器には波状あるいは把手の付いた精製タイプと平縁の粗製タイプが見られる。口絵Ⅱ-15に示した2点は金堀台貝塚から出土した貴重な一括土器である。安行Ⅲc式は沈線と刺突による列点などで文様を施すが、房総での出土は少ない。なお、この時期に属する土器群は前述した金堀台遺跡、古作貝塚、池谷津遺跡でも若干出土している。

　一方、房総北部域から霞ヶ浦周辺域では姥山Ⅱ式から同Ⅲ式、前浦式へと移行する。姥山式は山武姥山貝塚（横芝光町）の調査で確認された型式で、時期的には安行Ⅲb式土器以降とほぼ平行する。前浦式は安行式終末期において出現した型式で、文様は口縁部に太い沈線で平行・曲線を描き、その間を縄文で充填する。ただ前浦式以降の土器群を出土する遺跡は千葉県内でも僅少で、良好な資料は少ない。

　縄文時代の最後を飾る土器群は千網式から荒海式となる。いずれも東北地方の大洞式などで類似点が認められる。千網式は、口縁部を浮線網状文（ふせんもうじょうもん）で飾った浅鉢と、口縁部を折り返して口縁と胴部一面に撚糸文を施した粗製深鉢の組み合わせがよく知られている。次の荒海式では、沈線による文様表現に変化する。文様では工字文（こうじもん）やその変形で構成される。ただ、粗製の深鉢土器に限っては撚糸文施文に変わり、器面には早期に見られる貝殻条痕とは異なる細かな条痕が施されたり、ハケ状工具により器面を整形したりしている。こうした深鉢土器に見られる撚糸文から条痕・刷毛目文（はけめもん）への変化は、西日本からの影響と捉えることができる。この時期の代表的な遺跡として成田市の荒海貝塚をあげることができる。県内でも遺跡数は僅少で、市内での発見例は報告されていない。

　なお、古作貝塚出土の短頸壺は胴上半部に見られる渦巻状の入組文から、時期的には大洞式でも古式の様相を呈するものであろう。古作貝塚周辺で製作されたものと考えたい。

〈参考文献〉
山内清男　1937「縄紋土器型式の細別と大別」先史考古学1巻1号　先史考古学会
ジェラード・グロート他　1952『姥山貝塚』日本考古学第Ⅱ巻　日本考古学研究所
武田宗久　1959『船橋市史』前篇　船橋市役所

金子浩昌 1961「印旛・手賀沼地域の貝塚」『印旛・手賀』千葉県教育委員会
鎌木義昌 1965「縄文時代」『日本の考古学』Ⅱ 河出書房
山内清男 1967「日本遠古之文化」先史考古学論文集・第一冊 先史考古学会
山内清男 1969「縄紋土器の改定年代と海進の時期について」先史考古学論文集・新第一集 先史考古学会
山内清男 1969「縄紋草創期の諸問題」MUSEUM 224号
西野元他 1971『高根木戸遺跡』船橋市教育委員会
岡崎文喜他 1971『高根木戸北』船橋市教育委員会
八幡一郎他 1972『海老ケ作貝塚』船橋市教育委員会
八幡一郎他 1973『貝の花貝塚』松戸市教育委員会
西本豊弘他 1973『古和田台遺跡』船橋市教育委員会
天野努 1974「地国穴台遺跡」『千葉ニュータウン埋蔵文化財調査報告書』Ⅱ（財）千葉県都市公社
鈴木道之助 1974「白井先A地点遺跡」『千葉ニュータウン埋蔵文化財調査報告書』Ⅱ（財）千葉県都市公社
鈴木道之助 1974「白井先D地点遺跡」『千葉ニュータウン埋蔵文化財調査報告書』Ⅱ（財）千葉県都市公社
鈴木道之助 1974「池谷津遺跡」『千葉ニュータウン埋蔵文化財調査報告書』Ⅱ（財）千葉県都市公社
八幡一郎 1974『八栄北遺跡』船橋市教育委員会
八幡一郎 1974『宮本台』船橋市教育委員会
清藤一順他 1975『飯山満東遺跡』（財）千葉県都市公社
八幡一郎 1975『佐倉道南遺跡』船橋市教育委員会
杉原荘介他 1976『加曾利南貝塚』中央公論美術出版
杉原荘介他 1977『加曾利北貝塚』中央公論美術出版
下津谷達男他 1977『中野木新山遺跡』中野木新山遺跡調査団
金子浩昌他 1978『千葉県船橋市飛ノ台貝塚発掘調査概報』船橋市教育委員会
野村幸希他 1978『千葉ニュータウン埋蔵文化財調査報告書Ⅵ』（財）千葉県文化財センター
栗本佳弘他 1979『千葉東南部ニュータウン７―木戸作遺跡（第２次）―』（財）千葉県文化財センター
田村隆他 1982「鎌ヶ谷市林跡遺跡採集の隆起線文土器」奈和第20号 奈和同人会
岡崎文喜他 1982『古作貝塚』船橋市遺跡調査会
岡崎文喜他 1983『古作貝塚Ⅱ』船橋市遺跡調査会
田川良他 1983『下郷後』船橋市教育委員会
大賀健 1983『千葉県船橋市西ノ台遺跡調査報告』山武考古学研究所
高野博光他 1985『西の台（第２次）』船橋市遺跡調査会
古内茂 1986「浅鉢形土器出現の背景―飯山満東遺跡を中心として―」『研究紀要10』（財）千葉県文化財センター
花輪宏他 1987『堀之内』市川市教育委員会
岡崎文喜 1987「金堀台貝塚」『船橋市の遺跡』船橋市史編さん委員会
金子直行他 1991『小室上台遺跡』船橋市教育委員会
千葉県文化財センター 1997『千葉県埋蔵文化財分布地図（1）―東葛飾・印旛地区（改訂版）―』千葉県教育委員会

松田富美子 2000「南羽鳥中岫第1遺跡―E地点―」『千葉県の歴史資料編考古1』千葉県
林田利之 2000「木戸先遺跡」『千葉県の歴史』資料編 考古1 千葉県
青沼道文 2000「加曾利貝塚」『千葉県の歴史』資料編 考古1 千葉県
堀越正行 2000「堀之内貝塚」『千葉県の歴史』資料編 考古1 千葉県
渡辺修一 2000「山武姥山貝塚」『千葉県の歴史』資料編 考古1 千葉県
石橋宏克 2000「荒海川表遺跡」『千葉県の歴史』資料編 考古1 千葉県
石橋宏克 2001『成田市荒海川表遺跡発掘調査報告書』千葉県
榊原弘二他 2007『船橋市源七山遺跡』(財)千葉県教育振興財団
小中美幸 2008『取掛西貝塚(4)』船橋市教育委員会
石坂雅樹 2009「千葉県取掛西貝塚」考古学ジャーナルNo.586 ニュー・サイエンス社
戸田哲也他 2014『千葉市大膳野南貝塚発掘調査報告書』(公財)千葉市教育振興財団
栗原薫子 2016『船橋の遺跡展』船橋市飛ノ台史跡公園博物館

第3章 縄文文化の様相を考える

竪穴住居址全景（高根木戸遺跡）

縄文時代早期の竪穴住居発見状態

縄文文化の様相を考える

第1節 縄文土器の編年をもとに住居の変遷を考える

(1) 移動生活から定住へ
(イ) 草創期と早期の区分

　山内清男博士は、縄文土器が年代の代わりとなることを常に言っておられたという。その大方針の下に縄文土器の型式を定めて細分し、その細分された型式群をまとめて6つの大きな時期区分をつくった。それが今日ふつうに使われ、本書でも述べられている、草創期、早期、前期、中期、後期、晩期の区分である。ここでは、そのうちの草創期から前期までの縄文時代の前半を扱う。

　山内博士は1937（昭和12）年に発表した「縄文土器型式の細別と大別」（先史考古学1-1）の論文で、縄文時代を早・前・中・後・晩の5期に大別し、各地の多数の細別型式を各大別に配置するという、見事な編年表を発表した（第1図）。これによって全国各地における縄文土器の年代的な推移を一望することができることとなった。現在でも、ここに示された編年表の大筋は変わっていない。ただ、のちに土器型式の細別が進んだり、新たな型式が追加されたりして、この時の5期区分が6期に増えた。

　山内博士の5期の区分は、単に機械的に振り分けたものではなく、学史的な背景にも十分に配慮し、非常に分かり易く説得力を持つものであった。この頃一般化していた、前期・中期・後期の3期に大別する傾向について、中期は鳥居龍蔵の提唱した厚手式・日本人の手ではじめて調査された茨城県陸平貝塚にちなんだ陸平式をあて、後期には鳥居龍蔵の薄手式・E.S.モースが発掘した大森貝塚にちなんだ大森式をおき、前期には諸磯式やそれ以前の古式の土器が含まれるが、各時期にはできるだけ同じ位の数の細別型式をおきたいとする方針の元に前期・中期・後期に加えて早期と晩期を補い、早期を「尖底を有する本格的に古い土器群」、前期を「広義の諸磯式とその並行型式の土器」の時期、晩期は「亀ヶ岡式及びその並行型式」とした。

　のちに山内博士は、この編年表発表後に進展した研究に伴って発見された隆起線文土器・爪形文土器・小瀬が沢式・室谷下層式の4種の土器を井草式以下の撚糸文土器より古く位置付け、それらを合わせて早期から分離して「草創期」とすることを提唱した。「草創期」という新しい大別時期を設定したのは、山内博士が縄文時代を5期に区分したときに示した、「各大別も亦出来れば同数位の細別型式を含むものとしたい」という方針による。この草創期の提唱は広く受け入れられていった。

　今日、草創期の時期区分はごく一般的に使われている。しかし、一般に使われている、また本書の土器の説明の章でも使われている草創期の意味は、山内博士の意図したものとは違う。山内博士は戦前に早期を前期から分け、また晩期を後期から分けたのと同じ考え方のも

とで、早期に入る土器の型式の数が多くなってきたので各期を「数型式または十型式未満」にとどめるために早期の設定以後新たに発見された土器群を「草創期」としておいたのである。ところが、これと別の基準によって「草創期」の名称を使ったのは小林達雄さんである。小林さんは撚糸文土器までを早期に格上げし、それ以前を「草創期」としている。小林さんは、1978年に出された『縄文土器』(「日本の美術」145・至文堂刊)で、「筆者もこの草創期設定を支持するが、早期との境界には異論があり、早期初頭の一部を割愛せずに、昭和30年以降発見の土器群のみを草創期にあてる説をとっている。」と述べているが、これは全くおかしな話で、山内博士とは別の基準を持ち出してきているのであるなら、別の用語を使って別の形の分期をしなければならないのではないだろうか。

　本項では山内博士の設定した時期区分にしたがうので、早期は東日本では沈線文・貝殻文の土器群である三戸式・田戸下層式などから始まり、撚糸文土器群は「草創期」の後半に位置することになる。この点、本書の第Ⅱ部第2章の「縄文土器の編年」の区分とは異なることをお断りしておく。

(ロ)　草創期の遺跡と住居

　船橋市内の草創期の遺跡、とくにその前半期の遺跡は非常に少ない。その前の旧石器時代の遺跡は20ヵ所以上あるので、縄文時代になってから遺跡を残した人々が急にいなくなってしまったとは考えにくい。旧石器時代と縄文時代の大きな違いは、人々が土器を作り使うようになったこと、狩猟の道具として弓矢を得たこと、などが挙げられる。これらは人々の生活、とくに食料獲得の手段や調理法に進歩をもたらし、生活のための好条件をもたらす効果はあっても、よほど急激な環境の変化（劣化）などがない限り、人々がいなくなってしまうことは考えにくい。会田信行さんは草創期の遺跡が非常に少ないことを、人々の生活の跡がないのではなく、未だ見つかっていないからだ、と考えた。具体的には堆積した沖積層の下部に生活の跡はあったのではないか、それがその後の耕作などの人為的な行為で攪乱を受け、見えなくなってしまったのではないかと推測している。

　草創期の後半、撚糸文土器の時期の住居址は中野木台遺跡(中野木2丁目)、新山遺跡(中野木2丁目)、小室台遺跡(小室町)などから見つかっているが、これらに続く撚糸文土器の終末期と考えられる集落の様相が、取掛西貝塚(飯山満町・米ヶ崎町)の発掘調査によって明らかにされている。

　取掛西貝塚では、2008年に行われた宅地造成を原因とする発掘調査で、この時期の竪穴住居址が10ヵ所発見された。これを含めて2018年までに8回にわたる発掘調査が行われてきており、草創期後半の竪穴住居址が50軒以上発見されている。この時期の竪穴住居址の中には、住居として使われなくなってから投棄されたヤマトシジミを主体とする貝層が堆積していたところもあり、それについては本書で別に紹介されている。稲荷原式・花輪台式土器の時期の住居址は15軒発見されており、この時期の竪穴住居群(＝集落)は遺跡の中央部にあり、それより後の東山式・平坂式の時期の住居址は15軒が発見されているが、それらは前の時期よりも東側に移動していることが明らかになった(第2図)。稲荷原式・花輪台式土器

縄紋土器型式の大別と細別

	渡島	陸奥	陸前	関東	信濃	東海	畿内	吉備	九州
早期	住吉	(+)	槻木 1 〃 2	三戸・田戸下 子母口・田戸上 茅山	曾根？× (+)	ひじ山 栢畑		黒島×	戦場ケ谷×
前期	石川野× (+)	円筒土器 下層式 (4型式以上)	室浜 大木 I 〃 2a,b 〃 3—5 〃 6	蓮田式 { 花積下 関 山 黒 浜 諸磯 a,b 十三坊台	(+) (+) (+) (+) 踊場	鉾ノ木×	国府北白川 1 大歳山	磯ノ森 里木 1	轟？
中期	(+) (+)	円筒上 a 〃 b (+) (+)	大木 7a 〃 7b 〃 8a,b 〃 9,10	五領台 阿玉台・勝坂 加曾利E 〃 (新)	(+) (+) (+) (+)			里木 2	倉畑 阿高 出水 }?
後期	青柳町× (+) (+) (+)	(+) (+) (+) (+)	(+) (+) (+) (+)	堀之内 加曾利B 〃 安行 1,2	(+) (+) (+) (+)	西尾×	北白川 2 ×	津雲上層	御手洗 西平
晩期	(+)	亀ケ岡式 { (+) (+) (+) (+)	大洞B 〃 B—C 〃 C1,2 〃 A, A'	安行 2—3 〃 3	(+) (+) (+) 佐野×	吉胡× 〃 × 保美×	宮滝× 日下×竹ノ内× 宮滝×	津雲下層	御領

註記 1．この表は仮製のものであって，後日訂正増補する筈です。
2．(+)印は相当する式があるが型式の名が付いて居ないもの。
3．(×)印は型式名でなく，他地方の特定の型式と関聯する土器を出した遺跡名。

第1図：山内清男の土器編年案（山内 1937）

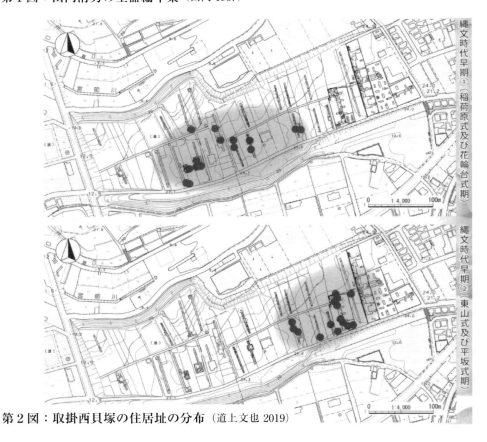

第2図：取掛西貝塚の住居址の分布（道上文也 2019）

307

の時期にこの地で生活していた人たちが一旦この地を離れ、次の東山式・平坂式の時期の人々がまたこの地を生活の場として選んだときには、前と全く同じ場所には住居を作らなかったのだ。前と同じ場所に竪穴住居を拡張したり重なるようにしたりしてその場を再利用（建て替える）していることはよく見られることだが、このように接近した時期でありながら占地を変えたのはどういう理由があったのだろうか。2008年の調査での10ヵ所の竪穴住居址には、その内部には食物の調理を主な目的としたであろう炉はなかった。稲荷原式・花輪台式土器の時期の住居址の中には1辺が10mほどの大型の四隅が丸みを帯びた四角い形（隅丸方形）の住居址もあった。

（ハ）　早期の遺跡と住居

　早期前半の沈線文系の土器の時期には遺物は西の台遺跡（二和西1丁目）などに見られるが、住居址については明瞭ではない。

　佐倉道南遺跡（前原西4丁目）では、1973年以来5回にわたる発掘調査により、早期後半から前期中頃の11軒の住居址が見つかっている（第3図～第5図）。そのうち早期の子母口式期と見られる住居址は4軒検出された。代表的なものは隅丸方形をしており、住居内部に若干の焼土が見られたものの、食物の煮炊きに使うための炉址はなかった（第6図）。これに代わるようにして、竪穴住居の屋外の西側にほぼ同時期の炉址があった。この炉址は57基以上見つかっていて、楕円形や円形に近い形でしばしば数基以上が重複してつくられていた。住居とその外に付属施設と見なせる炉が一体となって存在していたのだろう。

　佐倉道南遺跡では前期中頃の住居址も6軒発掘されているが、このうち平面形がわかる3軒は早期のものよりも整った隅丸方形をしており、柱穴は不規則な配列をしている。早期の住居址とは異なり、室内に床に掘り込んだ炉があった。また早期の住居址群（＝集落）の分布とは異なり、西側に移っている。

　住居外に炉をつくって調理に利用する早期の生活の形は、1938年に飛ノ台貝塚（海神4丁目）で最初に見いだされ、ここで住居外の炉の遺構は「炉穴」と命名された。

　飛ノ台貝塚は、1932年以来これまで十数回に及ぶ発掘調査が行われてきている（第7図）。早期の竪穴住居は、1977年の第一次調査で5軒見つかったほか、二次調査（1978年）で1軒、四次調査（1990年）で1軒、五次調査（2002年）で1軒の合計8軒が確認されている。1992年から93年に行われた第三次調査でも早期の竪穴住居址は10軒検出されたということだが、調査報告書は未刊で、詳細はわからない。一次と二次の調査における6軒の分析では、時期は、①早期後半の野島式あるいはそれ以前の時期の竪穴住居が1軒、②それに次ぐ鵜ヶ島台式期が2軒、③鵜ヶ島台式～茅山下層式期が1軒、④茅山下層式期あるいはそれ以降とされたのが2軒、であった。住居の平面形態は①の時期では円形（楕円形）、②では楕円形と隅丸方形、③では隅丸方形、④では楕円形と隅丸方形のものがあった。基本的には隅丸方形が好まれていたようで、長軸5～6m、短軸4～5mほどの大きさで、現代風に言うならば6坪から9坪ほどの広さの家ということになるだろう。

　ここで紹介してきた取掛西貝塚、佐倉道南遺跡、飛ノ台貝塚の住居では、屋内に食べ物を

第Ⅱ部　第3章　縄文文化の様相を考える

第3図：佐倉道南遺跡の遠景

第4図：佐倉道南遺跡発掘調査区（八幡一郎他 1975）

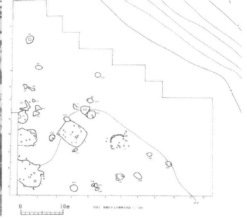
第5図：佐倉道南遺跡全体図（同左）

第6図：佐倉道南遺跡第3号住居址（同上）

煮炊きするための炉が設けられず、屋外に炉穴がある。これはこれらの遺跡に限ったことではなく、早期の集落遺跡に共通する特徴である。

炉穴の一般的な形態を、小林行雄博士は1959年の『図解考古学辞典』で「長径1～3m、幅0.8～1mの楕円形の穴で、深さは0.5m前後ある。穴の底は一方すこしくぼんでおり、そこに灰などがたまっている。（中略）なかに人がはいり、一方に向かって火をたいたことが考えられる。」と説明している。本書178ページの第6図のように煙道を掘り抜いているものも発掘されており、これについては第8図のような使用法が想像できる。この形態のものは鹿児島県の縄文時代早期の上野原遺跡でも見つかっていて「連結土坑」と命名され、大小2つの穴をトンネルで連結し、大きな穴の方で火をたいて、小さな穴の上に肉をつるし、煙でいぶして燻製をつくる施設との解釈がなされている。燻製作りに限らず、食料の煮炊きのためにつくられた屋外施設であることはまちがいないだろう。

発掘された炉穴は単独で見つかるものもあるが、いくつも複合し重なり合って検出された例が多くある（第9図）。複合した炉穴の内、規則性を見いだされるような重複形態を見せるものについては連続性のあることが考えられる。1つの炉穴を長期間使い続けるというよりも、ほぼ同じところに向きを変えたりして作り替えながら使われていたようだ。作り替えることの要因は何だったのだろうか。同じ施設を繰り返し使わないといった規制や習慣があったのだろうか。あるいはその時々の風向きの違いも原因したのだろうか。

住居の中につくられる炉や囲炉裏は、食料の煮炊きのほか、明かり取り、暖房、衣類や屋根の乾燥、煙でいぶすことによる屋根の防虫・防腐といった役割がある。屋外に炉を設けて使っていた人々は、住居に対するこれらの用途にどんな方法で対処していたのだろうか。それとも、そうした工夫の必要のない生活の仕方があったのだろうか。

(二) 前期の遺跡と住居

八栄北遺跡（夏見台2丁目）は、夏見台小学校の建設に先立って1972年に発掘調査が行われ、縄文時代前期の竪穴住居址9軒と古墳時代の竪穴住居址7軒、それ以後の住居址1軒などが発掘された（第10図・第11図）。

縄文時代前期の住居は、その中頃の黒浜式の時期が8軒、末頃の興津式の時期の家が1軒である。この9軒の内の6軒、7号住居址と8号住居址、9号と10号の住居址（第12図）、14号と15号の住居址（第13図）がそれぞれ重なり合っていた。7号と8号、9号と10号はどれも黒浜式期の住居址だが、14号と15号は黒浜式期と興津式期の住居址の重なりだった。出土した黒浜式の土器は、近い時期の幅の中のもののようなので、ごく小規模な集落が短期間営まれ、少し時間をおいて興津式土器を伴う人々がまたここで生活をしたことになる。発掘調査された区域内で興津式期の住居址は1軒だけであった。

住居の形と大きさは、黒浜式期の8軒はほぼ長方形で長辺が5m余りのやや大型の5軒と長辺が3～4mのやや小型の3軒に区分できるが、大型と小型の住居の組み合せがあったのかはわからない。いずれも、軟弱な床面で長期間使われたことをうかがわせるような固く締まったものではなく、このことからも比較的短期間使用された住まいであったことをうかが

第Ⅱ部　第3章　縄文文化の様相を考える

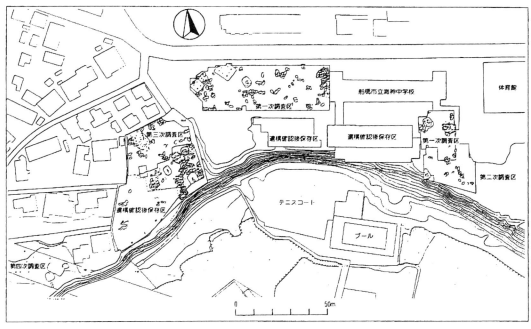

第7図：飛ノ台遺跡（金子浩昌・中村若枝 2000 より）

第8図：炉穴の使用法・想像図
（船橋市飛ノ台史跡公園博物館 2000）

第9図：飛ノ台遺跡の複合した炉址
（金子浩昌他 1978）

第10図：八栄北遺跡全景
（八幡一郎他 1974）

わせる。柱穴の配置も不規則で、上屋の構造が想定できるような材料とはならなかった。ただ、興津式期の15号住居址は他と異なり、長方形というよりも楕円形に近い平面形で、6本の柱穴が3本ずつ2列に並ぶ、やや規則的な配置をしていた。想像をたくましくすれば、柱穴のこの配置からは下端が地面に接する切妻形の屋根を持つ家が考えられるだろう。

調査団長の八幡一郎先生は発掘調査報告書の「結語」で、「八栄北で我々が見たのは、竪穴住居が確立した縄文時代前期のそれと、何千年か経った後の古墳時代後期のそれとが、日本古代竪穴住居のほぼ両極を示して相接し、相並んで存在したという事実である。」とまとめられた。

黒浜式の時期の住居群（集落）は法蓮寺山遺跡（藤原1丁目）、飯山満東遺跡（芝山1丁目）などにもあった。

法蓮寺山遺跡は、1972年に現在のJR武蔵野線（当時は小金線と仮称されていた）の建設工事に先立って発掘調査され、黒浜式期の2軒と諸磯a式期の1軒、合計3軒の前期の竪穴住居が検出された。この3軒はいずれも住居廃絶後にその窪みに貝（ハマグリ、カキ、キサゴなど）が投棄されていた。そこで遺跡名を「法蓮寺山貝塚」ということもある。黒浜式期の2軒（2号と3号住居址）はどちらも拡張されて建て替えられていた。2号住居址での建て替えの様子を見てみよう（第14図）。拡張後の大きさは5.7m×5mほどの長方形で壁沿いに周溝が巡り、床面は平坦で踏み固められており、北側の壁近くに45cm×55cmのほぼ円形の範囲に焼土が厚さ12cmほど堆積する炉址があった。周溝が巡っていて部分的に3本認められたが、内側の2本は埋められ、ロームを含む土が貼られた状態であった。この家は、まずこの埋められていた周溝で囲まれた1辺3.5m前後（周溝の内側で）の方形の区画を床とし、3本ずつ2列の6本の柱を持つ住居であったものが、南側に1m強拡げられ、南側の周溝を埋めて今度は4本の主柱穴を持つ住居となった。また東西の壁沿いには3列の周溝があることから、東西方向にも若干拡張されたことがうかがわれる。3号住居址は長辺6.2m短辺4.9mの長方形のプランで、こちらも周溝が壁沿いに全周する。柱穴は12本検出されたが、そのうちの6本は上面をロームブロックによりふさがれていたので、住居が使われなくなったときには6本の柱で屋根を支える構造だったようだ。柱穴の再利用・新規掘削があったのならば、家として拡張はされなくとも建て替えが行われたのかもしれない。南壁の中央部に2個1対で4個の小ピットが見られ、入り口の構造があったことが想定できた。住居の建て替え・拡張はどのような要因によるものなのだろうか。一旦その家を放棄して少し時間をおいてからまた同じところでの生活を始めるにあたって建物を作り替えるのだろうか。それとも、単純に家族が増えたことによるのだろうか。この2軒はどちらも床面は固く踏みしめられていて、一定期間継続して生活が営まれていたようであるが、もう1軒の諸磯a式期の1号住居址は、床面は軟弱でプランも方形とは捉えられたが不明瞭であった。

法蓮寺山遺跡に隣接し同じく仮称小金線建設に先立って調査された下郷遺跡（藤原町1丁目）でも、黒浜式期の住居址が1軒発掘されている。

飯山満東遺跡は、住宅団地建設に先立って発掘調査された。調査の対象となった面積は、

第Ⅱ部　第3章　縄文文化の様相を考える

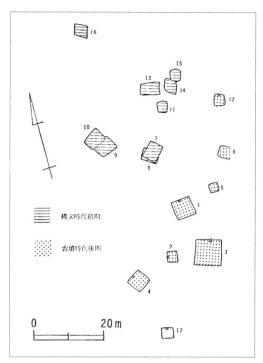

第11図：八栄北遺跡全体図
（八幡一郎他 1974）

第12図：八栄北遺跡9号・10号住居址（同左）

第13図：八栄北遺跡14号・15号住居址（同左）

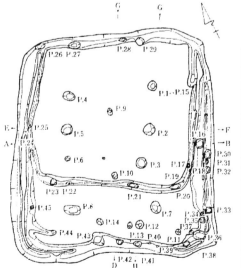

第14図：法蓮寺山遺跡の拡張された住居址（栗本佳弘他 1973）

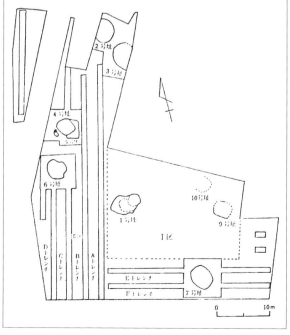

第15図：古和田台遺跡全体図
（金子浩昌他 1978）

313

遺跡のある台地の南側の平坦面の一角に残っていた約18,000m²で、この範囲内で縄文時代前期の竪穴住居址29軒、中期の竪穴住居址4軒が発掘された。その他に発掘区の西端近くに、大量の浅鉢形土器が出土した墓壙と考えられた約200基のピット群があった。これらについては本書の第Ⅱ部第1章「3．飯山満東遺跡」で示されているので、それを参照されたい。黒浜式期の25軒の竪穴住居址は調査区域内のほぼ全体にまんべんなく分布しているので、すでに削平されていた北東側や東側にももっと存在していたということが推定できるだろう。建て替えの兆候のある4軒のうち3軒が調査区東側に集まっている。細かな吟味はされなければならないが、この3軒は同時に存在したものなのだろうか。また中期の住居址4軒はこの建て替え住居と近接している（本書188ページ第2図）。諸磯式期の2軒は調査区北側に偏り、浮島式期の2軒は調査区北側に、黒浜式の住居址群とは少し離れてまとまっている。先述のように台地のかなりの部分が削平されてしまっていたので時期による集落の占地の違いを軽々に論ずることはできないが、何か意味があっての占地なのだろうか。

　前期後半の集落は、新高根小学校建設に際して発見され発掘調査された古和田台遺跡（新高根町1丁目）に見られる。ここでは時期不明の1軒を除いて8軒の住居址が調査され、住居が弧状に連なって分布していた（第15図）。個々の竪穴住居址について、報告書に示された表を再構成して次に示す。

No.	形態	床面付近土器の時期	床面残存面積	床の作り方
2	楕円形（？）	諸磯b式平行期	13m²（1/4は調査不能）	一部分貼床
1	隅丸台形	浮島Ⅲ式期	4.9m²（土壙1・2が掘り込まれている）	張床
3	不整円形	浮島Ⅲ式期	12.5m²（2/5は調査不能）	張床
7	楕円形	浮島Ⅲ式期	11m²	貼床
4	隅丸方形	興津式期	7m²	貼床
6	隅丸方形	興津式期	9m²	貼床
9	隅丸方形	興津式期	（発掘調査開始前に破壊）	貼床
10	推定不可能	興津式期	（発掘調査開始前に破壊）	貼床

　どの住居にも貼床（張床）があった。たとえば2号住居址では「床面はローム層を掘り込んでおり、黒色土を貼っていた」し、4号住居址は「ローム層内まで掘った後に暗褐色土をその上に敷き、さらにその上にローム層を貼って平坦にした貼り床」といった構造のものである。7号住居址では床面で炉址が5ヵ所見つかっているが、貼床の下から検出されたものがあった。つまり、破棄された炉の場所を新たに床として再利用したのだろう。このような貼床との関係や、同時に使用されたとは考えられないような柱穴の配置状況、炉ではあっても薄い焼土の堆積状況、貼床がされていても軟弱な床面のものがあることなどから、これらの住居が長期間継続して利用されていたとは考えがたいところがある。

縄文時代には、人々は食料を求めての放浪生活ではなく、ある程度定点的な食料源の確保をしながらの定住的生活を営んでいたとされる。現代の私たちのように一般には１ヵ所の住まいに住み続ける定住生活ではないことは言うまでもないが、縄文時代の人々の定住的生活の中での住居の使用法を、建て替えや拡張の様子、つまり、一旦破棄されてもそこをまた住居として使用するためにリフォームを繰り返しながら、生活の場として使用していたことによって知ることができる。

　この遺跡は、先述のように小学校建設に際して新たに発見された遺跡であった。発掘開始前にある程度削平されていた地面に住居址と見られる落ち込みを４ヵ所確認していた。しかしその１週間後の発掘調査開始時には、そのうちの１ヵ所は全く「消え去っていた」し、前ページの表の９号と10号住居址は削平されて床面がかろうじて残っているという状況であった。埋蔵文化財である遺跡は、その取り扱いは文化財保護法の元で行われるものである。工事現場で実際に工事を担当する人の中には、そのことを十分に承知していないこともあったのだろう。21世紀の今、このようなことはあってはならないことである。こうした事例も歴史のなかの一コマとして私たちの記憶にとどめられていかなければならない。

〈参考文献〉

水野清一・小林行雄編1959『図解考古学辞典』東京創元新社
金子浩昌他 1973『古和田台遺跡―縄文前期集落址調査報告書―』船橋市教育委員会
栗本佳弘他 1973『小金線』日本鉄道建設公団・(財)千葉県都市公社
八幡一郎他 1974『八栄北―縄文時代前期、古墳時代後期集落址発掘調査―』船橋市教育委員会
八幡一郎他 1975『佐倉道南―縄文時代早期集落跡の発掘調査―』船橋市教育委員会
岡崎文喜他 1977『佐倉道南―Ｃ地点における縄文時代早・前期集落跡の発掘調査―』佐倉道南遺跡調査団
金子浩昌他 1978『千葉県船橋市飛ノ台貝塚発掘調査概報』船橋市教育委員会
船橋市飛ノ台史跡公園博物館 2000『縄文―ふなばし―再発見』船橋市飛ノ台史跡公園博物館
領塚正浩 2000「佐倉道南遺跡」『千葉県の歴史』資料編 考古１　千葉県
金子浩昌・中村若枝 2000「飛ノ台貝塚」『千葉県の歴史』資料編 考古１　千葉県
新井和之 2000「西の台遺跡」『千葉県の歴史』資料編 考古１　千葉県
西川博孝 2000「古和田台遺跡」『千葉県の歴史』資料編 考古１　千葉県
清藤一順 2000「飯山満東遺跡」『千葉県の歴史』資料編 考古１　千葉県
松田光太郎 2000「八栄北遺跡」『千葉県の歴史』資料編 考古１　千葉県
中村宣弘 2005「飛ノ台貝塚を見直す２ 飛ノ台貝塚検出の炉穴について―第１・２次調査の検出炉穴を中心に―（上）」飛ノ台史跡公園博物館紀要第２号
中村宣弘 2006「飛ノ台貝塚を見直す３ 飛ノ台貝塚検出の炉穴について―第１・２次調査の検出炉穴を中心に―（下）」飛ノ台史跡公園博物館紀要第３号
小中美幸 2008『取掛西貝塚（4）』船橋市教育委員会
石坂雅樹他 2013『取掛西貝塚（5）Ｉ』船橋市教育委員会
栗原薫子 2016『船橋の遺跡展』船橋市飛ノ台史跡公園博物館

高田和徳編 2017『火と縄文人』ものが語る歴史34　同成社
小中美幸他 2018『ふなばしの遺跡』船橋市教育委員会
道上文他 2019『取掛西貝塚―第1次～第7次発掘調査概要報告書』船橋市教育委員会

(2) 環状集落の形成と終末
(イ) 環状集落の形成

　遺構の存在がないと思われる開口部と、それに続く遺構や貝層が馬蹄形状を呈する遺跡を「馬蹄形集落」あるいは「馬蹄形貝塚」、切れ目がなく円形になるものを「環状貝塚」「環状集落」などと呼称している。高根木戸遺跡はほぼ帯状に連なる遺構の分布から「環状集落」、海老ヶ作貝塚は台地北側の一部に開口部と思われる部分があることから「馬蹄形貝塚」と呼称しても良いのではないかと考えている。

　高根木戸遺跡の遺構の分布を最終的に見ると大集落のように見られるが、同時に形成されたものではなく時間的推移の結果環状を呈する集落となったものであり、このことについては他の項でふれられている。巨視的な見地から考えると、高根木戸遺跡が所在する高郷台地を選地してまず縁辺部の開拓を行った始期は、阿玉台式土器期の人々であった。その後人口の増加あるいは他地域から移住してきた人々、すなわち加曽利E1式土器を製作し、やや深めの竪穴住居で生活していた時期が盛期である。その後、台地の内側中央部に居住した人々については、土器も質素になりやや浅めの住居に居住していたが、集落は徐々に衰退していった。その後、この集落地から加曽利E式以降の土器の発見がないことから、集落は営まれずに荒廃していったことがわかった。

　高根木戸遺跡からは60個を数える竪穴住居址が発見されたが、一部削土により失われた部分を復元すると、およそ100個の住居が存在していたと考えている。しかし、最近になって住居の図面をよく見ると、主柱穴と考えられる小穴のほかにも小さい穴がいくつもあることが確認できる。この小さい穴は私たちが発掘した最終段階の竪穴住居のさらに上に存在していた住居の痕跡ではないかと推測できることから、これらの小穴の配列や深さを考慮しながらプラン化してみると、別の住居が上部に存在した可能性があるという考えに至った。今後再検討してこの推測が認められれば、集落の住居数に変化が見られるであろう。

　また、一つの住居の中に数型式の土器が発見されている例もある。新しい時期の竪穴住居より古い時期の土器が多く含まれていれば、その仮説の手助けとなるかもしれない。今後検討の必要があろう。

　船橋市内には市川市堀之内貝塚、姥山貝塚、千葉市加曽利貝塚のような典型的な馬蹄形貝塚は見られない。古作貝塚や海老ヶ作貝塚などが、早くからの開発などにより元の形状が変えられてしまったのは残念である。しかし、残存している部分から推測して研究を重ねている。

　宮本台貝塚では貝の散布から中心部と考えられる地点を公園として残しており、同様に海老ヶ作貝塚も貝塚の中心部が保存されている。これまで調査した結果を再度観察・研究し、

第Ⅱ部　第3章　縄文文化の様相を考える

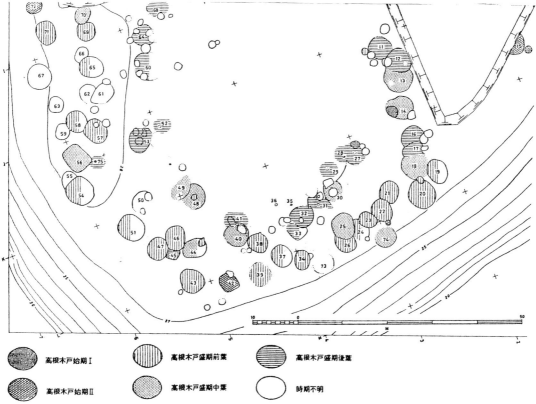

第16図　上：高根木戸遺跡の縄文時代中期の集落址（西南方向より望む）
　　　　下：土器などによりわかった集落址の全測図

その成果から未調査部分にどんなものが埋蔵されているのかを考えておくことも研究の方法である。そのような考えを持ちながら、次の項では中期から後・晩期にかけての住居の変遷をたどってみる。

(ロ) 住居の変遷

　縄文土器は、早期から後・晩期まで型式の上では脈々とつながることはわかっている。しかし、早期から前期、前期から中期、中期から後期への時期の実態の上ではその連関に問題がある。前期から中期への転換も実態としては理解できないと言えよう。

　中期阿玉台式土器期の遺構は多くはないが、船橋市内では後貝塚にて住居が存在したことが知られている。ただし第二次世界大戦中の調査で幾分正確性を欠くが、実在したことは確かである。阿玉台式から加曽利E式に移行する型式期は、高根木戸遺跡と海老ヶ作貝塚で平面円形・楕円形の竪穴住居が発見されている。加曽利EⅠ式土器、Ⅱ式期の竪穴住居は掘り下げが顕著ではっきりした円形、楕円形の竪穴住居である。この時期の炉としては、土器一個体あるいは半割したものを埋め込んだ炉が見られ、単体で発見される傾向がある。加曽利E式も後半期になると住居の掘り込みが浅く、重なり合いが多くなる傾向がうかがわれる。平面形は円形から楕円形に移行し、わずかに隅円方形のものも見られる。炉は土器を割った破片を利用したものも見られる。加曽利E式の前半期と後半期とでは土器だけでなく、遺構の面でも変化が認められる。

　前期から中期にかけての移行期の谷間と同じく、中期から後期への移行期も同様である。加曽利E式の末期の住居は平面形がはっきりしないこともあり、不整形のものが多い。しかし後期前半の堀之内式期の竪穴住居では、掘り込みは浅いものの円形のものが古作貝塚で見られた。堀之内式期後半から加曽利B式期にかけての住居はローム面から炉が発見され、柱穴の配列からも住居と考えられるものが多くなる。宮本台貝塚の住居址、金堀台の住居址などがこの期の住居である。加曽利B式期の住居例は今のところ正確なものはないと言える。炉とおぼしきものが発見されれば黒色土の中でも発見することは可能であるが、今のところそのような事例はない。

　早期から関東ローム層を掘りくぼめて住居とする痕跡は、後期前半で消える。しかし、縄文人が消えたわけではない。断片的ながら後・晩期の土器が古作貝塚、金堀台貝塚などから発見されている。古作貝塚出土と伝わる大洞式土器なども発見されている。しかし、晩期以降の遺物が船橋市内から少なくなることは事実である。

　現在のところ草創期の痕跡が発見されていないということと同様、遺跡の存在する地域が私たちの調査できる地域にあることも予測される。固定的視点をあらため、巨視的見地の中に微視的観察を常に持つ必要があると言える。

第Ⅱ部　第3章 縄文文化の様相を考える

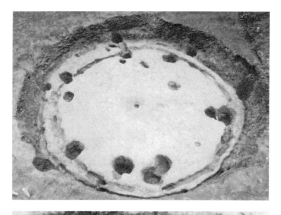
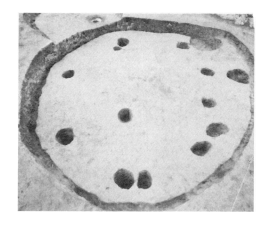

第17図：竪穴住居址の形態と主柱穴の配置図
縄文中期の平面形は、円形・楕円形を基本とするものが多い。

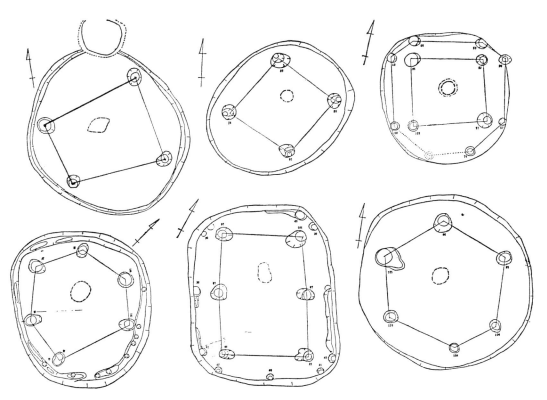

第18図：竪穴住居址　高根木戸遺跡の住居平面形は円形・楕円形が多かった。

第Ⅱ部　第3章　縄文文化の様相を考える

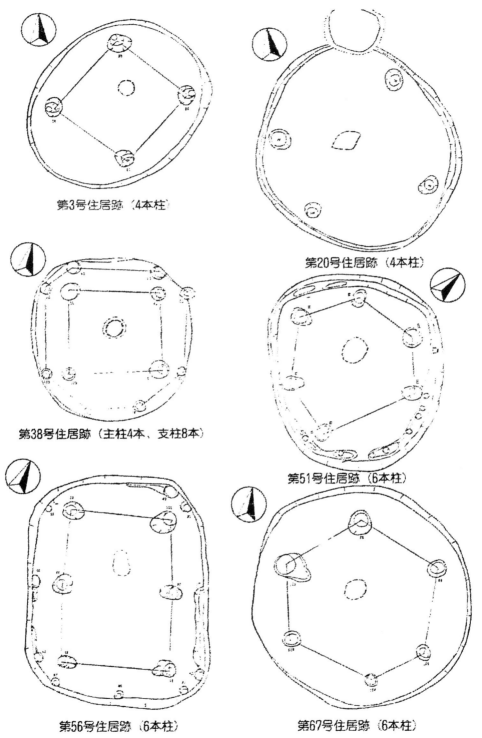

第3号住居跡（4本柱）

第20号住居跡（4本柱）

第38号住居跡（主柱4本、支柱8本）

第51号住居跡（6本柱）

第56号住居跡（6本柱）

第67号住居跡（6本柱）

第19図：縄文中期の竪穴住居址の主柱穴の配置　4本、5本、6本と種々の配置が見られる。時期的には4主柱が多くなる傾向が見られる。

321

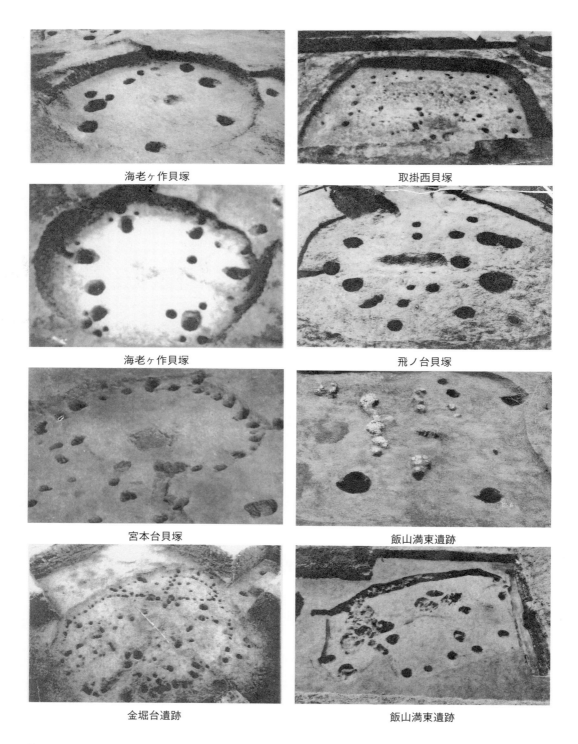

第20図：竪穴住居址の変遷　後期の竪穴住居は、壁の立ち上がりが浅くなるようである。また重なり合うものが多く、上段・中段のような単独で発見されるものは少ない。いずれも古作貝塚発見のもので炉は床面を掘り込んで作っている。

第2節 小竪穴と溝状遺構の検討

　ここでは、調査により発見された住居址以外の遺構である小竪穴と溝状遺構について、若干の所見を付け加えたい。

⑴　小竪穴について
（イ）　小竪穴という遺構を命名・呼称するに至るまで
　小竪穴と呼称する遺構に2、3の種類があることについては後の項で触れるが、私が高根木戸遺跡に参加する以前の資料では、千葉県や神奈川県などで発見されていた土壙（小竪穴などの総称）について聖徳大学の講師であった中沢不二夫氏の書いた小冊子に「袋状土壙」と紹介されていたものや、「漏斗状」あるいは「フラスコ状」などと記載された報告に触れる程度の遺構であった。

　また、高根木戸遺跡に参加する以前の昭和39～40年にわたり県内の馬蹄形貝塚の調査にも参加したが、竪穴住居址以外には小竪穴を掘った記憶はなかった。そこで、事前に調査する旨、報告に伺ったところ、佐藤達夫先生からは「下総地方の縄文中期遺跡から竪穴住居址以外にやや小規模の遺構が存在するようですから、高根木戸遺跡の発掘では注意して調査する必要がある」との教示を受けた。佐藤先生の教示は試掘坑の調査に活かされ、私にとっても高根木戸遺跡の発掘に大いなる調査意義を感じた。やがて調査に入ると、径2～3mほどの住居址に比して小規模な遺構（小竪穴）が多数発見された。調査終了時点では130個を数えるまでになっていた。このような小竪穴の発見は海老ヶ作貝塚でも確認されたため、今後の縄文時代の様相を究明するにあたって若干の課題と視覚を書き残しておくことも必要と考え、残る紙面を埋めるつもりで書き加えるものである。

　調査当初はピット、あるいは土壙などと調査員によって呼称は異なっていたので、八幡一郎団長、西野元副団長に私が加わって名称を決めることになった。

　八幡先生は、竪穴住居址をピット・ドウェリング（Pit dwellings）と英訳していることからスモールピットを「小竪穴」の英訳とする案を述べた。西野先生も私も異論なく「小竪穴」と呼称することにした。その時、八幡先生は、竪穴住居址床面で発見される小穴については、住居址に関連すると考えられる穴は「柱穴」とし、他の穴は「小穴」と呼び、「ピット」と呼ぶことをやめたほうが良いのではなかろうかと話した。また、土器の名称を記述する際に鉢形土器、甕形土器と「形」を付すのは深鉢とすべきか甕とすべきか迷った時に使用するもので、深鉢あるいは甕と判別できるものに「形」を付けるのは蛇足という指摘を受けた。

（ロ）　小竪穴の分類
　小竪穴の分類については高根木戸遺跡の報告書刊行後に「遺跡・研究論集Ⅰ」で発表した内容に基づいて述べることにする。
　小竪穴は形態的に3種類に分類することができた。

A類は小竪穴の開口部に比して底径は広く、断面がフラスコ状あるいは袋状と表現できるものである。
　B類は口径と底径に大きな差がなく、断面は直壁に近い立ち上がりになる。
　C類は口径に対して底径が小さく、断面は鍋底状のものである。
　これらを総体的に見ると、A類が多くB類、C類は少ない傾向がうかがい知れた。近接する海老ヶ作貝塚ではB類のやや規模の大きいものが目に付いた。また底部中央に小孔を穿って断面直壁の特徴をもつものも見られた。

(ハ)　小竪穴の用途

　小竪穴の用途を出土遺物から推測すると、多目的での使用が考えられる。床面に焼土や火を焚いた痕跡などはなく、まず住居とは思われない。ただし、海老ヶ作貝塚のB類の中で径4mを測るものが見られた。この規模であれば、人が一人くらいは入れる面積と考えられる。一方、高根木戸遺跡では、A類の小竪穴の底面壁近くで人骨の埋葬されていたものが発見された。
　この2例の小竪穴は土壙（墓址）としての可能性を指摘できる。さらに2例の底面では完形に近い土器が発見されている。これは明らかに同一時期に埋められたものと言えよう。このことから、底面にほぼ完全な形の土器が1個または複数個発見された小竪穴は、上部に貝層が存在しなかったために人骨が消滅してしまった土壙と考えることができる。こうした事例を出土土器から推察すると、加曽利E式期全般に見られる傾向である。この点、時代は遡るが、飯山満東遺跡で発見された土器を伴うピット群を土壙として考えることのできる例証と言える。
　海老ヶ作貝塚の第一次調査の際に、藤本強先生のアドバイスで底面及びその上層面の埋土をフルイにかけて水洗いした結果、イネ科のマコモ、ツバキ、クルミ、ドングリの実などの炭化物が検出された。こうした炭化物が小竪穴に堆積していた事実から、食糧の貯蔵を目的とした用途も考えられる。
　またフラスコ状断面を呈する小竪穴では、私たちが調査を終えた後に観察すると、開口部は乾燥して脆くなり、崩れ落ちる。発掘時点での開口部が中に落ちた例はほとんどない。その状況から、開口部には中を乾燥させないような工夫があったのではないかと思われる。このことからイノシシやシカなどを落とす（捕獲する）「落とし穴」ではなかったかということも考えられる。私たちが発掘する場合は廃棄された状態で発見されるわけであるが、規則的な配置は認められない。単独発見も多いが、住居との重なり合いもある。もし落とし穴を作るとなれば、居住地とは離れて、また穴の深さも必要となろう。落とし穴説には私は消極的考えをもっている。
　こうした小竪穴は、早期の遺跡から後・晩期に至るまで作られている。これらを系統的に再度集成し、その変遷や作られた数などを検討することにより、新しい見解が生まれてくるかもしれない。そこで、縄文人の生活を解明する資料の一つとして今後も研究を重ねる必要がある。

第Ⅱ部　第3章 縄文文化の様相を考える

第1図：小竪穴の分類

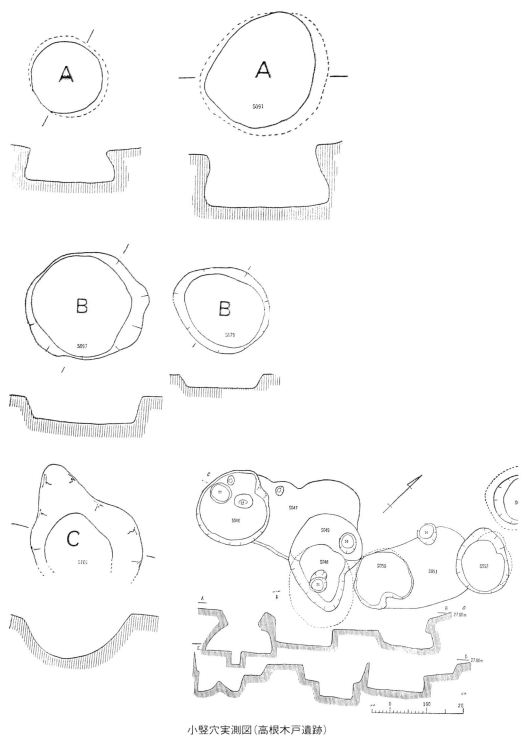

小竪穴実測図（高根木戸遺跡）

第2図：海老ヶ作貝塚の小竪穴

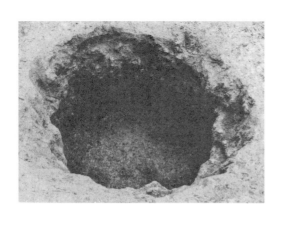
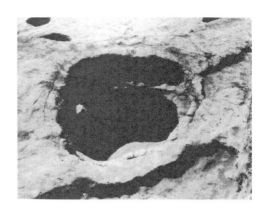
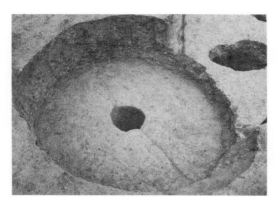
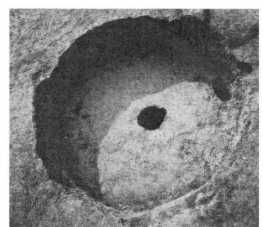
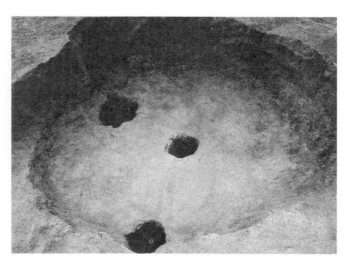
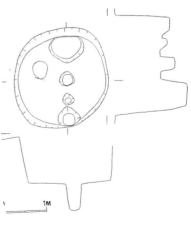

第Ⅱ部　第3章　縄文文化の様相を考える

第3図：小竪穴内に堆積した貝層

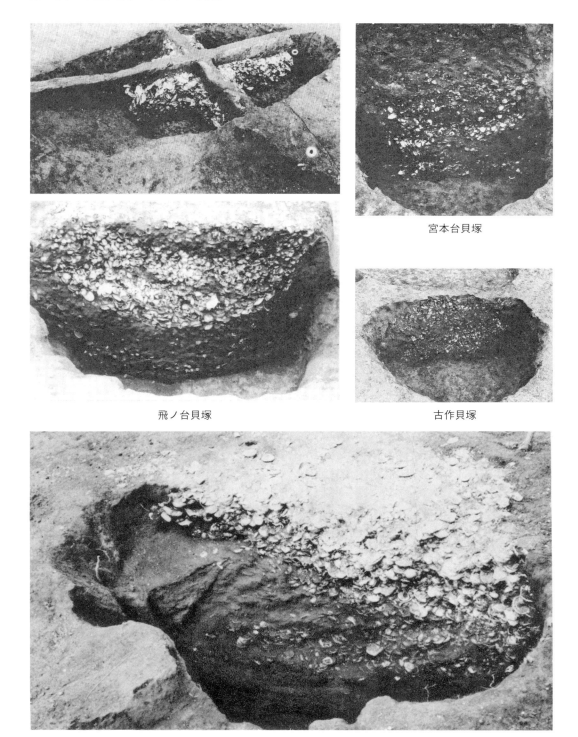

宮本台貝塚

飛ノ台貝塚

古作貝塚

古作貝塚

第4図：飯山満東遺跡のピット群全景と土器出土状態

(2) 溝状遺構について

　断面U字状、あるいはV字状を呈し明確に溝、あるいは濠と認められる遺構に対し、断面や底面の形状が若干異なるものの概ね溝と認識できる遺構を「溝状遺構」として取り上げることにした。これまで私が調査に関わり検出できた溝状遺構は、2遺跡で確認できた。以下、その概要について述べていく。

(イ) 宮本台貝塚

　宮本台貝塚では、西側に設定したトレンチで貝層の広がりが認められたため調査区を拡張した結果、合計4条の溝状遺構が発見された。

　1号溝は確認面での幅が80cm前後、深さは15〜20cmを計測し、断面はU字状を呈していた。なお、長さは8.5mまで確認できた。溝内に堆積していた黒色土には破砕貝類が見られた。出土遺物では、堀之内I式土器の破片が多数を占めていた。

　2号溝は確認面での幅が160〜170cmと広く、一部では独立した2条の溝として検出されている。そのため、同方向に重複するように2条の溝が存在していたことが理解できた。また、深さも大きな差はなく30〜40cmほどであった。なお、本溝では厚さ4cmの焼土層が楕円状（20cm×14cm）に堆積し、貝層も検出された。貝層は前者とは異なり純貝層に近い堆積状態であった。貝類はハマグリ、アカニシ、オキシジミ、カガミガイ、カキなどで構成されており、貝層中からは堀之内I・II式や加曽利B式前半期の土器群の他、獣骨や人骨片が出土している。なお、人骨片は埋葬されたものではなかった。

　3・4号溝は2号溝の南で確認された。いずれも小規模な溝で、深さはローム層をほぼ5cm前後掘り込んでいた。幅は3号溝が約20cm、4号溝が約40cmを計測した。断面は緩やかなU字状を呈しており、1・2号溝と比較すれば細溝と言えよう。

(ロ) 古作貝塚

　厩舎の建て替え、パドックの設置による掘削などの工事に先立ち、貝塚の残部や撹乱の状態を調べる目的で古作貝塚の発掘調査が昭和56年度から数次にわたり実施されている。その主な成果は、本書の「古作貝塚」の項で記述したところである。報告でも埋葬や出土遺物の多さから溝状遺構についてはあまり触れられていないため、ここで宮本台貝塚同様に概略を記しておきたい。

　昭和57年度の調査では、厩舎の下から大小7条の溝状遺構が発見された。これらの溝状遺構では、確認面からの幅は小さいもので1m前後、大きいものでは2m前後を測る。断面はV字・U字形を呈しており、壁面から底部にかけて不規則な小孔が認められた。覆土中からは縄文土器片が若干発見されたが、溝状遺構の時期を決定づけるような遺物は発見できなかった。さらに5号溝を調査中に竪穴住居址が発見されたことにより、大半の溝状遺構は縄文時代以降に掘削されたものと考えられた。

　とりわけ1・2号溝は直線的に掘削されており、奈良・平安時代によく見られるタイプと言えよう。本遺跡の南に位置する本郷台遺跡（平安時代集落址）でも類似する溝状遺構が検出されている。

第5図：宮本台貝塚の大小の溝

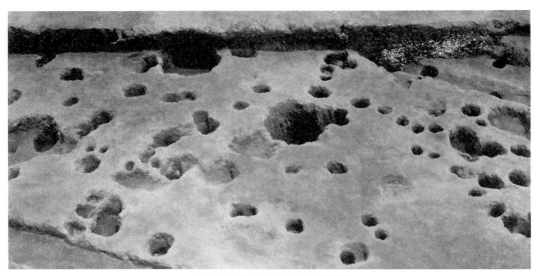

宮本台貝塚発見の大小の溝状遺構

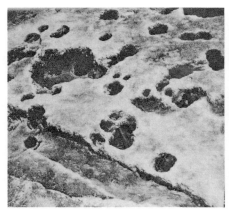
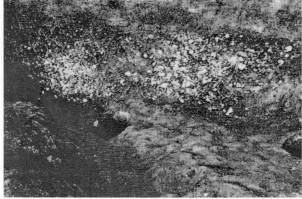

大溝状遺構に堆積した貝層

貝層の堆積が見られた溝状遺構と完形土器出土状態

一方、3・6・7号溝は小規模で形状に変化が見られ、1・2号溝とは明らかに異なる様相を呈している。時期的には不明と言わざるを得ないが、参考資料として掲載することとした。

(ハ)　溝状遺構の用途

　これまで宮本台貝塚と古作貝塚で発見された溝状遺構について述べてきたが、宮本台貝塚では貝層の堆積も認められ、縄文時代の溝状遺構の存在を明らかにすることができた。

　このような遺構は稀有な例で、ほぼ貝塚全体を調査した松戸市貝の花貝塚でも同時期の竪穴住居址が多数発見されたが、溝状遺構は発見されなかった。古作貝塚の溝状遺構についてはさらなる検討が必要と思われるが、縄文時代後期初頭には、このような溝状遺構が存在していたことは間違いあるまい。しかし、居住地と溝状遺構の関連を考えるとまだまだ資料的には少ない。今後、大規模集落を形成する中期から後期にかけての発掘調査により類似の遺構が多数発見されれば、その目的・用途なども徐々に解明されることとなろう。特に宮本台貝塚での出土例は貴重であり、縄文時代の溝状遺構検出例として再度書き留めておきたい。

第Ⅲ部

発掘余話
報告書に載らなかった数々の出来事

海老ヶ作貝塚を北北西上空から望む（1970年頃）。

海老ヶ作貝塚の小竪穴内からは、横倒しになったり底面に押圧されたりした土器が多数発見された。

口絵Ⅲ-1　竪穴住居の発見

①貝の拡がりをまず調査する。
②確認後、貝の堆積状態を観察するために十字形の部分を残し、掘り下げる。
③まとまって発見される土器などは記録のため残し、床面まで掘り下げる。
④炉、柱穴、掘り込みを確かめ、竪穴住居址を発掘する。

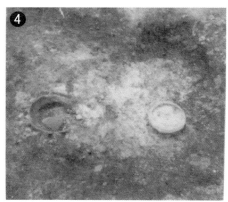

口絵Ⅲ-2 竪穴住居の復原

竪穴住居復原構築のプロセス想像図。写真は長野県大深山(おおみやま)遺跡の復原住居。

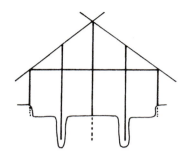
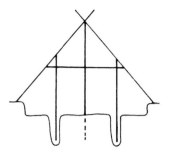
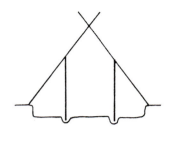

口絵Ⅲ-3 復原された住居の様相
上:千葉県加曽利貝塚／中:長野県井戸尻遺跡／下:白樺の皮で復原した北海道中標津遺跡

口絵Ⅲ-4　高根木戸遺跡

上：航空写真（北西方向より望む・1967年）
下：台地上に発見された集落址の景観。縄文時代中期の住居が馬蹄形に配された集落址である。台地の左の一部は土取りにより残存しないが、以前は同様に遺構が存在していたと考えられる。中央部には何の遺構も存在しなかった。

口絵Ⅲ-5 高根木戸遺跡：3頭の埋葬された犬骨発見状態

3分の2ほど削土されて残った竪穴住居址の床面に、折り重なるような状態で犬骨3体が発見された。この床面では人骨の一部も発見されており、手厚く葬ったことと思われる。下段は上段の写真から想像した復原図である。

口絵Ⅲ-6　貝輪と納入土器

昭和3年（1928年）に古作貝塚で発見された貝輪と、貝輪を納入した蓋付土器。

口絵Ⅲ-7　貝輪の装着状態

上：口絵6の貝輪と同じ貝を装着した女性の埋葬の状態。
下：1個の貝輪を右腕に装着した状態。

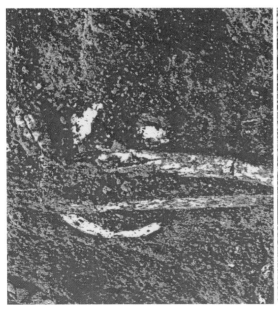
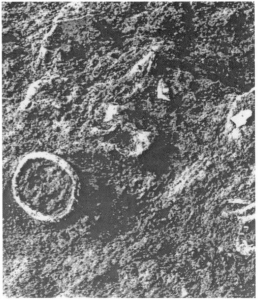

口絵Ⅲ-8　宮本台貝塚

上：宮本台貝塚住居下の第1号土壙の人骨発見状態。
下左：丁寧に土を剝いで人骨を検出した状態。
下右：左の四肢骨などを掘り上げて頭骨を残した状態。埋葬された人数が数えられた。

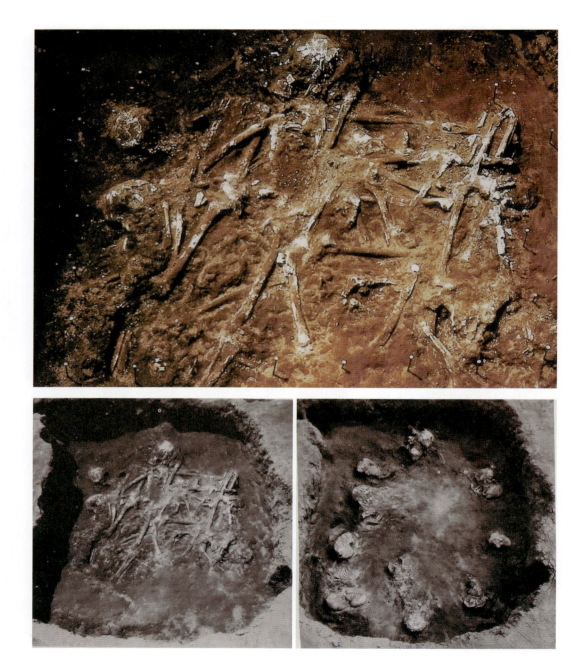

口絵Ⅲ-9 古作貝塚

女性と抱かれた小児の合葬墓。左側臥の女性の腕の中に抱かれた小児が発見された。森本岩太郎先生によれば、女性は母親と考えて良かろうとのことであった。まわりの穴は柱穴と思われることから、住居床面に埋葬されたと考えられる。

口絵Ⅲ-10 狩猟の復原図

多く収穫されたイノシシとシカの頭骨・角骨。縄文時代全般に多く発見される。

〈飛ノ台史跡公園博物館パンフレットより〉

イノシシ

ホンジカ

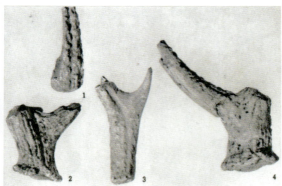

口絵Ⅲ-11 漁撈の様相

漁撈の様相の復原図と、貝塚から出土した骨により魚全体を図示した。

〈飛ノ台史跡公園博物館パンフレットより〉

口絵Ⅲ-12 採集経済（海・川）

貝塚から発見される主な貝を列挙してみた。貝塚の貝とともに獣骨類も多数発見される。

潮干狩りの様子
〈『千葉県史 資料編』より〉

口絵Ⅲ-13 採集経済（山・野）

漁撈、狩猟での経済活動に対し、自然に埋まるもの、木々に実るものなどを採集する経済活動が見られた。小竪穴の底部からは、自然炭化したクリ、ドングリ、シイなどの植物の実が発見されることがある。

〈飛ノ台史跡公園博物館パンフレットより〉

クリの実

石皿（石臼）　　　磨石（すりいし）

口絵Ⅲ-14 加工された貝製品・石製品

上段および中段左：ツノガイを細かく切断して腕輪・首飾りとなる（取掛西貝塚）。
中段右：垂れ飾りとして使用されたものと思われる（飯山満東遺跡）。
下段：硬玉製大珠（高根木戸遺跡）。

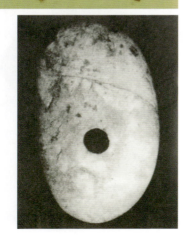
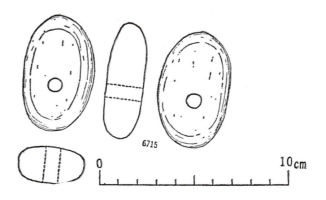

1. 海老ヶ作貝塚

海老ヶ作貝塚の貝層の拡がり

海老ヶ作貝塚

(1) 貝塚の測量時の推察

　貝塚を調査するにあたって最初に貝塚の位置を示す地図が必要であったことから、国土地理院発行の2万5千分の1から5万分の1の地形図に貝塚地点を表現した。次に必要なものは、さらに縮尺の大きい地図あるいは地形図である。

　私が最初に貝塚の発掘調査に参加したのは、松戸市貝の花貝塚（昭和39〜40年）であった。団長は八幡一郎先生で、調査現場の指導者は岩崎卓也先生であった。私は当時、試掘溝の調査にかかわり、そこで遺構・遺物が発見された場合に平板測量による作図を務めることが役割であった。

　貝の花貝塚は、馬の蹄のような形に貝層が分布しているという程度の知識しかなかったので、指示されるとおりに作業するにとどまっていた。その後、斎藤忠先生から茨城県史の手伝いをおおせつかった。

　当時、藤本強先生も同様な依頼を受けたことで相談した結果、茨城県には縄文土器だけではなく考古学史的にも著名な貝塚が多数存在することから、貝塚の全体図を作成する基礎的研究から始めることが決まった。藤本先生は東京大学の常呂町の学術調査のスタッフであったので、貝塚の地形測量図の作製は容易なことであった。

　藤本先生は測量を360度回転することで誤差を少なくする方法をとることに決定し、平板一式、レベル、トランシット、計算器を、測量に同行する学生に運搬させた。縄文時代早期の花輪台貝塚、学史で著名な前期の貝塚、中期の中妻貝塚、北方貝塚、それに異形土器が多数発見され話題となっていた後期の福田貝塚などを、おおよそ3日間で完成した。

　これらの貝塚の測量から、県は異なるが海老ヶ作貝塚の測量へと継続したわけである。海老ヶ作貝塚の測量前に周辺の貝塚の測量事情を検討した。有名貝塚が多数測量されていたが、昭和30年代後半から40年代前半に測量されていた図面を見ると、馬蹄形環状に展開する貝層の分布に等高線が入れられていたが、等高線は高いところを基点として測図表現されていた。三角点を基点として等高線を表現したものは数少なかった。

　藤本強先生は、変化していく貝塚地形を図面に残す方針を考え、海老ヶ作貝塚の周辺に2点ほど三角点を捜しそこから移動して基点を決め測量に入った。その測量の際、畑地の角などに多数の赤杭を発見した藤本先生は、「私は測量を行うだけで後は知らない」という言葉をたびたび口にした。

　実はこの杭が、後の海老ヶ作貝塚の一次調査に問題を起こすことになるとは全く予想もしなかった。何度も発せられた「後は知らないぞ」との言葉は、赤杭が造成に先駆けての杭であったことを藤本先生は理解されていたわけである。赤杭の持つ意味を理解できなかった私がまだ勉強不足であったということになる。

　なお、この測量中に浅い谷の北側に面する畑地で天地返しが行われており、掘り返された

ローム面が露呈していた中に5〜7mほどの円形黒色土が認められた。竪穴住居などの埋土かも知れないと調べた結果、土器の散布が確認できたので測量図の中に補足して書き入れた。そしてこの地域を「海老ヶ作北遺跡」とすることにした。

　海老ヶ作貝塚の測量の結果、貝層は主に台地の高い部分を中心に帯状に堆積が見られたが、南側畑地の一部を除いては貝の分布は見られなかった。しかし、畑地などに散布する土器片などから推測するに、南東山林の西側や凹地を中央とすると径100mを測る大遺跡であることを認識して、高根木戸遺跡同様の大集落の埋存が予想されるに至った。

　完成した測量図の原図は船橋市教育委員会に渡し、私たちはそのコピーをその後の研究の材料とすべく記録した。

⑵　1本の試掘溝から第一次調査は始まった

　その後半年を過ぎ、突然に市側から海老ヶ作貝塚におもむく旨の連絡があった。何事かと急ぎ貝塚へ行くと、私たちが測量した貝塚の中央部にあたる地に、東西に幅2mの試掘溝が掘られている情景を目にした。測量図作製の際に、藤本強先生が点在する赤杭を指摘したまさにその地点であった。

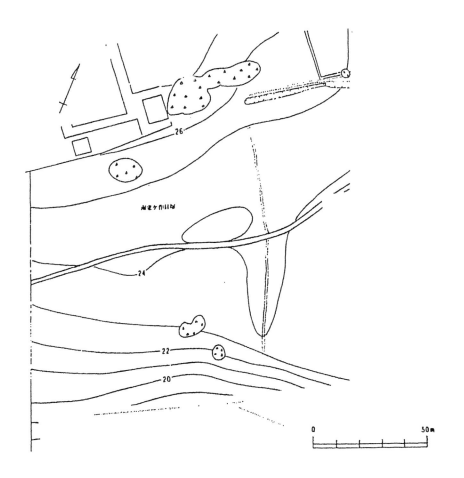

赤杭は造成地測量の基点のものであったことに、私は初めて気がついたわけである。集合していたメンバーは県および市の行政当局者と造成業者であった。業者から、この試掘溝の発掘で何ら貴重なものは発見されなかったので調査は終了、という話があった。

その際、業者の兄と称する人物が、散布している土器片を甕(かめ)のかけらと称し、ステッキの先で突いて貝殻などは海岸に行けば幾らでも転がっているよ、と言って調査はこれで終了するとのことであった。この人物は県会議員であることを後に知った。

以前、早稲田大学の金子浩昌氏が貝塚の一部に試掘溝を設定し調査した結果、縄文時代中期の貝塚であること、ここは遺跡であり1本の試掘溝では調査不足であると発言をされていた。私はこの場の長居は得することでないと考えて、県・市の担当者に試掘溝を掘ったのは失敗であり、何とか善処する方法を考えることが必要であろうと話し、現場を後にした。

私はさっそく大学におもむき、この話を藤本先生に話したところ、自分の指摘が当たっていたことを話されたが、解決法は八幡一郎先生に教示を受けなさいとのことであった。この時、後に高根木戸遺跡の調査で「西野方式」という方法を行った西野元氏は、成田の特別の調査に携わっていて、私が孤軍奮闘するしかないかと種々の方針や調査法などを考える日々を過ごした。

(3) 調査団の結成

1週間も過ぎた頃、私に招集がかかった。授業の関係で少し遅れて指定されたところにおもむくと、八幡一郎先生を中心に行政当局と高根木戸遺跡、宮本台貝塚で調査員として名をつらねた考古学研究会の人たちが話し合いを行っていて、私はその場所の雰囲気から何らかの進展があったことを読み取った。

話は調査団の結成であった。会に駆けつけた私に八幡先生は調査主任になってくれないかと話された。大学院の学生で時間が比較的とれること、また松戸市の貝の花貝塚や高根木戸遺跡の調査において西野元氏のもとで助手を務めていたことなどを考慮して八幡先生が指名されたのではと考えた。しかし、私より経験豊かで担当者として最適な研究者が多数そろっていたので、即答はさけた。中には調査そのものに対して反対する人もいたのであるが、すでに試掘溝による調査が行われてしまっていたことを考慮して、八幡先生は調査を継続することが現在とれる最適な方法ではないかと話された。11月という時期、行政、宅造業者の態度などに賛同しかねるという研究者は、この調査、調査団の結成に反対すると言い座をたった。海老ヶ作貝塚における一部分のみの試掘溝1本で、造成予定地を調査することなく破壊されてしまうのは忍びないと八幡先生は考え、調査団の団長を受託した。受託の余波が私に来ることは、火を見るより明らかであった。

(4) 発掘調査の開始まで

八幡先生は昭和41年3月、日野（長谷川）誠一学兄と私の卒業論文を審査して東京教育大学を停年となっていた。

〈調査団・関係者名簿（肩書き等は当時のもの）〉
調査団長　　八幡一郎（上智大学教授）
調査員　　　岡崎文喜（東京大学大学院、船橋市文化財審議会委員）
調査参加者　松浦宥一郎　禿仁志　山浦清　湯川悦夫　市川富久　林俊雄　望月幹夫　望月明彦
　　　　　　田平徳栄　鈴木一正　加納俊介　吉本恵理子　鬼沢美佐子　林直大（東京教育大学）
　　　　　　岡崎佑子　大和修　新津健　蒲原大作　神田百合　福島康二（上智大学）島村武
事務局　　　鈴木武次　高橋佐久　山岡俊明　平井孝一（千葉県教育委員会）武井光正　金刺伸吾
　　　　　　（船橋市教育委員会）
調査協力者　国分直一　増田精一　岩崎卓也（東京教育大学）藤本強　赤沢威　小谷凱宣　宇田川
　　　　　　洋
　　　　　　飯島武次（東京大学）西野元（千葉県教育委員会）高橋熈　浅井正康（船橋市史談会）
　　　　　　県立船橋高等学校（顧問・岡村勝亘）市立船橋高等学校（顧問・竹生鉄夫）
　　　　　　和洋女子大学付属国府台女子中・高等学校（顧問・赤羽新一）
　　　　　　市立習志野高等学校（顧問・川一夫）東邦大学付属高等学校

　そのような訳で、日野学兄と私が史学方法論教室の最後の弟子となった。四ツ谷に向かう電車の中で鳥居龍蔵氏を思い出した。
　鳥居氏は東京帝国大学理学部の助教授で、八幡先生が一番弟子であった。何らかの理由があって人類学教室を辞し上智大学で教鞭をとった人類学・考古学の学者であった。八幡先生同様上智大に招かれたのは偶然とはいえ何らかの因縁が感じられることを思い出した。私も一時期とはいえ人類学教室の研究生となったことも、更なる見えない奇遇を感じざるを得なかった。
　八幡先生の研究室は東京教育大学の教授室よりは狭いと感じたが、個室である点は同様であった。八幡先生は私に、君の調査方針はと尋ねられた。私は造成地全てに試掘溝を設けることは難しいと考え、行政当局の設定した試掘溝を基点として、造成予定地の周囲との隣接場所、そして宅地の中央部に試掘溝を設定し、遺構・遺物の分布をまず調査する方法で、遺構・遺物の多数分布する地点を拡張発掘する調査方法を提案した。八幡先生は私が図面を提示して説明したのを聞いた後、遺構の分布の確認が先決かなと答えた。
　まずは遺構・遺物の埋存の確認を方針とし、その手段として試掘溝の調査を行うことで意見の一致をみた。調査は行政当局が掘った試掘溝における遺物・遺構の有無という再調査から始まった。
　その結果、試掘溝の基部及び台地縁辺から小竪穴や住居址と考えられる落ち込みが発見された。この試掘溝を第一号溝と名付け基部、中央部、台地縁辺部から続く試掘溝を設定した。残念ながら調査に入るまでの期日、11月という時期などから西野方式などをとることは全く不可能であった。しかし宮本台貝塚に参加してくれた東京教育大学・上智大学・和洋女子大学の学生・生徒諸君が仲間を連れて土・日の調査に参加、実労働力となって活躍してくれた。

12月に入り大学の冬期休暇になる学生も常時参加することになり、徐々に試掘溝も掘り上がることなった。それにしても急な調査の開始であって、調査事務所として使用可能な現場事務所も設けられていない極悪の状態であった。
　団長の八幡先生は週に一度ほど指導に来られ、なるべくなら今年中に試掘溝を掘り終えマクロに遺構・遺物の分布を把握するという方針を出した。しかし寒風吹き付ける日などは半日程度の成果しか上がらなかった。
　禿仁志、新津健学兄などの尽力で大方の掘り下げは片がついた。それから測図に入ったが、暮れも押し迫り大晦日にも測図を行うことになってしまった。太陽の沈むのは早く、暗くなるのがひしひしと感じられた。
　禿、望月、山浦、新津学兄などは今年中にという合言葉で測図を行ったが、平面図に高低を入れる際には箱尺にライター、マッチなどの明かりを利用してレベルを覗き込んだ。学生諸君の考古学に対する熱意をこれほど感じたことは、これまでになかった。一応くぎりを付けることができた私たちは、さっそくビールで乾杯し、夕食にありついたのは午後8時であった。この時食したカレーライスが旨かったことを今でも思い出す。
　その後、驚くべきことが起きたことを知らされた。それは行政当局と宅造を請け負う業者の間で、行政当局主任宅で忘年会を行った時のことであったらしい。その際、酒が進み酔った勢いで行政担当者は日本刀を持ち出し自分に責任があると、鞘をはらって切腹の真似をしようとしたらしい。業者主任は剣道の有段者であったので、刀を持った手を叩き落とさせて事なきをえたという話を聞かされた。何でも試掘溝を掘ってしまった私たちが悪いということを口走っての出来事だったらしい。この話を聞いた時、行政側も相当悩んでいたのだと思った。また宅造を請け負った担当者は話がわかる人物ではないかと想像した。

(5) 一部全面発掘調査への方向転換
　試掘溝における遺物・遺構の分布の結果と今後の方針を伺うべく、松が明けてすぐに八幡先生宅を訪れた。開口一番、先生から、工事は4月に入ってから行うという連絡が行政当局からあったことを知らされた。
　さっそく私から試掘溝における結果を説明したものの、3ヵ月期限が延びたとしても全面発掘は不可能と考えた。先生には測量の際、窪地と考えられた中央部周辺は遺物・遺構は少なく、高台地周辺及び南東斜面に近い部分に遺物・遺構の発見が多かった傾向を実測図で示しながら説明した。そして、期間が延びても全面調査はとうてい難しいとの私見を述べた。
　先生からは、早急に行政当局・宅造業者・調査団の三者会議を開き、今後の方針を決めるようにとの進言があった。私は帰りの電車の中で、期限が延びた理由には、調査に対する熱意よりも、ごくわずかの人しか知らない暮れの日本刀事件が起因したのではないかと推測を巡らした。三者の話し合いは市役所で行われた。
　この時、業者からは現場主任が出席してきた。まず八幡先生は遺構の多く発見された部分を拡張して調査し、それにより遺跡全体を推し量るという案を話された。現場主任は現場を

実際に担当する責任者であることから、造成地全体を１ｍ土盛りして工事が行えないかと聞かれた。私は試掘溝の断面図を作製した結果を説明し、１ｍ以上の土盛りをすれば遺構なども破壊されることが少なく、調査の必要もないと意見を述べた。

　八幡先生も私の方針に賛同して、掘らないで済むなら遺跡の保存という点でも最適であろうとして、工事主任に対し土盛りの案は出来るかどうか検討してほしいと話された。最終的には現場主任が造成設計図と照合して結果を出すとのことで、話し合いが終わった。

　二日後に、市役所で現場主任との会合が持たれた。主任の回答は、１ｍの盛り土は可能であるが造成は南斜面に向かってのひな段方式なので、台地縁辺周囲は削平が必要なことから、その部分を調査して欲しいとの話であった。そこで、調査は削平される部分を全面発掘することで話し合いの結着を見ることになったが、またここで大きな問題が生じることになった。削平される部分の調査は、常時調査担当者が監督として付いて２ヵ月程度の日時が必要となるが、私は２校の授業を受け持っていたので最低３日間は調査に携わることは不可能であった。また１月から３月までは入試の補助も考えられたので、常時監督は不可能であった。その時、助け舟を出してくれたのは、貝塚測量の際に赤杭を指摘して問題が起こることを予測した藤本強先生であった。

　発掘調査の経験豊富な人物が、藤本先生に言われたといって助力を願い出てくれたのである。その人は当時大学院に在籍していた宇田川洋氏であった。宇田川氏は北海道が専門であったが、加藤晋平氏に師事していて関東まで広いエリアの発掘調査を担当している研究者であった。宇田川氏は私の出られない日を中心に、ほぼ常時現場を担当してくれた。また土・日を中心に上智大学、東京教育大学、和洋女子大学の学生諸君が多数参加してくれたこともあり、全面調査区と名付けた区域を３月末までに調査を終えた。

　この１月から３月にかけて団長の八幡先生は、上智大学のタイの調査に参加していたことから、私にかかる責任は重かった。それが理由ではなかったが、ある日、調査現地に来た学生に対して大声で注意するということがあった。その学生風の人物は個々の遺構や遺物などではなく発掘風景を撮影しているようだったが、調査団とは関係のない様相が気になっていた。その人物は、やがて革靴で住居址の中に入って撮りだした。その時、私は革靴で住居址に入るとは何事だと大声を出した。何故ことわりなしに入るのだと尋ねた。すると日本考古学協会から来たとのことで、調査風景を撮ってくるように依頼されたとのことであった。

　私たちは他の遺跡を見学する際には、担当の責任者に見学の許可を受けることが礼儀であると話し、写真を撮る場合にはそれ以上の断りが必要であることを教示し、また住居址に革靴で入るなどは言語道断であることを説明した。この人物は調査団結成の時に反対した研究者の仲間であると思った。

　後にこのことは協会の連絡紙に載ったということを知った。内容は調査団の調査が遅々として進まず担当者は相当に苛立っていると書かれていた。私も友人と調査見学に行った折、友人が担当者の怒りに触れ、宴会の席で調査団の見学の際の常識を教示されたことを思い出す事件であった。

いずれにしても貝塚測量に始まり、1本の試掘溝の発掘を経て一部を全面発掘、他の部分は1mの土盛りによる保存という結果の第一次調査は、おおよそ1年が過ぎようという時になって終了を迎えた。この間に費やした経費は団地造成工事側からは出ていなかったことは事実で、その当時の行政側の尽力によるところが大きかったことが考えられる。
　私にとっては誠に不思議な調査であったが、その間の出来事が後の船橋市の発掘調査に大きな影響を与えたことは間違いのない事実であった。その後、南に隣接する畑地に宅地造成事業が計画された。第一次調査についての業者間の話し合いもあったらしく、第二次調査は円滑に行われた。しかし報告書作成の整理作業中に業者が変わったため、途中で中止となり現在まで本報告書の発刊はない。
　その後、市の行政調査で西側の遺構の範囲を把握するための第三次調査が行われた。また第一次調査区の北側に隣接する山林に宅地造成計画がもちあがり、市は第四次調査として行うべく遺構確認のために試掘溝の調査が実施されたが、諸般の事情によりこの調査は試掘溝の調査で終了となった。誠に残念なことであったが第一次調査の全面発掘区域の北側隣接地であったので、第四次試掘溝の遺構確認の結果と照合することにより、マクロな遺構分布を把握することができた。測量図の作成により遺跡の保存にと始めた作業が、神に見放された不運な貝塚という結果に至ったことは、私の調査人生にとって残念な結果続きの遺跡ということに他ならない。

（追記）
　不運な裏面の事情ばかりを書いてきたので、最後に将来への希望を少し述べておきたい。
　海老ヶ作貝塚はマクロに見れば、全体の5分の2は残されていると考えられる。しかも貝塚の中心の貝層の堆積している地域は市有地であったこともあり、ほとんど残っていると思われる。
　特に貝層部は第一次調査部分と隣接し、大部分は残存していると推測される。貝層部分が保存されていることは、この遺跡にとって大きな価値だと言える。
　現在市指定の貝塚であるが、私は早々に県指定を望んでも良いのではないかと考えている。県指定にもっていくには、本貝塚の重要性を位置づける必要がある。多数の小竪穴、竪穴住居址、中期に比定される遺物が発見された第二次調査報告書の発刊が望まれる。

第Ⅲ部　1．海老ヶ作貝塚

海老ヶ作貝塚の現況（2000年頃）：船橋市指定文化財として残された貝の堆積地域。上段はやや盛り上がりの見られる部分。下段はそこに接近した写真で、貝殻の散布が見られる。

海老ヶ貝塚の発掘風景

2. 高根木戸遺跡

高根木戸遺跡出土の土器

高根木戸遺跡

(1) 調査の準備と発掘方法の決断・発掘調査

　高根木戸遺跡の名称は本来、間違って付けられた名称である。従来、考古学界では遺跡の名称は字名を採用して呼称することになっていた。「高根木戸」は駅名であり「高郷」という字名が本来の名称ということで、「高郷貝塚」と呼称すべきであった。私は考古学研究者・和島誠一氏の著書の中に高郷貝塚を踏査した旨の文章を読み、高根木戸遺跡と同じ遺跡ではないかと疑問を持った。和島氏が貝塚地名表の冊子を刊行していることを思い出し調べたところ、地番の一致から「高郷貝塚」の遺跡名を確かめることができた。

　しかし、その時点では高郷小学校建設のための事前調査が開始される1ヵ月前のことであった。さっそく名称変更を話したが、発掘届および費用の議会決済がすべて完了していることから無理ということになり、「高根木戸遺跡」の名称で進行することに決定した。

　私たちがこの遺跡を最初に訪れたのは、地元で戦後の開墾以来、遺物に注目し、畑地の耕作などの際に土器・石器などを多数採集保存していた高橋熙氏から、考古学資料の分類を依頼されたためである。お会いして、採集された土器・石器などの多さに驚いた。その折に縄文時代中期・後期に土器の分類をし、石斧、叩石、石皿、石鏃などの分類を大別したが、数の多さに2〜3日は必要と考え、再訪を約束して帰った。

　その後、市当局からの依頼もなく、再訪はなかった。どのような行き違いが生じたのか、それらの遺物は早稲田大学の研究者や学生によって分類が行われたらしく、その結果として高橋熙氏の家で古代習志野展が行われることになって、再度訪れることになった。

　船橋市長も見学に訪れ、高橋氏所有の畑地の南方に位置する地域に小学校の建設が行われることを知り、西野元先生をはじめ私たちは調査の必要性を察知した。高橋氏を介して市当局に調査の必要性を申し出た。西野先生らを中心とする私たちは、先年末に夏見台を調査したこともあり、すぐコンタクトがとれ、その結果3月末から4月初めにかけて予備試掘調査を行うことが決まり、実行するに至った。

　学校建築に伴う測量調査がされていたので、試掘地点の調査は容易に行うことができた。以前、佐藤達夫先生の講義で、下総地方には断面フラスコ状を呈した、住居とは異なる遺構が存在することを思い出し、90〜100cm下げても軟ローム面に達しない坑が存在したら、そのような遺構があるか注意して試掘することにした。この予測に違わず、100cmに至るも軟ローム面に達しない試掘坑を多数発見した。80〜100cmでハードローム面が露呈したものはおそらく竪穴住居址の床面と考えたが、このような試掘坑も多数認められ、この遺跡には多数の遺構が埋存していることを確認することができた。

　その結果、本遺跡の発掘調査の必要性を認識し、その予算額を提示してきた。市の予算では全面発掘は無理と考えられたが、何とか記録として残す必要性を考慮して、西野元先生、平井孝一先生を中心に予備の会議を重ねた結果、予算でできるかぎりの記録調査を行うこと

となり、調査団の編成など着々と準備することになった。

　西野先生及び私たちは、調査費という点では、市の小学校建設に先立つ発掘調査であったために行政側負担であることから、苦労する必要はなかった。問題は6,000m²という面積と期末までという時間であった。西野元先生も私も、2年にわたる松戸市貝の花貝塚という馬蹄形貝塚の全掘調査に参加していたので、大規模調査はすでに経験してきて種々学んできた。しかし、高根木戸遺跡の探査は短期間で終えなければならないということで、その準備と調査法ではこれまでにない大きな決断をする必要があることは当初から覚悟していた。

　まず、調査結果を念頭に何を目的として調査を行うかという大前提を考えることが第一の課題であり、調査方針を決め、ヘッドとなるべき団長の選定を行う必要がある。私は戦後、登呂(とろ)遺跡の調査から貝の花貝塚まで幾多の調査で陣頭指揮をとってきた八幡一郎先生が団長として最良ではないかと考えて、西野先生にその旨を進言した。

　西野氏は行政側と相談し、八幡先生に団長依頼を交渉した。何の問題もなく八幡先生は団長を引き受けてくれることになった。そこで西野先生と私は4月に行った予備調査の結果などを携え、調査方針の指導を願い出た。実は3月から4月にかけて、短期間であったが工事もすでに決まっていたので測量などはすべて済んでいて、測図の必要はなかった。私は20mの黄色の基点杭に注目し、その点を基点として全体に2m×2mの試掘坑をあけ、層序の確認を行っていた。

　その結果、表土から軟ローム面までは意外に深く、70cmから90cmを測った。なかには1mを超えても軟ローム面に到達できない箇所も多数あり、おそらく竪穴住居址などの一部遺構の埋存が予想された。これらのデータを八幡先生に説明すると、先生は学校建設予定地内を全面調査する必要性を説かれた。試掘坑から発見された土器片は加曽利E式土器が多く、縄文時代中期の集落址の埋存が充分予想された。八幡先生は、縄文時代中期集落址を明らかにすることを中心に置く調査の方針を示唆された。

　私はこれを、縄文時代中期集落址の全貌を明らかにする大方針と理解した。西野先生は当面、土・日を中心に東西南北に試掘坑を設定し調査する方法をとる考えであった。しかし、それでは最終的に排土の除去に時間がかかり、また動員できる人数も限定的で効果的ではないと私は反対した。八幡先生の縄文時代中期集落の全貌を把握するという方針をとるためには、おそらく縄文土器編年考古学研究者からは大反対を受けるであろうことは覚悟の上で、別の方法を考えていた。

　それは、試掘坑の予備調査の結果から、表層の40〜50cmまでは耕作などにより攪乱を受けているため、この深さまでの土は重機を用いて排土し、それから下層を人的調査にするという大胆な方法であった。この方法ならば、建設予定地内の遺構の確認は期限内に明らかにできるのではないかと考えていたからである。7月中頃になれば大学・高校生の動員が可能となり、そこから人海戦術で一気に集中調査すれば不可能ではないという構想であった。

　私の試案は、7月に入るまでは基点を決め、土・日ごとに試掘坑を設定し軟ローム面までの層位を確認し、それを基に7月に入ったら大学生の手を借り重機を入れ、レベルとトラン

シットを設置して試掘坑のデータを基に測りながら、台地の南側から北側にかけて徐々に排土を運ぶ方法であった。
　この方法は、西野先生と入念に検討を重ね、八幡先生の賛同を得て実行したことは言うまでもない。7月に入り上智の女子大学生の協力を得て、おおよそ2週間で調査予定地の大部分の排土を終えた。その間、西野方式なる（後に述べる）調査団をまとめ、当初の計画通り7月20日から本調査に入ったわけである。
　調査員の大半は夏期休暇のとれる高校・大学の考古学研究者で、調査の主旨を説明した。そして調査補助員は各調査員の学校の生徒や、周辺に存在する高等学校の歴史部や郷土史クラブの生徒の助力を考えた。西野元、平井孝一両先生を中心とする調査団の組織結成の働きはスムーズに進行し、6月中旬には大方のプロジェクトチームの構想は固まった。調査団の組織とともに並行して調査方針が検討された。
　調査団構想と市の予算で一部土砂採取により削平されていると考えても、舌状台地全体を調査することは、これまでの調査方法では物理的に不可能と考えられた。土取りにより露呈している壁面を詳細に観察すると、黒色土の落ち込みが50〜70cm、1〜2mのものがあり、その規模から竪穴住居址あるいはフラスコ状竪穴と推測された。それらは密集して観察され、調査地には相当の埋存が考えられた。
　この壁面観察から、残りの台地には100口を数える遺構の埋存を予測した。ここで、4月に調査した試掘のデータを検討することになった。開墾時の伐採やその後の畑地の耕作などで、表土の40〜50cmの黒色土はすでに何らかの人為的破壊が認められるので、この表土から40〜50cmの層は重機による除去を行い、私はその下の層から調査することを提案した。この案は、舌状台地に埋存する集落の構成をする手がかりとしては、物理的制約のある以上必要不可欠なことではないかと八幡一郎団長と数度討論した。八幡先生は細かいところもあるがマクロな考えを持つ先生であったので、その案で遂行するしか方法はないであろうと賛同して下さった。
　この案が調査会議の主題に上ると、猛烈な反対論が出た。私は従来通り表土から土層の変化により出土土器の編年を重視したら、遺跡全体の把握が行われないままに破壊されてしまい大きな後悔を残すことになると反論し、当然会議は紛糾した。結着は八幡一郎団長の、細かいところは犠牲となる部分もあろうが、大きな視点で捉える方針をとろうではないかということで決定した。
　高根木戸遺跡の調査は、学校建築に伴い表土から3m掘り下げるという建設部の話から、この工事に伴う部分全体における遺構の分布、すなわち集落址の全貌を明らかにする大方針が決定され、各学校などの休暇は7月20日頃になっていることからスムーズに調査に入れるように、それまでに表土層の除去を完了しておく必要があった。
　そこで、市当局と業者間の話し合いで残土の除去法や重機の対応が解決し、6月に入って表土層の剝土が始められた。試掘の際、貝層を発見することが少なかったので、貝殻が露呈した時は、その面で剝土を止めることにした。台地の地形は平坦でなく、意外に上層で軟ロ

ーム面が露呈することもあり、レベルを見ながら注意深く剝土を進行した。剝いだ土中を注意深く観察しながら掘り下げたが、土器・石器の発見はなく、下層の遺構の攪乱は少ないと思われ、安堵感をもって剝土を拡げた。

　台地東側から南側、さらに北側の削平を行い、最後に中央部の剝土を終えたのは7月上旬であった。調査は学校建設により現状を変えられてしまう予定地内に、遺構・遺物がどのように埋存しているかを主目的とした。

　遺構のうち竪穴住居址と思われるものは四分割、フラスコ状のピットなどは二分割にし、層位ごとに掘り下げ、土器は器形が推し測れるような1個体と考えられるものは残し、打製・磨製の石斧や石鏃などの石器は平板に測図し、掘り下げる方法をとることにした。

　調査は、調査員の参加できる時によりおおよその面積を割りつけ、東側に一群、南側に一群、西側から北側にかけての一群に担当位置を割り振り、7月21日から開始した。

　台地形状から見て中央部に相当すると考えられる部分は、酒井仁夫氏と私どもが担当することとした。小片保先生の滞在期間の関係で、表面に貝殻の散らばりがあり貝層が埋存していそうな地点から調査を開始した。想定していた通り、貝の散布地の下から遺構内にレンズ状に堆積する貝層が発見された。その下層及び貝層下から人骨が多数発見され、その作図については「君たち考古学研究者がとった図の中に、右足と左足が逆に実測されたりすることがある」と、小片先生がユーモアを混ぜながら私ども助手に要領を教示して下さった。人骨は放置しておくと乾燥してしまうことから、早急に処理する方法をとった。

　小片先生の指示で孟宗竹が用意され、入れる人骨の長さに切って半割し、脱脂綿を入れた中に取り上げた人骨を入れて縛る方法をとった。それら採取された人骨を新潟大学解剖学研究室に送ることになり、全てダンボールに格納して送ることになった。

　これらを私たちは旧国鉄の貨物取扱所に持参し、中身はとの問いに人骨と正直に話してしまった。係員からそれらの物は運搬不可能ということになったが、小片先生からの堂々と標本と答えよとのアドバイスで無事送ることに成功した。人骨は写真、作図を終えたのち頭蓋骨を除いた骨を処理する方法として、後の宮本台貝塚発見の人骨にも適用した。

　また東側発掘区では、人骨とともに犬骨が発見された。金子浩昌先生の指導を受けていた補助調査員が、犬骨と思われるとの指摘でただちに金子先生に連絡をとり、調査することができた。犬骨は個体でなく3体が重なる状態で発見され、縄文人と犬の関係を知る上で貴重な資料を得ることができた。調査が進行するにつれ遺構、遺物の数は増加した。遺構は台地縁辺部から中心部にかけて二重、三重に重なり帯状に分布することがわかってきた。

　調査の撮影は西野先生で、私は調査区全体の経過を把握する必要からフリーの立場で見回った。遺構・遺物の出土状況発掘状態、遺構の全掘などはもともと理系を目指し、メカに通じていた西野先生が、35mmカメラ、6×9判、乾板暗箱のキャビネカメラを駆使し、写真記録に活躍した。

　調査は期限の8月末日までにほぼ完掘することができた。遺構の全景及び台地との関連性などを記録するために西野先生により航空撮影が行われ、ほぼ調査は完了した。

調査後、整理作業は八幡先生の意見で同じ場所で一括作業をする方針をとり、西野先生の整理研究室で一括して行うこととなった。発掘された遺物は膨大な数にのぼった。
　発見された人骨は小片保先生の新潟大学医学部へ、自然遺物は早稲田大学の金子浩昌先生に整理作業及び所見を願うこととなった。残るは遺物の大多数を占める土器であった。私は整理作業で困難をきたさないように、器形を窺い知れるような破片、復原可能な土器、完形の土器は調査中に補助員、高校生に徹底させ、別抽出を行う方針をとった。この方針は八幡先生に許諾を受けたことにより実施した。それらの土器、石器の整理は西野先生の整理研究室で行った。土錘や石器は上部から撮影する予定で準備したが、幸いなことに8×10の乾板は使用用途がないものがあったので、それを利用して一頁大を想定して撮影した。
　これらの作業は西野先生の指導で始まったが、その途次で千葉県教育委員会の方に転職することになり、先生の指導で全て私が引き継ぐことになった。整理作業の最初から先生のアシスタントを行っていたので、比較的スムーズに引き継ぎは行われた。しかし、難問題が発生した。それは写真撮影であった。35mmカメラは常時使用していたが、キャビネ乾板の撮影は不可能であった。
　その時、東京大学の鈴木昭夫先生のことを思い出して窮状を話し、助力を願った。幸運にも先生は市川在住で和洋女子大に近いこともあり、撮影の作業を快諾してくれた。整理作業室の一部にボイラー室があり、その部屋で乾板の詰め替えができ、それに冬も11時くらいまで暖かくて一石二鳥であった。
　撮影終了後、原稿の執筆に入った。発掘に至る経過、発掘によって発見された遺構・遺物は西野先生を中心に私などが協力した。また自然遺物は金子浩昌先生、人骨については小片保先生に挿図・写真それに原稿の執筆を依頼し、すべての原稿が終了して報告書発行の運びとなった。

(2) 西野方式発掘方法
　この名称は、私が名付けた発掘調査における人海戦術発掘法の一つの方法である。
　昭和41年の夏見台第一次調査の際に、その方法を実践することになる。その際には、國學院大学、東京教育大学、和洋女子大学の考古学専攻生、歴史クラブなどの学生・生徒の混成チームが実際の調査にあたったが、これが西野方式なる調査法でこの時初めて実施された。この発掘に参加した考古学専攻生は、後に千葉県、奈良国立文化財研究所、各都県の市役所などの文化財担当者となっていった学生が多い。
　高根木戸遺跡の事前調査から本調査への流れはすでに述べた。西野先生は地域の人々の協力が不可欠ということで、調査は地元の人々を集めることを考えた。しかし中学生には過酷な夏であることを考え、高校生以上の生徒とすることにした。西野先生は高等学校の教員であることから知人に先生が多く、県立・市立を問わず歴史クラブ・考古クラブの学生の学びの一つに充て、各高校に声をかけ、その結果地元の県立船橋高校、薬円台高校、私立東邦高校、船橋女子高校などから次々に参加の承諾を受けることができた。また東京教育大学の先

輩・後輩の人脈で市立習志野高校、東京成徳女子高、立正佼成高校などからも参加の承諾が得られた。さらに調査員の関係で市川高等学校、市立千葉高校などの参加もあった。

　上記のクラブ・同好会の生徒を指導する役割を担う立場のスタッフとして、大学を問わず発掘参加者への働きかけを行った。ただし高校生の参加の場合は、責任者としての教員の参加必須という項目を付けたあたりは西野先生の配慮であった。

　実際の調査では、1パートあたり高校生12名、そこに大学生が2～3人付き5パートに分ける。そしてそれぞれが各調査員の下で活動した。調査に入る前に、その日の調査の説明を10分程度行い発掘に入ることとした。

　補助調査員には会合の際、ここを掘れではなく、ここを掘るその地点の意味を十分説明して行う方法をとることにした。調査員には、補助調査員と進行状況を検討しながら進行する旨を伝えた。西野先生は、全体を統括する必要があるのでパートを持たず、全体を把握する指導者の役割で配置した。幸い西野先生は写真撮影に秀でていたので、両者を兼ねる立場であった。私は西野先生からの命で、全体の進行状況を把握する立場として全くのフリーの役割を与えられた。

　ただし西野先生と私の間には、ただ一つ調査の上で合わない点があった。西野先生は竪穴住居址を撮影する際に、竪穴の排土を周囲2～3m動かし撮影するということであった。それには多数の人員を要する。私は発掘の排土は竪穴住居址撮影に差し障りのない限り必要ではなく、排土に必要な労力は未発掘地に向けた方が得策だという意見であった。西野先生は、私の意見がもっともであると、竪穴住居址の周りに土が残っていても快く撮影にのぞんだ。しかしこの件には後日談がある。私が調査のため2週間ほど北海道に行っている間にまた排土を除去して撮影していたが、美的感覚の相違ということで解決することにした。

　八幡一郎先生は多忙の中、必ず週2回現地を訪れ、その際じっくりメモを取り、前回との違いなどを確かめ、様相を私に尋ね、一日中歩き回っていた。夕刻になると調査補助員を集めてビールを傾けるのが常であった。ついでながら、宮本台貝塚では現場に来た折には必ず調査補助員（学生）を連れ、大神宮下のはちみつホールでビールを傾け夕餉を楽しんだ。今でも忘れられないのは先生が歌を唄い出し、皆に唱和を要求したことであった。

　高根木戸の調査は30日間を経た頃、大方の遺構が目的到達の目処がつくようになった。

　私の希望で中央部には再度丹念に調査を加えたが、何も目立った遺構・遺物の発見はなかった。ほぼ全体像が判明する段階に入って、私は「景観考古学」と呼称しているが、上空からの記録調査としての西野方式最終章、空撮に入ることとなった。6×9判のプレスカメラとカラー用35mm判のカメラを用いて空撮を行い、上空からの記録を行った。この段階で40日間にわたる高根木戸遺跡の調査を終えた。

　私はこの40日間の調査方法を西野方式と呼称して、その後の私の調査法の一方式として長く続けた。後日談を付け加えると、この時の調査補助員は大学機関に残り、指導者として県あるいは市町村の文化財担当者となって活躍した。また高校生の中からも考古学専攻のある大学へ進学して、同様な道をたどる者も多数あったことは西野方式の賜物と考えている。な

お西野元先生は、千葉県庁さらに筑波大学教授として後進の指導にあたった。
　私的なことになるが、私はこの西野方式で学んだことにより、「外原遺跡」「六浦遺跡」「磯花遺跡」「古作貝塚」など多くの遺跡を調査することができたことを付記しておきたい。

(3) 高根木戸遺跡調査の成果

　最後に高根木戸遺跡調査の成果として、まず第一番に挙げられるのは経済的、時間的制約がある中で、短期間で舌状台地における縄文時代中期の集落の全貌の調査をなし得ることができたことに尽きると言っても過言ではない。即ち経済面では市の学校を建設するということから、全面的な協力を得ることができたこと、人的面では調査に参加する研究者及び参加者を充分満たすことができた点をその要因として挙げることができる。
　それに調査を指導する団長として、それまで尖石遺跡、大深山遺跡、貝の花貝塚など縄文時代の大規模調査を指導して、経験豊富な当時日本考古学協会長の八幡一郎氏に指導者としての快諾を得たことも人員的要因の一つである。
　また、実労働力としての人員を近隣の高校生に依頼し、十分活動できた点も幸いであった。それに調査に従事する生徒を指導する若き考古学徒を、大学の垣根を越えて多数の参加を得た点も功を奏する多大な力となった。
　実際に調査に従事する人員を周辺の高等学校の歴史部・考古部の有志に求め、それを考古学などを専攻する学生に指導させて、三位一体となり遂行する調査の方式は、その後、後述する海老ヶ作貝塚、宮本台貝塚でいかんなく発揮され、目的達成に十分な役割を果たしている。その結果、竪穴住居址70個、小竪穴130個を数える調査記録により、縄文時代中期の集落址の全貌を明らかにしたのである。
　集落址は舌状台地縁辺に帯状を呈して発見された。集落は台地から斜面にかかる地に営まれ徐々に中央部に移動し、最終的に舌状台地に孤ないし環状の形態となることが明らかになった。台地中央部も精査したが、何の遺構も発見できなかった。
　発見された土器型式から見ると、最初は台地縁辺部に集落を営み、徐々に中央部に向かって移動し集落を形成したことが認められた。竪穴住居の平面形は円ないしは楕円形が多く、一部隅円方形も認められた。炉は地床炉が多く、土器を埋め込んだ土器埋込炉、あるいは大形破片を利用した土器片囲み炉が多数見られ、土器を埋め込みその周りを囲んだ石囲み炉も一例発見されている。
　以上のように、一台地上における集落の全貌を明らかにした点の他に、本遺跡において発見されたものに小竪穴がある。調査された小竪穴の数は130個を数える。小竪穴は口径2～3ｍ、深さ50～80cmを測るものが多い。これらの断面については本文でも触れたが、口径より底径の大きい袋状を呈するものについては、最近、中期～後期の遺跡ではどの遺跡でも発見されている。しかし当時は、例が少なかった。
　この遺構の用途であるが、完形に近い土器が底面で発見されるものも多数ある。貝層下から発見された2個の小竪穴では、一体ずつ人骨の発見があった。土壙（墓）として使用され

たものと言える。土器が底辺で発見される小竪穴は、土壙（墓）と考えて良いのではなかろうか。仮に上層に貝層が存在していたならば、人骨が発見されたのではなかろうか。

　高根木戸遺跡では、後に触れる海老ヶ作貝塚で多数発見された直壁の断面形状の小竪穴は２例の発見であった。

　この相異については海老ヶ作貝塚の考察所見で述べたい。袋状小竪穴が初めから土壙としての目的から作ったものでないことは、土器の発見のないものもあることから当初は貯蔵などで使用したものであったことも考えられる。私たちは海老ヶ作貝塚の小竪穴の底部の堆積土を水洗い、ふるいにかけた結果、多数のドングリ、クリ、マコモの炭化したものを検出した。これからもこの分析は密に行うことにしているが、その結果から考えれば貯蔵穴として使用したことが考えられる。そして土壙は再利用と考えることもできる。これら小竪穴は単独で発見されたもの、竪穴住居と重なり合って発見されるものもあり一定ではなかった。これらの関連性については今後検討する余地が残っている。

　高根木戸遺跡の調査での小竪穴の発見は、当時としては特色の一つと言えた。他に遺構・遺物の特色の一つとして犬骨の発見がある。それも１頭ではなく３頭が重なり合う状態で発見された。竪穴住居址の床面に埋葬され、しかもその際には人骨の発見があった。人間と同様に埋葬されたこの発見は犬を貴重な動物として扱っていた縄文人の精神生活を知る大きな手がかりであった。何らかの原因で同時に死んだ家犬を埋葬した発見は、この遺跡の成果の一つであったと言える。

　本遺跡では、土偶などの呪術に関連する遺物は非常に少なかったと言える。硬玉大珠と腰飾りと推測される刺突のある動物骨が、わずかに呪術的遺物と言える程度であった。また山岳地帯の同時期の遺跡では集落址の中央部に祭祀の遺構が発見されているが、本遺跡では２個ばかりの小竪穴が発見されただけで何の遺構も発見されなかったことも特色の一つとして最後に指摘しておきたい。

〈高根木戸遺跡調査団・関係者名簿（肩書き等は当時のもの）〉
Ⅰ　調査団・協力者名
　　調査団長　　八幡一郎（東京教育大学文学部教授・考古学・人類学）
　　調査顧問　　滝口　宏（早稲田大学文学部教授）
　　調査員　　　増田精一（東京教育大学助教授・考古学）
　　　　　　　　小片　保（新潟大学医学部教授・人類学）
　　　　　　　　金子浩昌（早稲田大学理工学部講師・自然遺物考古学）
　　　　　　　　関根孝夫（松戸市教育委員会・考古学）
　　　　　　　　岩崎卓也（東京教育大学文学部助手・考古学）
　　　　　　　　下津谷達夫（野田市博物館館長・考古学）
　　　　　　　　村上俊嗣（東京成徳高等学校・考古学）
　　　　　　　　宍倉昭一郎（千葉市立千葉高等学校・考古学）
　　　　　　　　山中　進（柏市教育委員会・考古学）

	平井孝一（船橋市文化財審議会委員）
	西野　元（和洋女子大学付属国府台高等学校・考古学）
調査補助員	伊藤郭　伊藤宏　伊藤三保子　今井清　岡崎文喜　河野実　禿仁志　橘高敬三　橘高将行　木下正史　熊谷肇　小池公子　斎藤弘道　酒井仁夫　鈴木一和雄　鈴木道之助　田中新史　長野得子　中山佳子　羽佐田真一　花淵建一　古里節夫　前田燁子　松浦宥一郎　宮本袈裟雄　山形治子　山本暉久
	調査補助員は東京大学、東京教育大学、早稲田大学、慶応大学、上智大学、國學院大学、清泉女子大学の考古学専攻生及び考古学同好会の学生であった。
	なお調査中の記録写真撮影および航空写真は、西野元が担当した。
事務局	宮崎政治　武井光正　山下正　仲村妙子　門脇修二
調査補助協力者	浅井正康　熱海正　石本寛治　宇津木太重　大田孝　岡村勝亘　岡村昭次　川一夫　北山繁　佐藤勝紀　菅原素生　高橋煕　竹生鉄男　手代木公助　成尾正昭　浜上照兆　本田吉郎　村田利雄　米内邦雄
	市川学院市川高等学校　専修大学松戸高等学校　千葉県立船橋高等学校　千葉県立薬円台高等学校　千葉県立八千代台高等学校　千葉市立千葉高等学校　東京成徳高等学校　習志野市立習志野高等学校　日本大学工業高等学校　船橋市立船橋高等学校　船橋学園女子高等学校　和洋女子大学付属国府台女子高等学校

Ⅱ　予備調査参加者
　　調査員　　　　平井孝一　西野元　前田潮　岡崎文喜
　　調査協力者　　高橋煕　和洋女子大学付属国府台女子高等学校

Ⅲ　補足調査参加者名
　　調査員　　　　西野元　岡崎文喜
　　調査補助員　　禿仁志　熊谷肇　鈴木道之助　羽佐田真一　古里節夫　松浦宥一郎　吉見崇一　日野誠一
　　調査協力者　　高橋煕　和洋女子大学付属国府台女子高等学校

Ⅳ　遺物整理　資料作成作業参加者名
　a　遺物整理　西野元　岡崎文喜　禿仁志　酒井仁夫　羽佐田真一　松浦宥一郎
　　　　　　　和洋女子大学国府台女子高等学校　船橋市立二宮中学校　船橋市立薬円台小学校
　b　資料整理
　　図面整理　　西野元　岡崎文喜
　　遺物実測　　岡崎文喜　禿仁志　新津健　望月幹夫　望月明彦　大和修　山形治子
　　製　　図　　宇田川洋（東京大学人文科学研究科学生）　岡崎文喜　西野元　松浦宥一郎
　　遺物写真撮影　鈴木昭夫（東京大学文学部助手）　藤本強（東京大学文学部助教授）　西野元
　　原稿整理　　長野得子　新津健　大和修
　　資料整理作業全般にわたって和洋女子大学付属国府台高等学校の協力があった。
事務局　船橋市教育委員会社会教育課　武井光正（Ⅱ・Ⅲ）　吉見崇一（Ⅳ-a）　金刺伸吾（Ⅳ-b）が担当した。なおⅡ～Ⅳの調査・作業について、八幡一郎が総括した。

3. 古作貝塚と宮本台貝塚

古作貝塚出土の貝輪が入っていた蓋付土器

古作貝塚と宮本台貝塚

(1) 古作貝塚と蓋付土器

　古作貝塚は、姥山貝塚（市川市）などが盛んに調査された頃に知られるようになった。八幡一郎先生の話によれば、大正から昭和の初め頃とのことであった。

　東京帝国大学（現在の東京大学）人類学教室のメンバーが、姥山貝塚などへ人骨の発掘のために往復する通り道にあった。ここにも貝塚がある、というくらいの知名度であったらしい。昭和に入って、この古作貝塚が含まれる地に中山競馬場が建設されることになった。その工事中に古作貝塚の一角から蓋付土器が発見され、当時人類学教室に在籍していた八幡先生が調査を行った。昭和3年のことであった。

　調査で発見された蓋付土器は2個で、その中には多数の貝輪が納入されていた。調査報告は八幡先生より人類学雑誌に発表された。その結果、それまで他の遺跡で類例がなかったことから大きな話題となり、古作貝塚は全国に知られる貝塚となった。

　古作貝塚は船橋市と市川市の境界線上に存在していることから、京都大学の小林行雄氏は考古学辞典の中で、市川市古作貝塚として記載している。しかし、工事中の発見であったので、当時は貝塚の中から発見される人骨に研究者の目が向き、古作貝塚のどの位置から発見されたものかなどの研究はされなかったようである。その後の調査は行われずに厩舎、パドック、メインスタジアムなどが次々と建設され、建物は残ったが、貝塚の大部分は破壊されたものと多くの考古学研究者は理解していた。

　半世紀を過ぎ、厩舎を中心とする地に再開発の話が持ち上がり、市川市寄りの空き地には多少の貝殻の散在が認められたことで、厩舎の建て替えの計画の中に考古学調査も入ることとなった。こうして第一次調査が行われ、遺跡の確認調査を経て今回のパドックに至る調査となったわけである。

　このパドックに至る道路調査の際、母子合葬墓と並んで大きな発見があった。それは、伸展葬の人骨の右腕と足部付近から発見された貝輪であった。いずれの貝輪も2個の蓋付土器に埋納されていた貝輪と同様で、想像すれば納入されていた貝輪の一部を使用していたのではと思われ、使用例を証明したのではと考えられた。それも八幡先生が昭和3年に報告した遺物の使用例を発見した私が先生の弟子であったことは、何らかの偶然に導かれた事実というほかはない。

　いずれにしても、試掘溝を1m幅広くした結果であったこと、考古学にはあくなき追求心が必要であるということを知った発掘調査であった。

(2) 1m幅と深さの成果

　以前に私たちが調査した後、新しくなった厩舎とパドックの間の道路を地下道に作り替えるため、その部分を調査して欲しいと千葉県教育委員会から依頼があった。道路敷設によっ

て破壊されてしまう部分なので、幅6mくらいの試掘溝を設定しての小規模な部分調査であった。

　私は幅を6mとして4分割すると1.5mとなってやりにくいので、幅2mとして長さ2mの範囲を千鳥格子状に調査したい旨を申し出て、許可を得ることができた。

　当初予定の試掘溝を2mほど拡げた調査であったが、中央部北寄りの破壊された貝層を掘り下げると、破壊を免れたと考えられる貝層の堆積が認められ、さらに下部から人骨片が発見された。周囲を調査すると、まさに人骨の一端であった。

　そこで、人骨の発見についての報道などは希望しないので調査の継続を願い出たところ、工事には4月から入るので3月末までは随意に調査を継続することを了承してくれた。拡張区には馬の検査所などの建築物が所在していた関係で、1m近くの貝の堆積層の7～8割は攪乱を受けていたが、その下部はプライマリーの状態であった。その結果、「第Ⅱ部第1章8の項」で述べたような大きな成果を得ることができた。

　松戸市貝の花貝塚で頭蓋骨をとりあげる八幡一郎先生の助手を務めたことを皮切りに、その後も何故か人骨調査にめぐりあったことには、偶然もあろうが不思議な因縁を感じずにはいられない。たとえば、横浜市六浦北部(むつうらほくぶ)遺跡における「やぐら」の中からの鎌倉時代の人骨の発見、松戸市殿平賀(とのひらが)遺跡における土器をかぶせた小児骨の発見、船橋市本郷台第一次調査における平安時代の女性の人骨の発見と、まったく人骨の存在など考えられないような遺跡での発見であった。（私が担当した発掘調査において人骨が発見された際には、塩と日本酒で清め、線香を焚いて合掌し全員で供養することにしていた。中でも六浦北部遺跡で人骨の発見された時は「入盆」であった。また古作貝塚で人骨が発見された日は「彼岸の入り」であった。いずれの時も、僧侶を招いて供養を行った。）

　私の調査史から考えて、この古作貝塚の人骨の調査が、私の最後の発掘調査となった。

(3) 宮本台貝塚における多数埋葬墓の発見

　宮本台貝塚では、関東ローム層を掘り込んで複雑に重なり合う竪穴住居址を発見した時点で調査は完了となった。ところが西野元氏は、竪穴住居址にクロスする水系を張り、さらに掘り下げることを行った。竪穴住居址を発見するまでの調査は遺跡を破壊することで、二重の遺跡破壊ではないかと思い、ただ驚くばかりであった。

　しかし、この一種の破壊行為によって、多数の埋葬人骨の土壙が発見された。竪穴住居址の発見をもって調査を終了していたなら、その発見はなかったわけである。かつて八幡先生が、貝塚の調査において形質人類学者が人骨を発見して調査を終了した後、さらに何かあるかも知れないと考えて掘り下げ、それが竪穴住居址の発見につながった方法論と一脈通じるところがあるのではなかろうかと私は考えた。

　多くの事前調査で発見された遺構などは、開発行為によって大きく形を変化させてしまうのが常である。それならば、さらにその下に何があるのかを調査することも、あながち二重の破壊とはならないという見解も生じる。さらに下の層に遺構・遺物の埋存があるかも知れ

ないわけである。

　竪穴住居址の調査の際に、チャートや黒曜石の剥片が多いことがある。実際、竪穴住居址の調査後さらに掘り下げた結果、旧石器の埋存する層を発見することも考えられる。後の話になるが、西野氏は成田の遺跡で縄文時代の層をさらに掘り下げ、岩宿遺跡と同様な旧石器を発見している。思い起こせば、福岡県の太宰府の発掘調査を見学した際に、藤井功氏がもっと掘り下げて調査していたことは、同様な発掘法であったのかも知れない。

　藤井氏と西野氏は、同じ大学で発掘調査に従事した同窓生であった。いずれ重機によって破壊されてしまう運命にあることを考慮して、これまでの概念にとらわれず、徹底的にあくなき追求をするための、ひとつの方法かと私も考えるに至った。

　ミクロな調査記録、調査と遺跡をマクロに把握することが、事前調査に必要であることを痛感した。

宮本台貝塚の一土壙から発見された多数埋葬人骨。取り上げる直前の状況。

第Ⅲ部　3．古作貝塚と宮本台貝塚

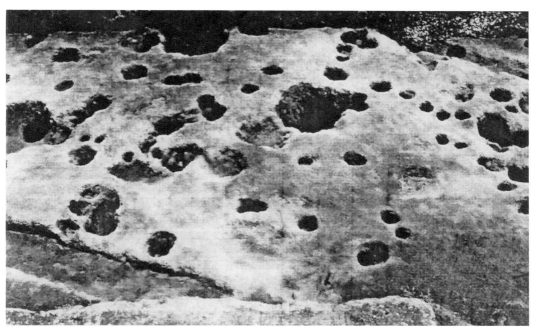

宮本台貝塚で発見された大溝と小溝、小竪穴。

2005年頃の宮本台貝塚中心部の様子（現在は宮本台公園となっている）。

4．事前調査と学術調査

発掘調査風景（上段：高根木戸遺跡、下段：海老ヶ作貝塚）

事前調査と学術調査

　「事前調査」という用語がいつ頃から使われ始めたのか確かではないが、「緊急調査」という用語があまり良くない印象だったので、代わりに使われるようになったのではないかと考えている。「事前調査」という用語は、「緊急調査」と比べると、調査に入る時間的余裕と調査費が遺跡の面積を考慮して充顚される点などに違いを見出すことができる。
　振り返ると、「緊急調査」なる用語は、昭和30年代に入り日本が高度経済成長期を迎えた頃に使用され始めたと思われる。それまで経済的に恵まれなかった大学をはじめ多くの行政機関も高度経済成長の波の恩恵にあずかることになり、発掘調査は「遺跡の破壊」という切り札のもとに進展した。
　しかしこの波は、大学研究機関には長くは及ばなかった。折しも大学では、大学のあり方に疑問を抱いた学生たちにより大学闘争が発生し、考古学研究室を持つ大学は学生の反対で退却のやむなきに至った。学生運動の衰退と同時に大学の緊急調査への参加はタブーとならざるを得なかった。
　したがって昭和40年代以後、大学での発掘調査は、大学の研究室が独自に研究調査する以外はほとんどなくなったと言える。松戸市教育委員会から依頼の貝の花貝塚、船橋市教育委員会から依頼の夏見台遺跡第一次調査は國學院大学、和洋大学が中心として行い、高根木戸遺跡、宮本台貝塚、海老ヶ作貝塚は東京教育大学が行って、学部学生だった頃の私も参加した。一方、行政機関は高度経済成長の波をうまくとらえ、都・県単位に埋蔵文化財センターをつくって対処した。いずれにしても、考古学はグローバルな時代を迎えたわけである。
　このような機関が条件に適応した調整を検討した中で「事前調査」なる呼称が生まれたのではないか。近頃、この調査は「学術調査」であるというような発言をときどき耳にする。何をもってそのような言葉が出てくるのか確かめていないので、軽々には否定できない。

　「学術調査」という用語が使われだした発掘調査を思い出してみると、これまで私が参加して教えを受けた学術調査としては、長野県更埴市（現在の千曲市の一部）に所在した条里制の調査がその一つとして記憶に残っている。
　更埴市は、国指定の森将軍塚が存在することで知られている。この市の水田は、その将軍塚の高台から望むと規格割りをもって並ぶ。これは、鎌倉時代の条里制が現在まで残っていることを示すものだと、岩崎卓也先生から教示を受けた。更埴市の条里制調査は、この水田の下に残されている古い奈良時代の条里制を明らかにすることであった。これは学術調査の目的にあたる。
　条里制ということで、まずその研究の第一人者が調査の指揮をとる調査団が結成された。当時歴史考古学の第一人者であった斎藤忠先生を中心に、倉田芳郎氏、岩崎卓也先生、小出義治氏など多数の歴史考古学研究者、また地理・地質では井関弘太郎名古屋大学教授といっ

たように他分野の研究者も参加し、各研究者の助手として東京教育大学、早稲田大学などの学生が加わった。

　この時、私は井関弘太郎先生の助手となり、発掘溝の断面図作成などを行った。試掘溝の幅は２ｍで長さは110ｍであった。井関先生は種々指示をしながら約２時間で調査を終えた。水田底面の深さはおおよそ120㎝であった。井関先生は私に対して、考古学の方は自然の堆積を細かく分析しすぎる、必要なのは人の手の加わった処で、そこは注意深く丁寧に記録する――その方法を、水の取り入れ口や水路に力点を置きながら教示してくれた。井関先生はまた、砂の流れを注視し、これはおそらく近くの千曲川の氾濫による結果であることも教示してくれた。

　この調査をした水田は、出土遺物から平安初期頃の条里制であることが確かめられた。この調査は1961～1965年にかけて行われ、報告書が刊行されている。

　次に私が参加した学術調査は、北海道網走市大曲洞穴の調査であった。八幡一郎先生は、日本における旧石器時代の発見を目的とした洞穴調査委員会を立ち上げた。そして、各地に発見されている洞穴や岩陰などを一斉に調査するという大きな目標を立てて調査するように指示された。私は根室市での東京教育大学の調査終了後に、八幡先生から網走市に同行するように言われた。

　大曲洞穴は網走刑務所の中に存在した。刑務所といっても中は広く、天都山の裾野に位置していたが、囚人の管理されている地区とはやや離れた場所であった。訪れた時には大曲洞穴の半分ほどが掘り進められて、カキ貝の層が２ｍほどの深さに露呈していた。

　北海道大学の大場利夫教授の指導で、同大学の学生が作業にあたっていた。さっそくカキ貝を除いていると、人骨と思われる骨を発見した。大場先生の師である児玉作左衛門氏が宿舎から呼ばれ、それを見て即座に右の大腿骨であろうと述べた。人骨は北大の学生さんにまかせ、私はさらに掘り進めて底部に達した。結局、カキ貝層の中から発見された縄文土器期に居住していた洞穴であったと結論づけた。

　私たちは刑務官の宿舎に寝泊まりしたが、食事は刑務所内にある食堂で摂った。出入りする際には立会いの刑務官に持ち物を調べられ、通行証を提示した。その折に刑務所の一部を見学させてもらい、東映映画のシーンを思い出すような箇所が多々あった。

　調査後、帰路の特急列車の中で、八幡先生は、カキ貝は縄文前期を考える上で貴重な遺物であると話された。「自然界での現在のカキ貝の北限は？」と質問された時、私は広島のカキ貝を思い出して「広島」と答えた。この頃は縄文時代前期に海進があったことが知られていたこともあり、八幡先生は「網走の地が現在の広島の気候と同じだったのではないか」と話された。そのあと冗談で「私たちはムショ帰りかな」とビールの泡を吹きながら話されたことを、今でも思い出すことがある。

　話は少し脇にそれたが、洞穴委員会の成果について触れておこう。残念ながら日本の洞穴は浅く、大きなものは河川の浸食によるものが多かったので、目的のヨーロッパのような旧石器時代層の堆積のものはなかった。山岳地の洞穴においても洞穴の底部に至るまでに大き

な岩石に遮られて、思った通りの成果は得られなかった。しかし、土器を伴わない石器群の発見もあり、その後の旧石器時代研究に関連づけられる洞穴も存在したことは成果の一つと言えよう。また、洞穴調査委員会なる組織に全国の考古学研究者が呼応して調査に取り組んだ点においては、日本考古学研究史上画期的な意味があったと評価できる。

　私は他に、1961年から3年間は東京教育大学、1967年から5年間は東京大学の北海道における学術調査に全期間参加できる好運な機会を得た。したがって、7・8月の夏季はオホーツク海を見ながら暮らしたことになる。
　東京教育大学の調査は2ヵ年の基本的調査。これは、オホーツク海岸に面する牧草台地に残る、まだ埋まりきらない竪穴の測量であった。牧草地の台地上におびただしい数の凹地が見られ、それがほとんど埋まりきらない竪穴住居だと岩崎卓也先生に教えられ、驚いたことを思い出す。
　私は、測量した竪穴から平面形の同じものを分類して研究すれば集落址の研究に大きな貢献をするのでは、と思いめぐらしながら見て歩いた。地面では牧草やハマナスの木々の存在で見逃すこともあることから、春先の雪解けのタイミングを見て、空撮による測図作成をするのも興味ある調査ではないかと考えてみた。研究者は同じことを考えるものだ、ということを、後に岩崎先生が早春の時期に空撮を行ったという話を聞いて納得した。
　基本的作業の竪穴分布図が出来上がると、次に、これら竪穴がいつ頃の時期のものかというテーマに研究の目的は移った。測量を終えた遺跡は、トーサムポロ湖と呼ばれる小湖を囲むように立地していたので「トーサムポロ遺跡」と呼称されるに至った。この遺跡のように埋まりきらない竪穴状遺構は、オホーツク海に面する台地上に多数発見されていた。東京大学が長く調査を行っていた遺跡も、オホーツク海に沿った同様な地であった。
　さて、トーサムポロの調査は、埋まりきらない竪穴がいつ頃のものかを調査する目的で計画が立てられた。最初はオホーツク海に近い台地が選ばれ、その竪穴の中から埋まりの浅い凹底を呈するもの、それに竪穴がほぼ埋まりかけたもの、規模の小さいものなどを候補にして調査計画が決定されたようだ。
　私は、やや規模の小さい竪穴の調査に入ることになった。地表面では3m規模の窪みであったが、四分割して掘り下げたものの覆土からは土器片の発見はなく、底面で磨製石斧がまとまって出土した。その後、残っていた層位断面部分を掘り下げた際に耳付きの尖底土器を発見した。一方の耳の部分に欠損があったが、小形の尖底深鉢土器であった。測図、写真撮影の後に取り上げた際、八幡一郎先生がそれを見て「君、一生かかってもこのような土器を掘り上げることはありませんよ」と話され、学生の身である私は内心大きな興奮を覚えざるをえなかった。
　後にこの話をした折、山内清男先生は「その遺構はデポジットではないか」と言われた。それにしても、小形尖底土器の発見は私の調査研究の中でも大きな出来事であった。大きい凹地の下からはそれぞれ押型文の土器とともに多数の石器が発見され、押型文土器を使用し

ていた住居と判明した。

　これらの土器は、大場利夫氏が提唱した矢羽状押型文に比定されるものであった。私は、この二つの竪穴住居址から発見された遺物の整理から報告書の作成まで参加した関係で、卒業論文は「北海道における押型文土器の研究」というテーマで書くことになった。このような経過は、学術調査でなければできないことであったと考えている。

　その後、東京教育大学の調査は、日本の東端オホーツク海における文化を明らかにするために継続された。私は二度目の調査に参加すべく1週間前に北海道に入り、釧路におもむいた。釧路市立郷土博物館の沢四郎氏が同郷の出身であったことから、東釧路貝塚の調査に参加する機会を得た。

　この東釧路貝塚は、数次にわたる調査で貝層下からイルカの頭骨が放射状に配置された遺構が発見されたことで、話題となった貝塚である。私が調査に入った地点では貝の堆積層には当たらなかったが、土器片とともに多数の石器を発見した。

　2年後、学び舎が変わったので、同じオホーツク海沿岸ではあるが、知床半島より西方の常呂郡常呂町を中心として行われていた学術調査に参加することになった。この地はサロマ湖東辺からオホーツク海に沿った台地で、おびただしい数の凹地が発見されていた。

　常呂町における調査は東京大学が北方文化研究の地点として、駒井和愛氏を中心に昭和30年代初め頃から開始されていた。昭和41年から5年間この地での調査に参加して、私にとっては根室市の調査と同様、埋まったままの状態の竪穴住居址の発掘を行うことができた。これらの調査が、後に本州の竪穴住居址の発掘に携わった時に貴重な経験として役立ったことは言うまでもない。常呂における砂地に作られた竪穴住居址の発掘方法や経験は、関東ローム層を浅く掘り込んだ調査においては大いに役立った。

　また常呂遺跡の発掘では、竪穴住居址中央にクマの頭骨がまとまって発見された。オホーツク土器期のこのような経験は、取掛西貝塚でイノシシの頭骨やシカの角が発見されたとの報告があった時、時代と場所は変わっても人間の精神には同じものが流れているのではないだろうか、と考える契機になった。特に佐藤達夫先生と同じ竪穴の調査の際に、層位掘りの方法を初歩から教示を受けたことは、後の竪穴発掘調査に多大な影響となり勉強になった。自らの手で掘った遺物・遺構が考古学研究における基本ということを佐藤先生に教示されたことは、その後の私の研究のモットーとなった。

　この常呂の調査では、発見された遺構・遺物の調査で困難なことが起きると、教授から助手までの指導陣が集まって検討した結果を、その後の方法論として教示されたことは研究上で役立つことが多かった。ここは北海道常呂町における北方文化の研究という大きなテーマの学術調査であった。後に常呂町は北見市と合併した。

　話はそれるが、最近話題となっているカーリングの日本における出発点は、この常呂町である。かつて町おこしの一つとして積極的に行うことを進めたのが、東京大学助教授の藤本強先生であったことを思い起こした。

今この文を書きながら記憶をたどると、この北海道の調査と同時期に、松戸市の貝の花貝塚、船橋市の高根木戸遺跡や宮本台貝塚の調査にも参加していたことに思い至る。これらの調査は、宮本台貝塚を除けば緊急調査であった。松戸市の貝の花貝塚は馬蹄形貝塚を、また高根木戸遺跡は舌状台地における集落址の全貌を明らかにする目的で行われた調査であり、いずれも貝塚であったことから新潟大学の小片保教授の指導を受けた。

　高根木戸遺跡の場合は小片先生が最初から調査に加わり、貝塚から発見される獣骨・魚骨・貝類などの調査には早稲田大学の金子浩昌氏があたった。口絵Ⅲ-5で述べた高根木戸遺跡の犬骨の発見には、当初から金子氏も加わった。

　松戸市の貝の花貝塚は東京教育大学が中心となり、和洋女子高校の生徒も参加して行われたが、2年間の調査で馬蹄形貝塚を完掘した。その成果は東京教育大学の先輩・関根孝夫氏を中心として整理作業を終え、報告書が刊行された、私たちはこれを下総地方のバイブル的報告書と考えている。また、山川出版社の『詳説日本史』にも掲載されて全国に知られるようになった。

　この二つの調査に対して宮本台貝塚は、区画整理事業として計画されていたので調査に入るまでの時間にも余裕があり、綿密な計画、組織が作られて調査に入った。この頃「緊急調査」という名称から「事前調査」という名称に変わったのかも知れない。したがってそれ以後、私が担当した多くの遺跡は、海老ヶ作貝塚第一次調査を除けば「事前調査」と呼ばれる調査であったと言えよう。宮本台貝塚の調査の後、行政に考古学担当の職員が徐々に採用されるに至り、最近では試掘がまず行われ、遺構が発見されると本調査になるという方式に移行している。

　私は昭和41年の夏見台第一次調査から船橋市の緊急調査・事前調査の多くに携わってきたのであるが、2、3の遺跡に問題があったくらいで、まずまず良好に行われていたのではないかと考えている。問題があったのは、古和田台遺跡、飛ノ台貝塚、海老ヶ作貝塚の調査であった。

　古和田台遺跡の事前調査は昭和46年に行われ、重機により削土をしている際に竪穴住居址の一部が発見され、急ぎ調査団が結成された。まさに緊急調査の典型的なものであった。後に知ったことであるが、この地は小学校建築の予定で工事に入る前年に行政当局が確認調査をするも、遺跡はないということで工事に入ったようである。私はこの時、他の遺跡の調査に携わっていたので、それらの事情はまったく知らなかった。緊急調査の結果、それまで市においてあまり知られなかった縄文前期中葉頃の竪穴住居址と土器や石器、土製の耳飾りなどが発見されたことを、報告書によって知った。私は、対象面積が比較的広かったために、試掘調査では遺構・遺物に当たらなかったのではと推測する。

　次に飛ノ台貝塚の件であるが、未調査の部分を残して建設に入ったという話である。何故か飛ノ台貝塚には縁がなく、第三次調査の際に合葬人骨が発見され、大橋和夫市長の記者会見に立ち合うよう依頼があり、初めて調査現場におもむいた次第であった。そのようなわけ

で、以前の未調査の部分がありながら校舎が建てられたことは後に耳にした話であった。この件については予想以上に遺構・遺物が発見されたため、当初の計画に狂いが生じたのではないかと考えている。海老ヶ作貝塚の件はすでに述べてあるので割愛する。

　上記のような問題が生じた理由としては、一部調査費が充分でなかったことも原因の一つであるが、調査のための時間が不足して起きたことではないかと分析している。しかし、緊急調査や事前調査と学術調査の大きな相異は、事前調査後では遺跡が消滅するとともに周囲の環境も破壊されてしまうが、学術調査の場合は遺跡を構成する遺構の一部が破壊されてしまうもののそれ以上の変化はない、というところであると考察している。

　以前、外原遺跡の課題を解決する目的で松浦宥一郎学兄らとともに柏上遺跡を調査したことがある。畑地の地主さんや長福寺の協力を得て手弁当で調査にあたった。柏上遺跡は地主さん所有の土器、滑石製品などが外原遺跡と同時期のものと判断して、寺村光晴氏の指導のもとに調査を行った。

　竪穴住居址内にカマドを設けた遺構の確認を目的として行ったが、残念ながら発見されることはなかった。しかし初期の鬼高期に近い長方形の竪穴住居址を発見できたことは、目的に近づいたとの認識を与えてくれた。調査後、柏上遺跡は畑地として環境を変えずに残された。船橋市において小規模な唯一の学術調査であった。

　私は、高校1年生の時にクラブ活動で発掘調査に参加したことを出発点と考えれば、発掘調査において還暦を迎えたことになる。調査に参加し一部分担したものを含めると、報告書の数は身長を超えるに至った。このあたりで緊急調査、事前調査、学術調査の経験の一部を書き記したことは、今後の船橋市の考古学のあり方を考えるためであった。私は緊急調査も事前調査も学術調査も区別する必要はないという結論に達している。

　その3通りの調査に何らかの偏見を持つ研究者も存在することは、経験から確かなことと言える。現在、大学などの研究機関が事前調査を行わないことも、その一つではなかろうか。ここではその問題に対して考える必要はない。ここでは船橋市の将来の方向付けを考えることである。

　すでに述べてきたことであるが、事前調査と学術調査の根本的違いは、事前調査の場合、調査後に遺跡は周囲の環境を変え、まったく姿を消してしまうことにある。学術調査では、調査した部分の形は変化するが、遺跡全体はほぼ残存する。このことから、これからの船橋市の課題は、再度残存している遺跡をこれ以上調査することはなくして、保存する方向への位置づけに入ることが必要であると考えている。遺跡全てを保存することは現実的に不可能である。したがって、これまでの調査結果を再検討して、可能なものは考古学的価値づけを行い保存に邁進することである。それには、保存研究会のような組織を考古学研究者、行政担当者（博物館の学芸員など）、さらに地理・地質研究者の参加のもとにプロジェクトとするのが良かろうと考える。

　例としては、飛ノ台貝塚を如何にして残すか、あるいは海老ヶ作貝塚の残る部分を如何にすべきかなどを検討すると同時に、開発の手が未だ入っていない高根貝塚をどのように保存

するか、また船橋市の中心から離れた畑地に残る遺跡を研究するなど、これから研究することは多数存在する。他の市町村とは異なる方向づけが、今後の船橋市には残された課題と言える。

事前調査の主な報告書

おわりに

　私が本書を編集した動機は一つの残念な出来事に遭遇したことである。それは、行政当局が試掘調査を行い、遺構・遺物が発見され本調査が行われるその寸前に、遺跡が破壊されたことだった。私はこの時、考古学研究者の社会的な責任の限界を痛感せざるを得なかった。

　私は常々、考古学と医学は相似た学問ではないかと考えている。医学では患者に対してまず検査を行い、病気の原因を追求する。例えば整形外科ならば、MRIやレントゲン等により痛みの箇所を検査する。内科ならば、レントゲンやCT等によって病気の原因を探し出す。他の眼科・産婦人科などでも多種の検査が行われる。それらの結果をもとに医学者は病気の原因を発見する。その後、検査結果の症状に応じて手術等の治療を行う。

　考古学も同様、土器あるいは貝殻の散布から遺跡であることを認識し、試掘溝・試掘坑などを設定して遺物・遺構の埋存の確認を行う。遺構が確認されれば、遺構の種類、時期などを考慮して掘り進め、その実態を明確にする。

　医学でも考古学でも、まず事前の結果に応じて、医学では治療を、考古学では発掘調査を行う。これらの点では、両者同様の方法が取られると考えて良かろう。異なるのは、発掘調査の結果は黙して語らないが、医学の場合は人間の生死に関わる点である。

　考古学の発掘調査では、担当者の主観による若干の不備な点があっても、問題にならないようである。しかし医学では、手術に過ちが生じて失敗したならば、大問題となる。昨今、手術の失敗の報道がしきりになされているが、場合によっては訴訟問題にもなりかねない。ここにおいて、医学における手術は考古学の発掘調査とは雲泥の差を生じ、その学問の違いを浮き彫りにする。生身の人間を対象とする医学と、物言わぬ遺跡を調査の対象とする考古学の最大の相違である。

　考古学においても、調査が行われずに遺跡が破壊されてしまうことがある。これは医学における「生死」にわずかに相当することかも知れない。

　私は、自身を含め船橋市に関わりのあった考古学研究者はそれぞれの研究に携わり、二つの博物館の建設や多くの報告書を刊行するのに最大限の力を発揮してきたと思っていた。しかし、調査がなされずに遺跡が破壊されたことは、それまでの行政や考古学研究者の努力をすべて反故にするような出来事ではなかったかと考えた。私個人としても、夏見台遺跡の第一次調査から古作貝塚の調査まで、おおよそ半世紀、調査・整理・報告書の刊行に従事してきた。それは多くの人々の協力賛同などで乗り越えてきたのだが、遺跡の破壊という出来事に至り、そこに奢りがなかったかなどと冷静に反省を試みた。

発掘から報告書刊行までのプロセスは、考古学研究者中心の研究であった。報告書の刊行の後、そこで研究がとどまるのではなく、その内容を市民の方へ平易な形で発表する、すなわち社会へ還元するということも必要なことではなかろうか。
　私は賛同を得た研究者と共に『下総台地』なる啓蒙書的役割を担う書籍の刊行を行い、また研究者以外の人々にも理解できるようにと、報告書をダイジェストした遺跡シリーズなるパンフレット等を10巻ほどにまとめ、発刊もした。これらの努力にもかかわらず、新聞の全国版欄に「市川市、千葉市、松戸市などには国指定の遺跡・遺物が多数あるのに、船橋市には一つもないということは、船橋市行政、考古学研究者の怠慢である」というような記事が発表された。このことについては、私は、行政だけでなく私たち考古学研究者の怠慢でもあると、真摯に受け止めることができた。
　それにしても、この記事を読んだ時は、あまりに一方的な記事であると指摘はできたものの、それが全国版であることに大きなショックを受けざるを得なかった。おおよそ半年は何も手につかないほどの衝撃だった。私はこれまでの半世紀を思い、反省の日々を過ごした。
　その結果、船橋市が怠慢であると指摘されたのには、外的要因と内的要因の二つが考えられることが、おぼろげながら見えてきた。
　外的要因については、国指定となるに充分なる遺跡・遺物が、船橋市から離れたところで評価されたという事実にあると考えた。その最たるものに、古作貝塚出土の蓋付土器二口とその内部に納入されていた貝輪の遺物が挙げられる。
　これらは昭和3年、中山競馬場敷設の工事中に発見されたものであるが、その研究に携わった八幡一郎氏により、東京帝国大学人類学研究室に持ち運ばれ研究された結果、人類学研究室資料となってしまった。この資料は、その後多くの貝塚調査が行われているが、いまだに類例はないという点でも重要な資料だと認識できる。この古作貝塚の遺物は、現在、東京大学総合研究博物館蔵となっている。
　古作貝塚以外の遺物として、国指定に充分な資格を持つものに、飯山満東遺跡の遺構・土器・石器がある。しかし、道路公団や住宅公団などに関連がある調査は県が行うことになっていて、船橋市はほとんど参画できなかった。そのため、飯山満東遺跡の土器・石器の遺物は全く船橋市には残らなかったのである。これら飯山満東遺跡の遺物などは、現在、国立歴史民俗博物館所蔵となっている。
　内的要因としては、遺跡を残すことによる指定であると考えられる。
　まず飛ノ台貝塚から述べよう。昭和の初め、杉原荘介氏による「炉穴」と呼称される遺構の発見から学術史上貴重かつ著名となった貝塚である。その後の調査によって、おびただしい数の炉穴が発見され、縄文早期貝塚として、その規模の上でも国指定に充分なる貝塚遺跡と考えられた。
　当初はかなり重要視されていたが、飛ノ台貝塚の大半は海神中学校の下に埋存する可能性が大きいと予想された。そうなると、中学校の建物をはじめ種々の問題が生じ

ることは当然である。遺跡の重要性が教育の支障になることが予測され、私の希望する意図とは反することだと考えられた。

　以前、高根木戸遺跡の発掘調査を行った時にも同様の問題が生じた。この地に小学校を建設する事前の発掘調査であった。調査の結果、縄文時代中期の集落址の全貌が明らかにされたことから、遺跡保存の問題が生じた。保存の意見も多数出たが、団長であった八幡一郎氏の、この地は将来の若人を良き環境で教育することの方に重きを置くべきであるとの意見から、研究者の反対もあったが、高郷小学校の開校ということで結着をみた。そのような外的・内的要因で船橋市には国指定遺跡は残念ながら無いのである。

　また市川市、松戸市、千葉市などに見られる土手状の馬蹄形貝塚が船橋市に無かったことも、マクロな要因と考えることができる。ところが、十数年前、宅地造成工事に先がけて調査された飯山満東に所在する遺跡から、大きな発見があった。

　本書でも一部紹介されている取掛西貝塚である。この貝塚の調査の結果、今から1万年前の獣骨（イノシシ、シカ）を人為的に配列した儀礼の跡ではないかと思われる遺構が発見された。日本最古の動物儀礼の跡として新聞その他に大きな話題を提供した。貝層を形成していた堆積中より大浦山式土器や2000個を数える臼玉や管玉の貝製品が多数出土した。

　取掛西貝塚については第Ⅱ部第1章の中で取り上げたが、獣骨の儀礼と思われる遺跡としては現在のところ日本最古と発表されている点で、縄文早期の人々の精神生活を知るうえで意義深いものと言える。それまでは、イルカの頭骨を放射状に並べた儀礼の遺構が発見された北海道の東釧路貝塚が、学界では一番古い時期のものと考えられていた。

　私も学生時代に東釧路貝塚の発掘調査に参加しており、考古学界で大きな話題となったことを思い出す。しかし、東釧路貝塚の遺構は縄文前期の遺構とされており、取掛西貝塚の動物骨儀礼はそれよりはるか以前の時期の遺構と考えられる点で、貴重な資料と言えよう。また、この貝塚では多数の完形あるいは器形の推し測れる土器が、ヤマトシジミの貝層およびその下層から一括して発見された点でも、これまであまり発見されていなかった大浦山式の内容を明確にした点でも、下総台地における標式的遺物と考えることができる重要な遺跡と言える。

　さらに、貝層下から大浦山式期の多数の竪穴住居址が発見された。この時期の住居址の発見例は少なく、その点でも貴重な遺跡であることが分かる。この貝塚は、さらに隣接する畑地への埋存が予測されることから、その期の集落の様相も明らかにされるのではないかと期待されている。

　取掛西貝塚の遺構・遺物の発見が考古学研究上貴重であることを認識した船橋市は、市、県指定にとどまることなく、その上の国の史跡にすべく計画を立てて鋭意調査をし、2021年に指定された。今後、集落址の全貌が明らかになる成果が待たれると

おわりに

ころである。

　この遺跡に啓発されたわけではないが、これまで調査された貝塚の成果を多くの市民に理解していただく上でも、本書を編集することは無駄ではないと考えた。また、地質・地理などの面から船橋市の成り立ちを書いた冊子も少ないため、地質専門の会田信行氏とともに市の成り立ちと、そこに住んだ人々の様相を明らかにすべく編集することにしたのである。

　ここに至るまでに、多くの研究機関、行政それに研究者の方々から多大なるご協力をいただいた。以下に記して感謝する次第である。

　2024年12月

岡崎文喜

〈執筆協力〉鷹野光行、古内　茂
〈監修・総合撮影〉鈴木昭夫
〈写真〉鈴木昭夫、塚原明生、野久保雅嗣
〈協力機関・協力者〉船橋市教育委員会生涯学習文化課埋蔵文化財調査事務所
　　　　　　　　　船橋市郷土資料館
　　　　　　　　　船橋市飛ノ台史跡公園博物館
　　　　　　　　　千葉県環境研究センター地質環境研究室
　　　　　　　　　東京大学総合研究博物館
　　　　　　　　　東京大学東洋文化研究所
　　　　　　　　　日本大学文理学部資料館
　　　　　　　　　赤塚裕彦、石井　穂、石坂雅樹、伊藤雅彦、鵜子由加里、
　　　　　　　　　小栗信一郎、香川　淳、金子浩昌、金刺伸吾、禿　仁志、菊池敬之、
　　　　　　　　　菊地四郎、栗原薫子、古賀壽一、小中美幸、佐藤武雄、高橋　熙、
　　　　　　　　　中村宜弘、新津　茂、新津　健、長谷川誠一、浜田晋介、藤井菜々子、
　　　　　　　　　松浦宥一郎、道上　文、皆川夏彦、柳生頼完、大和　修

編著者略歴

会田信行（あいだ・のぶゆき）第Ⅰ部 執筆
1952年：東京都墨田区生まれ
1975年：東京教育大学(現・筑波大学)理学部地学科卒業
1980年：北海道大学大学院理学研究科博士後期課程単位取得退学
1981年：千葉県立高校教諭（～2012年）
1994年：東海大学文学部非常勤講師（～2018年）
2002年：大阪市立大学博士（理学）
2013年：秀明大学学校教師学部非常勤講師（～2016年）
2016年：東京農業大学教職・学術情報課程非常勤講師（～2022年）
〔主な著書〕『第四紀試料分析法』分担執筆/日本第四紀学会編/東京大学出版会/1993年
　　　　　　『地球環境調査計測事典 第2巻 陸域編』分担執筆/竹内均 監修/フジ・テクノシステム/2003年
　　　　　　『地学を楽しく！ ジオツアー・ジオパーク・地学オリンピック』分担執筆/吉田勝・天野一男・中井均 編集/日本地質学会出版・Amazon（Kindle版）/2013年

岡崎文喜（おかざき・ふみよし）第Ⅱ部・第Ⅲ部 執筆
1942年：栃木県那須郡烏山町（現・那須烏山市）生まれ
1966年：東京教育大学(現・筑波大学)文学部史学科卒業
1972年：東京大学大学院人文科学研究科博士課程単位取得退学
1974年：市川高等学校勤務（～2002年）
　　　　この間に聖徳大学、上智大学博物館学実習、東海大学文学部考古学非常勤講師を歴任
1970年　船橋市文化財審議会委員（～現在）、同委員会委員長（うち34年間）
1985年：船橋市史編纂委員会会長、船橋市スポーツ公社理事、船橋市博物館協議会委員・会長
1996年：千葉県文化功労賞受賞
2006年：文部科学大臣賞地域文化功労賞受賞
2014年：旭日単光章受章
〔主な編著書〕『縄文土器の謎』大陸書房/1975年
　　　　　　　『日本古代史の旅〈2〉縄文・弥生』分担執筆/和歌森太郎 他/小学館/1975年
　　　　　　　『下総台地』高橋煕・岡崎文喜 編/大陸書房/1977年
　　　　　　　『下野の古代文化』岡崎文喜・塙静雄 著/第一法規出版/1981年

船橋市のあけぼの――下総台地の先史時代
（ふなばしし）　　　　　　　（しもうさだいち　せんしじだい）

2025年1月11日　第1刷発行

編著者　会田信行／岡崎文喜
　　　　（あいだのぶゆき）（おかざきふみよし）
発行者　堺　公江
発行所　株式会社講談社エディトリアル
　　　　〒112-0013　東京都文京区音羽1-17-18　護国寺SIAビル6階
　　　　電話（代表）03-5319-2171（販売）03-6902-1022
印刷・製本　株式会社KPSプロダクツ

定価はカバーに表示してあります。
落丁本・乱丁本は、購入書店名を明記のうえ、小社宛てにお送りください。
送料小社負担にてお取り替えいたします。
本書の無断複写（コピー）は著作権法上の例外を除き、禁じられています。
ⓒNobuyuki Aida／Fumiyoshi Okazaki 2025. Printed in Japan
ISBN978-4-86677-124-3